묘법연화경

서봉 번역 · 화산 묵암 해설

운주사

묘법연화경 뜻 해설

대저 부처라 법이라 천당이라 극락이라 지옥이라 축생이라 아귀라 하는 것을 어찌 다른 곳에 나아가서 찾기를 구하리요. 사람사람이 본래 가지고 있는 내 마음에 모두 있는 것이니 이 마음 밖에 또 다시 구할 것이 없는 고로 부처와 부처님이 이 마음을 깨달아 아시고 중생에게 뵈이시건만은, 중생은 이 마음을 잘 알지 못하여 중생수에 있어서 닦기를 힘쓰지 않는 고로 혹 지옥과 아귀와 축생과 하늘과 인간과 수라에 돌아다녀 가고 오고 하나니라.

이 마음을 잘 닦으면 곧 부처된다고 가르치신 것이 법이니, 묘법이라 하는 것이 곧 마음을 말하신 것이며, 마음을 가리켜 연화에 비유한 것은 이 몸은 더러운 연못과 같으며, 그러나 그 연꽃이 더러운 못에서 날지라도 그 더러운 것이 묻지 아니하는 것과 같이, 이 마음도 이 더러운 몸에 있으나 그 더러운 데 물들지 아니하고 항상 청청하느니라. 이 마음을 모르고 밖에 나아가 딴 것을 찾나니 마음을 잘 믿어 잘 닦으면 부처 극락 천당이요, 이 마음을 잘 닦지 못하면 지옥 아귀 축생에 떨어지나니, 이 마음 밖에는 부처와 극락 천당이 따로 없으며 지옥 아귀 축생이 따로 없나니, 이것이 모두 마음 가운데 있으며 천지만물 창조한 자가 곧 이 마음이라 하셨나니라. 그런 고로 이 마음을 깨치면 곧 부처요 이 마음을 깨닫지 못하면 중생이라 하나니 그러면 마음을 어떻게 잘 닦는 것인가. 이 마음을 잘 닦자 하면 나라에 충성하고 부모에게 효순하며 가정에 화목하고 친구에게 믿음을 두고 남에게 불의하지 말며, 산목숨 죽이지 말고 남의 재물 도적질 말며 내 가속 두고 남의 사람 욕심두지 말며 악담하지 말며 두 말로 사람을 속이지 말며 말을 이리저리 꾸미지 말며 성내지 말고 남의 못된 험담 말며 못된 일을 하지 말고 좋은 착한 일만 하는 것이 이 마음을 잘 닦는 것이니라.

마음 밖에 또 다른 법이 없으며 이 마음을 버리고 또다시 들어가는 문이 없는 고로 마음과 부처와 중생이 차별이 없다 하시며, 부처 밖에 마음이 없으며 마음 밖에 부처가 없으니 저도 대장부요 나도 또한 한가지라 하셨나니라.

내 마음을 어서 닦아 저 극락 어서 가서 부처되지 어찌 이 고생되는 이 세상에 무엇이 즐거워 오래 지체하리요. 부처님이 설하신 법문이 팔억 사천만이나 되나 오직 한 마음을 밝히신 것이니 이 경을 숭상하면 마음도 알아 얻을 것이요 공덕과 복이 한량없다 하셨나니라.

옛날에 한 사람이 있으니 이름이 주정왕이라. 인마 권속을 거느리고 절을 지나가다가 법화경 읽는 소리를 듣고 남을 무시하는 야심이 많은 고로 그 법화경을 비방하야 더럽다 하고, "내가 이제 귀로 더러운 법화경을 들었으니 물에 씻으리라" 하여 흘러가는 물에다 귀를 씻고 객관에서 수일을 지체하더니, 주인이 볍씨를 가지고 나가서 논에다 심더니 금방 벼를 베어가지고 오거늘 주정왕이 주인을 불러 묻되, "아까 볍씨를 가지고 가더니 금방 벼를 베어가지고 오니 이것이 어떠한 법으로서 이러한가?" 주인이 대답하되, "다름 아니라 아까 어떤 사람이 인마를 거느리고 가다가 법사가 법화경 읽는 소리를 듣고 더럽다고 귀를 흐르는 물에다 씻어 그 귀 씻은 물이 내 논으로 흘러 들어간 고로 이 같은 일이 있습니다." 그때 주정왕이 이 말을 듣고 심중이 놀라 '다시 그 경을 들으리라' 하고 오던 길로 도로 가서 절 있는 곳에 이르니 절은 간데없고 빈터만 남아 있는지라 허회탄식하고 하는 말이, "나는 전생에 죄업이 무거워서 이 같은 좋은 법을 비방하였다" 하고 탄식하며 갈앙한 마음으로 돌아와서 평생에 법화경 듣기를 원하더니, 하루는 마침 지나가는 노승을 만나 묻되 "오늘 노승을 만났으니 노승께 청하노니 대사는 나를 위하여 묘한 법을 일러주소서." 노승이 손에 들었던 승채를 두르며 하는 말이, "그대는 불법에 인연이 없는 고로 지난 번 보살이 법화경 설할 때에 그 법 설하는 소리를 듣고 그대가 더럽다고 흘러가는 물에다 귀를 씻으며 비방하였으니 그 죄는 세세생생에 벗어나기 어려우리라. 그러나 그대가 법을 들으려거든 목욕정성하고 문수보살 이름을 천 번만 외우면 묘법을 얻어보리라" 하고 간 곳이 없어 그제야 부처님인 줄 알고 허공을 향하여 무수히 사례하더니 하루는 한 사람이 문 밖에 와서 고하되, "그대가 법화경을 진실로 들으려거든 삼경회로 돌아오면 법화경 설함을 얻어들으리라" 하여 그 사람을 따라 허공에 올라 동쪽을 바라보니 빛나는 광명이 천지에 가득하거늘 그제야 부처님 법 설하는 곳인 줄 알고 "내가 이제야 법을 성취하리라. 물론 사람이 이 법을 듣고 부처 아니 될 이 없다 하나 내가 부지런히 공부하여 세계중생을 제도하리라" 하고 "모든 부처님을 다 친견하고 칭찬하고 위없는 정각에 오르리라" 하더라.

묘법연화경이라 하는 것은 시방세계에 모든 부처님이 세상에 나시매 일체 모든 중생 제도하시기를 원하사 이 세상에 나셨나니라. 중생을 위하여 극락세계에 나면 한량없는 복을 얻고, 부처되면 불생불멸하는 금강같이 무너지지 아니하는 몸을 얻으며, 천상에 나면 복을 거룩하게 받으나 오쇠고(복이 다하여 몸이 쇠퇴해지는 다섯 가지 증세)가 일어나면 도로 삼악도에 떨어지며, 지옥 아귀 축생에 떨어지면 한량없는 고를 받나니 이러하므로 부처님께서 사십구 년을 설법하여 중생을 제도하였나니라.

우리는 남을 보아 깨칩시다. 죽은 후는 모른다 하나 생전에 무거운 죄를 지으면 곧 생전에 죄를 받나니 부디부디 죄 짓지 말고 복 짓기를 힘씁시다. 옛적에 원효대사도 극락세계가 별반 낙될 것이 없다 하고 심히 비방하더니 하루는 문현이라 하는 사람을 데리고 이함산에 올라 산과 들을 구경하는데 홀연히 한 암굴에 석불이 앉아계시거늘 크게 그 석불을 꾸짖어 이르되 "옛적에 실달태자가 허망한 도를 가르쳐 부모의 깊은 은혜를 버리게 하고 불도를 숭상케 하여 물재를 허비하여 저러한 돌부처를 조성하였으니 저렇게 하는 것이 도가 아니라" 하고 급히 그 굴에 나오는데 별안간 두 발이 땅에 붙어 떨어지지 아니하여 놀라 한탄 막심하고 비는 말로 "부처님께서 광대하고 영험하신 줄 모르고 이같이 외람된 말씀을 하였사오니 부처님께서는 어지신 마음으로 용서하여 주소서. 미거하여 알지 못하옵고 부처님의 어지신 도를 문란케 하였사오니 그 죄는 만 번이라도 받사오리니 마땅히 살려주시와 부처님의 청정한 도를 배우게 하여 주옵소서." 그 소리 들은 부처님은 저절로 몸을 움직여 그 사람의 발이 저절로 떨어져 나오니 빛나는 광명이 하늘에 사무쳐 허공에서 이르시되 "너는 저 나무 밑에 책 한 권이 있으니 갖다가 자세히 보고 어진 도를 숭상하야 생전에 빛난 이름을 떨치며 후세에 어진 이름을 시방 세계에 빛내라" 하거늘, 이 말을 듣고 문현을 데리고 화개수 아래에 내려와 큰 나무 밑을 찾아보니 책 한 권이 있어 그 책을 가지고 집에 돌아와 자세히 보니 법화경이라. 문현과 함께 평생에 항상 읽더니 하루는 이함산 신령이 푸른 베옷을 입고 청여장을 집고 문공을 찾아보고 가로되

"나는 이함산 신령이러니 문현과 함께 명산대찰을 찾아 공부 수행하여 후세에 극락세계에 가서 아미타불을 친견하리라." 문공이 공경 합장하고 대답하되 "인간 사람의 몸으로 세상에 있어서 약간의 뜻으로 법을 숭상하며 염불 수도한들 어찌 선군과 같이 하리요. 그러나 또한 유가에 살림을 일삼다가 세간과 처자를 일시에 거절하기가 어렵습니다. 저와 선군께서 큰 인연이 있거든 원을 맺어 후생에 함께 정각을 얻게 하소서." 산신령이 다시 말하되 "그대 말과 같이 일시에 거절하기는 어렵다하니 그대는 나를 따라 이함산에 올라 차차 세상의 탐착을 벗어버리기를 생각하되 모든 세상사를 저 흘러가는 물같이 뜬구름같이 모다 진실한 것이 없으니 이것이 모다 몽중사인즉 이것을 벗어버리고 수도하기를 힘쓰라" 하거늘 이 말을 듣고 세상일이 다 무상한 줄 깨닫고 산신령을 따라 공부하여 이 허망한 세상을 저버리더라.

이러함으로 문현과 문공과 함께 법화경을 숭상하며 염불 수도하여 후세에 이 공덕으로 천상에 나니라. 원효대사는 생전에 이렇게 신기한 일을 보았으니 이러함으로 말년에 법화경을 숭상하고 그 공덕으로 후세에 원효대사가 되었나니라.

이때에 부처님이 왕사성 기사굴산 중에 계시사 모든 보살과 천인 아수라 마후라가 인비인 등 중생을 거느리고 법화경을 설하시되 "너희들은 전세에 깊이 인연을 맺었는 고로 이 세상에 사람되어 나왔으니 사람사람이 본심을 청정하게 닦아야 법을 베풀리니 불법을 위하려거든 일심으로 법의 근본을 생각하라. 더러운 것을 닦으면 맑고 맑은 근본이 광채가 나며 법화경을 숭상하면 한량없는 잡된 일을 다 버리고 좋은 본심이 드러나 부처 지위에 오르리라. 오늘 일체 모든 중생이 내 법을 들으면 한량없는 복과 공덕을 얻으리라."

때에 한 사람이 있으되 평생에 법화경 독송하기를 힘쓰더니 죽어 후세에 대왕이 되어 항상 법화경 광포하기를 좋아하더니 그 공덕으로 또한 대법천왕이 되어서 지혜와 위엄이 삼십삼천에 으뜸이라. 이제 빛나는 광명이 남방에 찬란하거늘 아난이 부처님께 묻사오되 "남방에 저 광명이 찬란하오니 무슨 광명이 있사옵니까?" 부처님이 대답하시되 "그 광명은 대범천왕이 법 들으러 오느라고 광명이 천지에 진동하느니라" 하시더니 때에 어떠한 소동이 백연을 타고 나는 듯이 들어와 부처님께 예배하고 사뢰어 말하되 "범중천에서 대범천왕이 일체 모든 중생을 거느리고 법을 들으러 오나이다" 하거늘 부처님께서 물으시되 "대범천왕이 데리고 오는 대중이 얼마나 되느냐?" 동자가 답하되 "천왕이 팔만구천이요 천녀가 이만팔천이요 신선이 일만이요 용왕이 사백이니 이 여러 사람이 부처님을 뵈옵고 법화경을 들으려고 오나이다."

회중에 한 왕이 있으되 이름이 정혜왕이라. 부처님께 고하되 "부처님께서 오늘 홀연히 법을 설하시니 대범천왕이 오는 것은 다름 아니오라 부처님의 법을 인도하여다가 하늘과 사람과 축생과 수라와 지옥과 아귀 등 중생을 건지려고 하나이다." 말을 마치니 남방에 상서구름이 찬란하며 기이한 향내가 진동하고 풍악소리가 천지를 흔드는 듯하며 구름 가운데 신선이 노는 거동은 천지가 요란하며 깃발 날리는 거동은 일월을 가리우고 그 사람의 풍채는 삼십삼천에 제일이니, 대범천왕은 순금 오봉난관을 쓰고 정문비단옷을 입고 그 위에 곤룡포를 입고 용각홀을 들고 금봉연을 높이 타고 신선들이 연을 메고 이천보살 있는 회중에 가장 덕이 높으며 십대제자를 거느리고 범왕의 여러 권속들이 시위하고 완연히 큰 문으로 들어옴이라. 가섭이 들어오는 사람에게 말하되 "나는 부처님의 대제자로서 지혜와 신통변화가 있으되 존전에서는 감히 자랑도 아니하고 연도 탄 일이 없거늘 자기의 신통을 믿고 큰 문으로 들어오니 대왕의 도리 아니로다. 보살의 신통변화는 보지 아니하였으나 조그마한 대범천왕이 비록 십삼천대천세계를 임의로 하나, 너의 지혜만이 대회 중에서는 알 바 아니로다" 하니 정명왕이 동방 비사문천왕을 불러 하고하되 "이제 저 천왕은 이 대회 중에 들지 못하게 하라" 하시니라. 비사문 천왕이 문을 막고 대범천왕을 들지 못하게 하니 대범천왕이 고하되 "소왕이 수천 리 원정에서 왔다가 저는 죄가 많사와 문 안에 들지 못하오나 제가 데리고 온 제왕들이 저 때문에 법을 들으려 왔다가 법도 듣지 못하고 돌아가오면 도리어 원망이 될 것이오니 사정을 돌아보시와 처분하여 주시옵기 바라나이다" 하고 잘못을 사죄하고 지성으로 빌거늘, 부처님께서 이러한 줄 모르셨다가 자세히 살펴보시고 정명왕과 비사문 천왕을 불러 이르시되 "불법문중에는 고하도 없으며 평등 대자비 문중이거늘 어찌 그렇게 하리요" 하시며 "속히 들게 하라" 하시니라. 정명왕과 부처님이 함께 대범천왕에게 일러 말씀하시되 "너의 사정이 비감하도다. 수천 리 원정에서 법을 들으러 왔다가 듣지 못하고 가면 어찌 원통하지 아니하리요." 그리고 말씀하시길 "빨리 문을 열어 대범천왕을 들이라. 어찌 대범천왕을 저다지 더럽다 하리요. 대범천왕이 된 공덕도 적지 아니하니라."

회중에 문수보살이 합장하고 부처님께 사뢰어 말씀하시되 "부처님께서는 이제 타방에 있는 십억보살과 십만천자와 천만억중생과 비구 비구니와 우바사 우바이 등으로 하여금 다 부처될 본성을 얻게 하시옵소서." 부처님이 말씀하시되 "너희들 백천만억 중생이 죄악이 심히 중하여 법을 들어도 알지 못하는지라. 내가 이제 법을 설하여 너희들로 하여금 보리심을 발하여 도를 닦아 부처되게 제도하리라." 이때에 회중에 큰보살이 있으니 이른바 문수보살이며 관세음보살이며 대세지보살, 상정진보살, 불휴식보살, 보장보살, 약왕보살, 용시보살, 보월보살, 월광보살, 만월보살, 대력보살, 무량력보살, 월삼계보살, 발타바라보살, 미륵보살, 보적보살, 도사보살, 이같은 여러 보살마하살 팔만인과 더불어 함께 하시더니, 이때에 석제환인이 그 권속 이만천자와 더불어 함께 하시며, 다시 명월천자와 보향천자와 보광천자와 사대천왕이 그 권속 만천자와 더불어 함께 하시며, 자재천자와 대자재천자와 그 권속 삼만천자와 더불어 함께 하시며, 사바세계주 대범천왕과 시기대범과 광명대범 등이 그 권속 만이천자와 더불어 함께 하시며, 여덟 용왕이 있으니 난타용왕과 발난타용왕과 사가라용왕과 화수길용왕과 덕차가용왕과 아나바달라용왕과 마나사용왕과 우바라용왕 등이 각각 백천권속과 더불어 함께 하시며, 네 긴나라왕이 있으니 법긴나라왕과 묘법긴나라왕과 대법긴나라왕과 지법긴나라왕이 각각 백천권속과 더불어 함께 하시며, 네 건달바왕이 있으니 악건달바왕과 악음건달바왕과 미건달바왕과 미음건달바왕이 백천권속과 더불어 함께 하시며, 네 아수라왕이 있으니 바치아수라왕과 카라건타아수라왕과 비마질다라아수라왕과 나후아수라왕이 각각 백천권속과 더불어 함께 하시며, 네 가루라왕이 있으니 대위덕가루라왕과 대신가루라왕과 대만가루라왕과 여의가루라왕이 각각 백천권속과 더불어 함께 하시며, 위제희의 아들 아사세왕이 백천권속과 더불어 함께 하여 각각 부처님께 예배하고 물러가 한편에 앉으니라.

이때에 부처님을 소중히 위요하여 공양 공경 존중 찬탄하시옵더니 모든 보살을 위하여 대승경을 설하시니 이름이 법화경이니 보살을 가르친 법이며 부처님이 호념하신 바니라. 이때에 부처님이 두 눈썹 사이에서 큰 광명을 동방으로 만팔천세계에 놓으사 아래로 무간지옥에 비치며 위로는 유정천까지 이르러 지옥과 아귀와 축생과 하늘과 사람과 수라 등 모든 중생을 제도하실 때 회중에 한 보살이 있으니 이름이 보현보살이라. 부처님께 고하시되 "저의 전세일을 알고저 하오니 저를 위하여 알려 주소서."

부처님이 이르시되 "오늘날 보현보살의 전세일을 누설할 것이니 들어보라. 보현보살이 전세에 전륜성왕으로 있을 때의 일을 네가 자세히 알거늘 어찌 설하리오. 그러하나 말하리라. 네가 과거 무량겁에 그 나라에서 벼슬을 살더니 일백스물아홉에 상처하니 그 죽은 처에게 한 아들이 있으되 총명이 아주 뛰어나더라. 재취하여 또한 아들이 있어 전후 처에게 소생한 형제를 두고 정원태수가 되었더니 정원은 이곳에서 사만구천 리라. 부인이 두 아들을 데리고 있어서 글을 가르쳐 보니 전처 아들의 총명이 천하에 드문지라, 부인이 생각하되 '이 아이를 두었다간 나의 아들은 벼슬도 못하고 도리어 압제를 받을 것이니 그 아이를 없애는 것이 마땅하리라' 하고 꾀를 내려할 때 장자의 이름은 본명이요 차자의 이름은 본귀라. 이때에 태수의 위조편지를 써서 하인으로 하여금 '본명 있는 곳에 가서 진사님(본명)께 드리라' 하니, 하인이 편지를 가지고 진사님 계신 글방에 가서 부인 말씀을 전하고 편지를 드리니, 진사가 편지를 받아보니 이는 곧 정원태수로 가신 부친의 편지라. 편지를 떼어보니 편지에 하신 말씀이 '너를 두고 나는 수만 리 밖에 와서 매일 잘 있는가 항상 염려되어 마음이 놓이지 못하더니, 내가 병이 들어 여러 달이로되 백약이 무효라. 의원이 이르되 이 병은 별로 다른 약이 없고 맏아들의 눈을 빼어 용루에 조합하여 먹으면 병이 나으리라 하니 너의 효성이 있거든 한 눈을 빼어 보내라' 하였거늘 본명이 편지를 자세히 보고 망극한 마음 억제할 수 없는지라. 마음에 생각하되 '수만 리 밖의 아버지 소식이 막연하더니 이제 병이 중하다 하시니 내가 어찌 멀다 하고 가지 아니하리오' 하고 내당에 들어가 계모께 여쭤보되 '제가 어머님을 모시고 지내옵더니 아버님의 병환이 위중하사 의원이 소자의 눈을 빼어 잡수시면 나으리라 한다 하오니 저의 팔자 기박하여 어머님을 일찍이 여의고 부처님이 도우사 다시 어진 어머님을 만나 잘 지내옵더니 아버님의 병환이 중하시다 하오니 자식 도리에 어찌 가서 뵈옵지 아니하오며, 또한 저의 눈을 잡수면 나으시겠다 하옵셨사오니 눈을 빼어 멀리 보내면 더운 기운이 다할 것이오니 약이 되지 아니 하겠사옵기로 제가 친히 가서 약을 합재하여 아버님이 잡수시고 병환이 나으시게 하옵고 돌아오려 하옵나이다.' 부인이 이르되 '네 말을 들으니 참 효자의 말이다. 당연하나 이 크나큰 집안에 네가 떠나면 본귀는 미거하고 내가 너를 의지하여 가사를 보살펴 살더니 네가 없으면 나는 누구를 의지하여 있으라고 하느냐. 네가 갈 것이면 인마가 많을 것이니 노비를 담당할 수 없으니 너의 눈만 빼어 보내고 친히 갈 생각을 말라.' 진사가 망극한 마음을 금치 못하여 동서를 분별치 못하며 슬퍼하고 울어 눈물이 옷깃을 적시며 앙천 탄식하다가 정신을 진정하여 허리띠를 풀러 상투를 잡아 높은 보에다 달고 대통을 눈에다 대고 눈을 빼어 급히 하인에게 주어 '아버님께 보내라' 하고 손으로 눈을 부비며 아픔을 견디지 못하고 대성통곡하니 비복 등이 진사 눈 빠진 것을 보고 놀라 참혹히 여겨 슬퍼하지 아니하는 자 없더라. 부인은 진사가 눈 뺐다함을 듣고 겉으로 놀라는 체하며 내심으로는 기뻐하더라. 진사는 즉시 물을 떠다 피를 씻고 처소에 돌아와 부인의 손을 잡고 슬퍼

통곡하니 그 형상을 차마 보지 못하더라. 눈을 봉하여 하인에게 주어 '정원으로 급히 가서 부친께 드리라' 하고 회답을 기다리더니, 계모가 꾀를 내어 하인을 불러 하는 말이 '정원 갔다가 돌아오는 장교라' 하고 거짓편지를 지어 진사님께 드리라 하더라. 이렇게 못된 계교를 하고 하인에게 주어 진사께 드리니 진사가 편지를 받아보니 부친이 말씀하셨으되 '너의 효성으로 눈을 빼어 보낸 것을 먹고 곧 병이 나았으나 아직 쾌차치 못하니 다시 말하기 미안한 말이나 한 눈을 마저 먹었으면 골수에 든 병이 풀릴 터이나 한 눈마저 보내기를 어찌 바랄 수 있으랴. 그러하나 염려 말고 잘 있거라' 하였거늘 진사가 다시 생각하기를 '내가 병신 되기는 일반이니 아버님의 병환이나 쾌하시게 하리라' 하고 내당에 들어가 계모께 고하되 '부친의 답서를 보니 병환의 대세는 좀 멎었으나 아직 쾌차치 못하시다 하시오니 한 눈을 마저 빼어 보내려 하나이다' 하니 계모가 거짓 놀라는 체하고 답왈 '그대 비록 소국에 났으나 효성을 비할 데 없도다' 하니 진사는 밖으로 나와 한 눈을 마저 빼어 금수에 봉하여 노복에게 주어 '빨리 정원에 가서 약에 조합하여 속히 병환이 나으시게 하고 병세를 자세히 알고 오라' 하더라. 노복이

답하되 '어찌 소인이 일시라도 지체하오리까.'

이때에 계모가 내당에서 비복 등과 더불어 의논하되 '본명이 두 눈을 빼었으니 이제 본귀가 오래지 아니하여 벼슬이 높을 것이니 무슨 근심이 있으리오' 하더니라. 세월이 오래되어 본명의 나이 이십세요 본귀는 십팔세러니, 나라가 편안하여 일찍이 과거에 올라 성 안에 이름이 높았더니 본명의 벼슬을 돋우어 대신위에 이르니 본귀가 천자께 고하되 '소신의 형이 팔자가 기박하여 풍병으로 두 눈이 멀어 행공할 수 없나이다.' 천자가 크게 놀라 가로되 '본명의 재주와 영특함을 조정이 칭찬함에 대신을 제주하였더니 이제 병신이 되었다 하니 마땅히 그 아우 본귀로 대신을 행하라' 하시고 유서를 주시거늘, 본귀는 국은을 사례하고 집에 돌아와 유지를 옥반에 받쳐 선산에 소분하고 행공을 잘하더니, 죄를 범하여 삭탈관직하여 문외에 출송하고 그 아비 정원태수도 파직하라 하여 명령을 받은 태수가 집에 돌아온다 함을 들은 부인이 크게 놀라고 본명 형제는 아버님을 영접하려고 마중나가더라. 부인이 나쁜 생각을 내어 먼저 시비를 보내 '태수께 고하되 두 번이나 통원문 안에서 만조백관이 모여 무슨 일을 의논하오니 그리 아시고 다른 길로 빨리 오시라고 여쭈어라' 하니 시비 등이 통원 경계에 나아가 부인의 말과 같이 그대로 고하더라. 태수는 그 말을 곧이듣고 지름길로 돌아와 진여문 밖에 이르니 부인이 간사한 뜻을 가지고 나와 맞아들이거늘 태수는 즉시 외당에 나와 안으로 들어가면서 물어 가로되 '내가 수만 리 밖에 가서 여러 해 만에 돌아오는데 아이들은 어찌 나와 보지 아니하는가' 하거늘 부인이 하는 말이 '태수님 마중을 나갔는데 필시 큰길로 갔으니 어긋나는가 하나이다.' 태수 가로되 '그러하면 하인을 급히 보내서 내가 지름길로 벌써 집에 돌아왔으니 기다리지 말고 돌아오라 하라' 하니, 부인이 그 하인을 내당으로 불러 이르되 '네가 큰진사께 이르되 대감께서 너의 눈이 어찌하여 저러하냐 하고 묻거든 모친이 병이 들어 내 눈을 먹으면 병에 좋다 하기로 내 눈을 빼어 모친의 병을 고쳤다 하라 그렇게 전하여라. 이제야 너에게 바로 이르노니, 그때에 너의 부친이 병이 든 것이 아니라 내가 은근히 속으로 남모르게 병이 있어서 누구에게 물으니 여차여차 하라 하기에 너를 속이고 이같이 하였노라 하라' 하니 하인이 영을 듣고 가거늘, 부인이 외당에 나와 태수를 모시고 내당에 들어가 고하되 '첩이 큰진사의 덕으로 죽을병을 고치었으니 그 은혜는 망극이오나 태수의 장자를 병신으로 만들었으니 이 죄를 어찌 칭량하리까.' 태수 대왈 '부인의 말이 어찌된 말인지 자세히 하라.' 부인이 대왈 '태수께서 정원으로 가신 후 첩이 남모르게 괴이한 병이 들어 사경에 이르러 백약이 무효라 의원에게 보인즉 장자의 눈을 먹어야 병이 나으리라 하오나 첩이 먹으려 해서는 시행치 아니할 듯하와 태수가 정원에서 병이 드신 줄로 위조편지를 하옵고 눈을 빼어 먹었사오니 죄가 만 번 죽어도 마땅하옵니다.' 태수가 이 말을 듣고 크게 놀라 실색왈 '부인이 죽더라도 어찌 이같은 불의한 일을 행하리오. 차라리 내 자식의 골육은 먹으려니와 남의 자식의 골육을 먹고 살아 무엇 하리오. 하물며 사서인(일반 백성)도 이런 일이 없거든 사환가(벼슬한 사람이 많은 사대부 집안)에 이런 변이 어디 있으리오' 하고 불쌍함을 이기지 못하여 보고저 함이 간절하더니 두 아들이 들어오거늘 태수가 한편으로 반가워하며 한편으로 슬퍼하더라.

장자 진사는 두 눈이 없으매 아버님 앞에 절하고 아버지의 얼굴을 보지 못하고 다만 붙들고 기절하니 슬픈 형상에 금수초목이 다 우는 듯하더라. 태수 가로되 '본귀 너는 두 눈이 밝고 벼슬이 높아 대감이요, 네 형은 부모에게 효자요 글과 총명이 사람에 뛰어나나 벼슬도 못하니 세상의 영화를 방안에 묻혀둠이니 네가 벼슬한들 무엇이 빛나리오. 너의 형이 벼슬을 하였다면 명망이 사해에 떨칠 것이어늘 네 무엇이 영화스러우리오' 한대, 진사의 소첩이 슬피 울며 고하되 '진사는 부모를 위하여 눈이 잘못되어도 여한이 없거니와, 소첩은 팔자 기박하여 낭군이 세상을 보지 못하매 대인이 여러 해 만에 집에 돌아오시되 눈으로 뵈옵지 못하오니 자손을 보시나 무엇으로 사랑하시오리까. 날이 오랠수록 서러워지나이다.' 태수가 이르되 '너는 서러워 말라. 전세의 죄가 많은 고로 이같이 되었으니 어찌 한탄하지 아니하리오.' 부인에게 이르되 '그대는 나와 인연이 다하였으니 부인의 자식을 데리고 나가서 다른 곳에 가서 살라' 하니 장자가 고하되 '소자의 입 속에 할 말이 많사오나 일이 잘못된 후에 누설한들 무엇에 쓰겠나이까. 이제 효자 지도가 부처님이 아시는 바 세상 가운데 발했사오니 소자가 눈으로 못 보오나 무슨 한이 있으리오. 아버님께서는 염려 마시옵소서.' 태수는 다만 그 아들을 위없는 효자로 알고 말하지 아니하더라.

천자께서 태수를 불러 물으시되 '경이 수만 리 밖에 가서 국가를 위하여 힘써 일한 공을 무엇으로 갚으리오. 경의 장자가 명망이 높으매 대신을 봉하여 주었더니 두 눈이 잘못되었다 함에 차자로 대행하게 하였더니 조정의 모함에 들어 부자가 일시에 벼슬을 잃으니 어찌 애달프지 아니하리오.' 태수 고하되 '소신은 천은을 입사와 무사히 돌아왔사오니 만행이옵니다. 그러하오나 소신의 일이 지극히 원통한 일이 있사오니 아뢰옵기 황송하오나 일시 원정을 고하옵나이다. 다름 아니오라 신의 장자가 계모의 병이 중하여 의원이 제 눈을 먹으면 나으리라 하므로 눈을 빼어 제 어미 병을 고치고 병신이 되었사오니 어찌 착하지 아니하오리까.' 천자가 이 말을 들으시고 찬탄 왈 '장자의 효도한 도리는 극진하거니와 계모의 도리는 아니로다' 하시고 곧 태수에게 이로시되 '장자는 국가에서 효자문을 세우려니와, 계모의 도리는 자기가 낳은 자식이 아니어던 짐짓 음해하여 죽이려 함이니 명정(올바르게 밝힘) 처리하리라' 하고 즉시 금부나졸을 명하여 '정원태수를 하옥하고 조정으로 하여금 사핵(자세히 조사하여 밝힘)하라' 하시니라. 조정이 고하되 '이는 가만 두지 못할 일이오니 태수의 장자를 불러다가 대면하겠나이

다' 하니 왕이 허락하고 즉시 나졸을 보내어 본명과 본귀를 불러들여 본귀에게 묻되 '너의 죄를 아는가' 하고 엄중히 취조하여 왈 '너는 네 형의 일을 알 것이니 바로 아뢰어라' 하신데 본귀가 감히 기만치 못하여 곧 자세히 아뢰오니 이 말을 들으시고 금위옥에 본귀를 가두고 본명은 아는 체도 아니하시고 부인을 잡아다가 그 죄목을 다 일러라 하시니라. 부인이 여차여차 하외다 하니 크게 꾸짖어 왈 '너는 죽어 마땅하리라' 하시고 남경에 내어 목을 베어 죽이고, 본귀는 평원에 내어 목을 베어 죽이고, 의원과 그때 왕래하며 전달하며 위조편지 전하던 남녀노비를 다 잡아 목을 베어 죽이고, 본명은 효자문을 세우고 벼슬을 돋우어 승상을 삼고, 태수는 충신문을 세우고 벼슬을 돋우어 주더라.

본명은 정승으로 지내더니 하루는 홀연 한 꿈이 있어 한 사람이 가로되 '너는 부모에게 효자로서 눈으로 보지 못하니 가장 불쌍한지라. 관세음보살을 공경하고 이름을 항상 부르면 너의 본래 형색을 구족히 가지리라' 하고 간 곳이 없거든, 본명이 그날부터 관세음보살을 외우더니 하루는 한 노승이 완연히 들어와 약병을 내어 눈에다 약을 넣으니 눈이 전과 같이 밝더라. 이러한 고로 불보살의 영험이 광대하기 무량하니라. 그 후에 전륜성왕이 되었더니 또한 후세에 서해용왕이 되었으며 또 그 후에 동해용왕의 딸이 되었으니, 내가 그때에 동해용궁에 설법하러 갈 때 보살 사만팔천과 이만 연등불과 십만억 천자와 오백 성문과 천동천녀 비구 비구니 우바새 우바이 등을 거느리고 천불전에서 법화경을 설하더니 용왕용녀 십만인이 법을 듣더니라. 그 가운데 한 여인이 부처님의 법 설하심을 듣다가 슬픔을 금치 못하여 울거늘 관세음보살이 묻되 '너는 용궁여자로서 용왕의 딸이 되어 어찌 오늘 설법함을 듣고 슬퍼하는가.' '저는 전세에 성인군자되었던 사람으로 동해용왕의 딸이 되었으니 어찌 비감치 아니하리요. 제가 이제 신통한 법을 나툴 것이니 회중이 저의 광대한 지혜를 보아주나이다. 이 용궁은 본래 죄 많은 사람이 나는 곳이라 이제 부처님을 따라 천상에 가기를 원하나이다.' 관세음보살이 이르되 '네가 이제 아홉 살이거늘 지혜가 저 같으니 부처될 사람이라' 하더라. 그때 용왕의 딸로서 삼백육십년을 살고 이제 보현보살이 되었으니 전세의 정원태수로 이제 이 회중에 미음건달바왕이요, 그때 계모는 이 회중에 가루라왕이요, 본귀는 남방 화극천왕이 되고, 그 노비와 의원은 이만 연등불이 되었은즉 법화경 공덕이 이같으니라."

문수보살은 중생 제도하기를 다겁으로 나들면서 육도중생을 이같이 제도하였으니 어찌 보살의 서원이 광대치 아니하리오. 일체 중생이 범부 고쳐 성인되고, 여자가 염불 많이 하여 남자되고, 또한 여인보를 벗고저 하거든 법화경을 숭상하면 여인보를 벗나니라. 옛적의 사리불도 불전의 칠보탑을 시주하고 모든 부처님을 친견하였으니 일체 모든 부처님이 다 열반하신 후에 무슨 인연으로 묘법을 얻어보리오.

이때 미륵보살이 부처님께 물으시되 "저는 전세에 무슨 인연으로 공덕이 지중하여 미륵보살이 되었나이까. 원하노니 부처님의 설하심을 듣고저 하노이다." 부처님이 말씀하시되 "너는 보현보살보다 공덕이 승하니라. 너는 전세에 조원이라 하는 사람으로 연나라에 태어났더니 부모가 빈한하였는데 친구가 타국에 장사를 다니거늘 부모께 고하되 '은전 사천냥을 얻어주면 친구를 따라 타국에 가서 장사하여 오리다.' 부모가 그 말을 기쁘게 듣고 은전 사천냥을 얻어주거늘 받아가지고 타국에 장사하려 갈새, 한 곳에 다다르니

한 집의 홍문앞 밖에 패를 써 붙였으되 '아무 사람이라도 글자 일곱 자를 사려 하거든 은전 사천냥을 가지고 오라' 하였거늘 조원이 괴이 여겨 주인을 찾으니 주인이 나오거늘 이르되 '은전 사천냥을 가지고 왔으니 글자 일곱자를 파시오.' 주인이 안으로 들어가더니 비단보에 싸서 옥반에 담아 내어왔거늘 펴보니 「실상묘법연화경」이라 하였거늘, 가지고 본국으로 돌아오니 부모 크게 놀라 가로되 '은전 사천냥을 가지고 장사하러 간다더니 어찌 이렇게 쉽게 돌아왔느냐.' 대왈 '소자가 타국에 가서 세상에 얻기 어려운 보배를 은전 사천냥을 주고 사왔나이다.' 부모가 그 보배를 보자하여 펴보니 글자 일곱이라. 이것을 보고 묻되 '이 글자는 무엇에 쓴다 하더냐?' 대왈 '소자가 은전 사천냥을 주고 사왔사오나 쓸 데는 알지 못하나이다.' 부모가 크게 놀라 '남의 돈 사천냥을 주고 쓸데없는 글자를 사왔으니 어찌 하리요' 하고 꾸짖거늘 조원이 산에 올라가 「실상묘법연화경」을 외웠더니 굴속에서 울음소리가 나거늘 그 굴을 들여다본즉 대맹이가 울거늘 물어 가로되 '너는 어찌하여 우느냐?' 대맹이 답왈 '나는 이 굴속에서 삼천년을 고생하였는데 오늘 그대가 실상묘법연화경 읽는 소리를 듣고 우노라.'

조원이 또한 묻되 '너는 좋은 법을 듣고 어찌하여 우느냐?' 대맹이 가로되 '내가 이제 묘법연화경 읽는 소리 듣는 공덕으로 천상에 올라 갈 것이로되, 내 머릿속의 보배를 전할 곳이 없는 고로 우노라.' 조원이 가로되 '그러면 그 보배를 나를 주고 가라' 하니 대맹이가 머리를 돌에 부딪쳐 죽거늘 조원이가 대맹이의 머리를 보니 야광주가 있거늘 내어가지고 집에 돌아와 부모에게 뵈이니 부모가 보배 얻은 곳을 묻는지라 그 사연을 말씀하니 부모가 기쁘게 이르되 '이것은 부처님이 주심이로다' 하더니라. 「실상묘법연화경」이라 한 그 공덕으로 후세에 장자의 아들이 되어 무량한 낙을 받으며 한량없는 부처님을 친견하고 공양 예배하여 그 공덕으로 이제 비구 비구니 우바새 우바이 천룡 야차 모든 대중 중에 신통한 광명 가진 미륵보살이 되었느니라. 보살이 서원하여 이르시되 '사중을 위하여 법을 설하여 다 제도하리이다.' 때에 동방 만팔천세계에 부처님 광명이 비치었으니 모두 불국으로 장엄하였느니라. 미륵보살이 이 도를 크게 물었거늘 문수사리 보살이 이 도를 깨닫고 두 눈썹 사이에 백호상 광명을 넓은 세계에 비치어 일체 중생을 제도하리라. 중생을 인연하여 지옥에 맑은 광명을 비치어 이 세계에 육종이 진동하거늘 사시로 중생을 안락케 하리니 마음을 즐겁게 하여 극락세계로 인도하리라. 두 눈 사이의 광명이 아비지옥에 비치니라. 이 광명을 보는 자는 다 천상에 나서 무상쾌락을 누리다가 극락으로 가리라.

　일체 모든 중생은 전세에 착한 업과 악한 업 지은 대로 각각 따라 태어나나니 이 법화경을 숭상하면 저절로 모든 부처님을 친견할 것이요, 이 법을 연구하여 보살이 되어 이 깊은 법화경 뜻을 알 것이니, 만약 사람이 법을 알고도 행치 않고 닦지 아니하면 천천만세라도 사람 되기 어려우며, 법화경을 읽으면 진묘한 법을 알고 도를 닦으면 어두운 밤에 등불 얻은 것 같으리라. 그러하니 어찌 밤 같은 마음을 등불 같이 비치기를 힘쓰지 아니하리오. 도 닦을 때는 고생이 많이 되나 닦아놓으면 이런 즐거울 때 없으리라. 모든 중생이 법화경 읽기와 부처님께 불공하고 예배하기와 모든 중생을 어여삐 여기기와 이런 좋은 인연으로 도를 닦으면 모든 부처님과 같으리라.

　만일 전세에서 서로 원수가 있거든 그 원수를 풀어버리고, 마땅히 이 법화경 아는 사람이 있거든 항상 배우기를 힘쓰고 없거든 항상 부처님을 생각하라. 항하사 모래수 같은 보살이 다 이 법화경을 읽고 보고 들은 인연으로 부처와 보살이 되었으니 어찌 게을리하리오. 법화경을 읽어 저 극락에 가서 나면 천추만세인들 무슨 근심이 있으리오. 부처님과 보살이 마음을 닦지 않고 받으며 공 없이 부처 되었으리요. 만약 부처님 적멸한 후에 부처님을 보지 못하거든 이 법화경을 외우면 부처님을 꿈 가운데라도 친견하여 부처님께 수기 받으리라. 이 법화경을 숭상하면 용왕이 되거나 천왕이 되거나 인간에 날지라도 일체 복을 받으며 죄가 소멸하며, 세상 사람이 빈궁하여도 이 경을 읽으면 내가 마땅히 모든 재앙이 없게 할지며, 이날 천왕과 보살 등도 이 경 설하는 사람을 전단향으로 공양하고 가지가지 큰 도를 얻어 지옥에 고생하는 중생을 다 제도하리라.

부처님의 뜻은 천지에 가득하였나니라. 무상대도를 얻어 중생을 제도하여 많은 복을 얻어 염불삼매에 들어 정법을 얻으리라 하시거늘, 가지가지 인연으로 사람이 되어 태어났으나 불법 만나기 어려움이 이 땅에다 바늘을 세워놓고 천상에 올라가서 겨자씨를 떨어뜨려 그 바늘에 꾀이기보다 어려우니라 하셨으며, 법은 사람을 착한 세계로 인도하는 것이니 부디 마음을 청정하게 써서 악취(악도) 중에 가지 말고 불법으로 돌아오면 만만세라도 사람 몸을 잃어버리지 아니할 것이니라. 또한 용이 여의주 얻은 것 같고, 비유하건대 일월을 잡아 흔들기는 쉬워도 악취 중생이 법화경 법문 듣기는 어려우며, 사람이 세상에 날 때에 복을 짓지 못하여 평생에 곤궁을 면치 못하여 슬퍼하거니와 법화경을 숭상하여 복 짓는 남녀노소가 없나니, 그러면서 이 세상에 나와서 부자 되고 벼슬하는 것을 탐하니 전세의 짓지 못한 복을 탐한들 어찌 하리요. 다만 일 푼이라도 복을 닦지 않고는 공연히 생기지 아니하나니 이 세상 사람들아, 다만 터럭만 한 복이라도 지어 후세를 생각하여 복을 지으라. 나도 전생에 빈궁한 사람도 되고 병신도 되고 짐승도 되어 보고 벼슬도 해보고 왕도 되어 보고 여러 가지 보를 받아 보았으니 복 없는 것이 제일 고생이요, 빈궁하고 병신은 천륜이 없는 흉한 것이로다. 또한 아래로는 짐승 되지 못할러라. 동지섣달 모진 바람에 백설이 흩어져 내릴 제 그 고생이 비할 데 없더라. 또한 병신 되어 보니 여러 사람 가운데 가도 다 좋아하지 않는지라, 친구도 없으니 평생에 위없는 죄보더라. 가난한 사람이 되어 보니 배는 고프고 의복이 남루하여 주접이 심히 들고 일 많기는 평생에 그칠 때 없고, 집안에

쓸 것이 없는 고로 부부간 매일 불평하며 평생을 주리고 음식을 얻어먹고, 설사 인물이 준수하고 말과 말이 담백하더라도 업수히 여겨 그 말을 시행치 않아주고, 설사 자손이 많아도 도리어 칭원하고 일가친척이라도 가난한 일가는 못본 체하고 부자간에도 함께 있지 아니하며 일가가 혹 궁한 자는 빈궁한 일가를 멸시하고 더러운 욕도 먹나니, 그런 고로 자연 친척이 다 남이나 다름없으니 이 구차한 고생은 차마 받지 못할 바라. 이러한 고로 남의 집에 가서 도적질도 하며 못할 일을 다 하므로 구차한 사람이 다 지옥에 들어가는지라. 어찌 이같은 지옥을 겁내지 아니하리오. 슬프도다. 우리 박복한 중생이 불법을 위하지 못하거든 부모에게 효도나 행하여라. 부모에게 효도도 못하고 불법도 믿지 못할진대 어찌 지옥을 면하리오. 또한 구차한 사람의 말로 '우리는 구차하여 불법을 믿을 수 없다' 하고, 법을 설하더라도 피해 가며 구차한 탓만 하고 착한 선근을 심지 못하면 어찌하며, 또한 죄를 더 짓노라고 불법을 비방하고 갖은 죄를 다 지으면 칼산지옥에 가고, 부모에게 불효하는 사람은 무간지옥에 들어가느니라."

보현보살이 이르시되 "오늘 지옥말씀을 설하여 주옵소

서." 부처님께서 이르시되 "내가 오늘 다 이를 것이니 가지가지 조심하여 들어라. 아비지옥은 성 주위가 일천 리요 길이가 사천 리요, 그 가운데 구리로 만든 가마가 걸렸으되 그 수는 사백이요 가마 주위는 십오 리라. 나무 수만 수레를 실어다가 불을 때고 그 구리쇠를 끓이거든 바닷물 조수하듯 파도치듯 끓는데 죄인을 그 가마에다 삶으며, 죄인이 목마르다 하면 그 물을 먹이고 배고프다 하면 뜨거운 철환을 먹이고, 하루 만 번 죽이며 업풍이 불면 도로 살리기를 만 번 살리나니 죄 받는 형상을 다 일러 말하지 못할지니라. 대자비한 지장보살이 이 지옥 죄인을 보고 불쌍히 여겨서 눈물을 거두지 못하고 우나니, 만약 지옥 죄인이 지장보살을 만나 보기만 하면 그 지옥을 벗어버리고 나와, 설사 죄가 다하지 못하여 사람이 되거든 병신이 되거나 뼈 없는 버러지가 되더라도 지장보살 만나본 공덕으로 복이 되어 죄가 다하여 완전한 사람으로 되려니와, 만약 그런 줄을 깨닫지 못하고 저가 스스로 죄를 벗어난 줄 알고 불법을 믿지 아니하다가 다시 지옥에 들어가느니, 이것을 보아 사람 되었을 때에 부지런히 불법을 믿어 염불하고 법화경을 숭상하여 저 지옥은 영원히 이별하고 바삐 극락세계에 가서 나게 하라. 만일 꿈같은 이 세상에서 재물에 애착하고 자손에 애착하다가 그 애착에 마음이 잠겨 염불수도를 못하면 후사를 어찌하며, 이 몸을 받았다가 이생에서만 죽어 아주 녹아져 없어지면 그만이나 세세생생에 이같이 고생할 것이니 어찌하리오. 공도 닦지 아니하고 어찌 부처 되며 극락천당에 나기를 바라리오. 오늘 동참하는 대중의 비구 비구니와 불법 믿는 남자 여자 등을 다 제도하여 불국으로 보내리라."

부처님께서 다시 이르시되 "문수야, 마땅히 내 법을 자세히 들으라. 천만세계 중에 내가 너를 위하여 법을 설하며 백천만억 중생에게 방편으로 법을 설하여 제도하리라. 이 법을 존중히 여기라. 천만억겁에 무거운 죄를 소멸하여 전세의 길을 알게 하리라. 불법을 믿는 자는 천추만세라도 지옥 아귀 축생과 하늘과 인간과 수라에 떨어지지 아니하리라."

이때에 문수사리보살과 미륵보살이 말하시되 "부처님께서 선남자 선여인을 위하여 미묘한 법을 일러 악취에 가지 아니하고 극락으로 인도하소서." 또한 회중의 제불보살과 십만억 천자 권속이 일시에 합장 예배하고 부처님께 사뢰어 말하시되 "부처님과 청정한 대법으로 일체중생을 제도하소서. 이제 부처님 법을 듣지 못하면 다시 어느 때에 들으리까. 어서 법을 설하사 왕사성 중의 모든 중생과 육취중생을 지옥에 갈 새 없이 제도하시며, 삼십삼천과 이십팔수 모든 중생을 다 제도하소서." 부처님이 이르시되 "이 법을 지성으로 들으라. 만일 듣지 아니하면 어느 때에 얻어들으리오."

월궁천자와 일궁천자가 부처님께 사뢰어 말하시되 "부처님께서 앞에 큰 물재앙과 불재앙과 바람재앙이 있다 하옵시니 그 삼재가 들면 어떻게 되나이까?" 부처님이 이르시되 "삼재 드는 법을 자세히 말하리라. 말세에 천지개벽할 때에 사람의 수명이 열 살이라. 두 살에 인사 알고 세 살에 취처하고 다섯 살에 환갑이요 열 살이면 늙어죽나니, 그리하다가 한 살에 정명이 되어 아침에 태어났다가 저녁에 늙어죽나니 그때에는 동방에 해가 아홉이요 남방에도 해가 아홉이요 서방에도 해가 아홉이요 북방에도 해가 아홉이니라. 해가 이같이 떴을 때에 기름비가 아홉 번 오며 까막까치가 사람을 다 잡아먹고 삼십삼천과 이십팔수가 한때에 무르녹아지며 그 가운데 사람 타죽는 것을 어찌 보리요. 모든 대중은 부디 도를 닦아 이 삼재를 피하라. 이제 염불하기와 법화경 독송하기를 진실히 하여 극락세계 상품상생에 가서 묘락을 받으라. 이제 공덕을 닦지 못하면 어떠한 때에 사람이 되어 다시 법을 얻어 보리요. 사람 되기 참 어렵도다. 이 세계에 바늘을 세워놓고 겨자씨를 가지고 하늘에 올라가서 그 씨를 던져서 바늘에 꽂히기는 쉬워도 사람 되어 나기는 어렵도다. 또한 공덕 없이 사람이 되어 난다 하여도 또한 법 만나기 어려운지라. 나의 머리털 하나를 빼어서 십만 조각을 내어 항하사 물을 그 털 한 끝으로 묻혀내어 말리기는 쉬워도 이 법 만나기는 어렵도다. 한량없는 세계에 모든 사람이 몸으로 입으로 뜻으로 짓는 죄업으로 지옥에 벗어나기 어려우리라. 회중에 한 부처님이 계시되 이름이 일월등명불이시라. 일체 모든 중생을 위하여 법화경을 설하여 부처될 근본을 가르쳐 주시거늘, 말세를 당하여 부처님 가신 곳을 몰라 무량 천만억 세계에 부처님을 보기 위하여 출가하야 무량한 모든 부처님과 보살을 친견하고 실상 묘법을 읽어 모든 중생을 제도하여 중생의 본심을 청정케 하리라. 한량없는 부처님과 무량한 보살과 십만 제자 등이 신통을 얻었으니 이때의 회중에 비구 비구니 우바새 우바이, 야차와 건달바와 아수라와 가루라왕 마후라가왕과 전륜성왕 등이 미륵보살을 위로하더라. 회중에 이십억 보살과 사억삼만팔천 보살이 일시에 다 성불하였으니 그 부처님의 이름은 일월등명불이라 하더라."

　그 말을 마치니 마침 해상용왕이 여의주 삼만팔천 개를 가지고 와서 부처님께 드리며 사뢰되 "소왕은 용궁에 있사옵더니 전에 보지 못하던 광명이 용궁에 비치거늘 태사를 불러 천기를 보라 하니 '삼경 때에 보문성을 보니 왕사성 기사굴산에 부처님이 계서 묘법을 설하시니 팔백 제자와 묘광보살과 일월등명불이 모두 대승경을 설하시며, 부처님이 여러 세상에 나타낸 광명이 우리 국토까지 비치었으니 대왕은 부처님의 설하시는 법을 들으소서' 하거늘 소왕이 신하와 더불어 여의주를 가지고 대법을 들으러 왔나이다. 부처님은 우리들을 불쌍히 여기사 대법을 설하여 들려주옵소서. 소왕이 이십만 리 밖에서 왔사오니 지성으로 대법을 듣고저 하나이다." 부처님이 말씀하시되 "내가 너희를 위하여 법을 설하리니 자세히 들으라. 너희들 중생이 대법을 듣고저 하거든 내가 차후에 서방정토에 가서 이 법을 설할 것이니 너희들은 따라와서 들으라. 내가 전세에 보리수 하에서 비로소 정각을 깨칠 때에 극락세계의 십만 보살이

다 위로하였나니라. 극락세계의 아미타불은 팔대 보살이 있으니 문수보살과 관세음보살과 대세지보살과 금강장보살과 미륵보살과 지장보살과 제장애보살 등이 시위하였나니, 그 가운데 타방불과 십만억 보살이 또 있으니 청정대해중보살이 법을 만세에 달통하여 허공에 올라 대간에 이르러 부처님의 정법으로 연각과 성문과 오백천왕 등이 정토문 만성화에 있어서 극락세계 일을 가르쳐서 알게끔 하리라. 공덕 닦기는 어려우나 닦기만 하면 스스로 극락세계에 가리라. 남방에 육취중생을 다 건져내어 광대한 법을 알게 하리라. 본심을 닦아 성인을 표하고 지혜를 닦아 도를 표하라. 남방 사만억불과 십만억보살이며 천왕은 그 수를 알지 못하겠고, 동방에는 약사유리광불과 팔천제불과 칠천보살과 십대명왕이 있으며, 북방에는 일월등불이 이억 모든 부처님과 함께 계시고 일천이백보살과 천왕칠천이 있고, 서방에는 한량없는 모든 부처님과 한량없는 보살과 무량천왕이 있나니, 어찌 삼십삼천과 이십팔수와 일체 모든 부처님이 아니 가시는 데 없거니 육취중생이 업보 짓는 것을 보고 착한 도로 권하지 아니할 바리요. 세상에 허물없는 이 누가 있으리요만은 마음을 닦아 범부를 고쳐 성인 되나니 십만보살이 연등불을 친견하고 생사를 면하였으니 마음을 잘 닦아 무상락을 스스로 얻어 세상에 유포하라. 달이 가고 해가 가거든 어느 때에 불법을 얻어보리오. 야차와 건달바와 아수라와 긴나라와 마후라 등이 맑은 광명을 좇아가면 묘한 법을 얻어 보리라. 곳에 일월등명불이 대승경을 설하여 천만억 보살을 한량없는 낙에 이르게 하였으니 그 보살 몸에 칠보로 장엄하리라. 그 세계에 보광불이 세상에 나오시매 여섯 가지 형상을 지으시며, 이 회중에 비구 비구니 우바새 우바이 천룡 야차 건달바 아수라 가루라 긴나라와 사람과 사람 아닌 것과 모든 천왕과 여러 소왕과 전륜성왕 등이 대중 중에 합장하고 일심으로 부처님을 보더라. 부처님이 미간으로 백호상 광명을 동방으로 만 팔천세계에 놓으시니 십억보살이 세상에 나왔더라. 광명보조불이 여러 세상 인연으로 팔백제자를 일월등명불로 인연하야 육십겁을 지내어 모든 보살의 이마를 만지시고 부처될 연기를 자세히 일러주시니, 이 법화경 들은 공덕은 천지삼재를 만나도 없어지지 아니하리라. 일월등명불이 육십 소왕을 데리고 법을 설하시니 이 법으로 사치한 마음을 고치고 맑은 지혜를 얻게 하였느니라. 부처님 열반하신 후에 묘법연화경은 일만팔천 세상을 머물러 중생을 제도하고, 묘광보살이 천만억 부처님께 공양하고 법을 칭찬하야 평생 곤궁함을 면케 하리라."

미륵보살이 부처님께 물으시되 "저 묘광보살은 공덕이 광대하고 지혜가 가히 헤아리지 못하겠으니 무슨 복덕을 닦아 얼굴과 지혜와 신체가 뚜렷하고 저렇듯 공덕이 장하나이까. 묘광보살의 과거일을 일러 주시옵소서." 부처님의 탑상에 앉으사 말씀하시되 "묘광보살은 전세의 부모가 빈곤하야 나무 장사를 업으로 삼아 부모를 봉양하더니 십오 세에 한 곳에 가서 나무를 베더니 홀연히 한 여자가 와서 묘광에게 이르되 '너는 부모를 봉양하는 효성이 지극하니 어진 남자로다. 나는 창멸산 중에 있는 문수보살이니라. 내가 너에게 묘광의 일신을 나타내니 너는 평생에 법화경 읽기를 업으로 하여라.' 문수보살이 말씀하되 '내가 두 가지 법을 이르나니 너는 들을지어다. 지나간 일을 밝히리라. 한량없는 세상에 중생을 다 제도하고 무수한 보살을 가르쳐 출가 후에 부처의 근본을 알리라. 법은 본래 정한 곳이 없느니라. 사람이 지혜가 없는 고로 복을 가지고 구차한 사람을 건져주며 모든 고생을 면하게 하리라. 묘광아, 오늘 이곳에 만나기는 인연이 적지 아니하도다. 비유컨대 용이 구름 만난 것 같으니, 모든 용신이 내게 공양하고 존중히 법을 물으러 들어와 법을 묻고 맑은 지혜를 얻으리라. 내가 이제 부처님의 맑은 법을 알고저 함이로다. 각화정자재왕 부처님도 하늘 만다라 꽃 속의 무골충 버러지로 법화경 설법함을 듣고 그 몸을 벗어버리고 일체 모든 부처님을 친견하였으니 일만팔천 부처님 회상에서 칭찬하지 아니하심이 없더라. 너는 비록 사람의 몸을 얻었으나 법을 들어 알기는 무골충만 못하니라. 장엄한 도량을 보고저 하거든 나를 따라 오라.' 묘광이 나무하던 연장을 버리고 문수를 따라가며 차탄하거늘 문수는 용신과 야차와 건달바를 불러 이르시되 '너희가 도를 이루고저 하거든 오늘 묘광에게 복을 주라.' 일체 천왕이 그 말씀을 듣고 일시에 몸을 빛내어 금강산 같이 나투어 복을 청하니 묘광의 몸이 청정해지고 한량없던 복을 얻더라. 묘광이 무인지경에서 문수의 간 곳을 잃고 혹 꿈인가 의심하더니 정신을 차려 집으로 돌아오다가 한 사람을 만나 묻되 '그대는 어디서 오며, 그 가진 물건은 무엇입니까' 하니 그 사람이 답하되 '나는 고기낚기를 일삼는 고로 정멸강에 가서 낚시질하여 자생하는데 오늘은 낚시를 물에다 넣으니 용왕의 제자되는 거북이 낚여서

가지고 갑니다' 하더라. 묘광이 나무를 판 돈으로 거북을 사서 가지고 오더니 중류에 한 물이 있거늘 거북에게 말하되 '내가 법을 들으니 제도하는 것이 있으면 큰 복을 얻는다 하니 내가 너를 돈을 주고 사다가 물에 넣으니 그 공을 잊지 말라' 하고 낚시에 꾀였던 곳을 쓰다듬어 그 물에 넣고 집에 돌아오니 부모가 물으시되 '너는 나무하러 가더니 어찌 빈몸으로 돌아왔느냐?' 묘광이 답왈 '소자는 죽는 중생을 살리고 오나이다.' 부모는 의식이 없으니 그렇게 한 것이 먹고 사는 것만 못하도다 하고 그날은 밥을 굶었으나 다시 생각지 아니하더라. 이때에 그 거북이 용궁에 들어가니 용왕이 보고 묻되 '너는 어디 갔다가 이제야 오며, 어찌 얼굴에 희색이 없느냐?' 용자가 답하되 '마침 정멸강에 나가 놀다가 물의 낚시를 만나 거의 죽게 되었는데 그 세계에도 제 몸을 건져주는 사람이 있어서 그 사람의 공으로 겨우 죽기를 면하였나이다.' 용왕이 묻되 '그 사람의 성명을 무엇이라 하더냐?' 용자가 답왈 '묘광이라 하더이다.' 용왕이 즉시 용녀 오인으로 하여금 '세상에 나아가서 그 사람의 생업을 알아 오라' 하거늘 용녀가 몸을 장엄하여 치례를 높이 하고 법장대에 나와 놀더니라. 이때에 묘광이 나무를 베다가 법장대에 빛나는 광채와 요란한 소리를 듣고 괴이여겨 살펴보니 어떤 여자가 음성을 높이하여 사람을 인하거늘, 묘광이 더욱 괴이히 여겨 가까이 나아가보니 그 사람들은 간 곳이 없고 비단 한 자가 내려졌거늘 집어보니 글자가 쓰였으되 「부모에게 삼십여년 효도한 공덕과 용자 살려준 공덕이며 또한 문수사리보살에게 마정수기 받은 공덕과 이 같은 가지가지 공덕으로 세세생생에 있지 아니한 복을 주니 그 주머니 속의 세상에 드문 보배를 얻어 부모의 곤궁을 면하게 하라. 그리할수록 일심으로 청정한 도를 닦아 모든 부처님 회상에 나아가 밤 가운데 법화경 읽기와 매일 법화경 듣기를 행하면 열반 낙을 얻으리라」 하였더라. 그것을 가지고 돌아와 부모님께 뵈이고 그곳에 가서 은금 수천 냥을 얻어가지고 부모님께 올리고 모든 부처님 계신 곳에 가서 부처님께 올리고 모든 중생에게 보시하고 또한 공부하여 죽고 살기를 마음대로 하니 여러 사람이 다 묘광이라 일컬으니라. 묘광이 공부가 도저(학식이나 생각 등이 깊음)하여 모든 부처님을 칭찬하고 용맹정진하여 무상도를 구하여 천만억 부처님을 만나 다 부처님 될 정각을 얻었더라. 옛날에 한 장자가 집을 지어 기둥에다 바늘 한 개를 꽂아두고 집을 비어두고 멀리 다니다가 여러 해 만에 집에 돌아오니 집이 다 썩어 무너지고 기둥도 썩어졌으나 그 바늘은 썩지 아니하였으니 사람의 공덕도 그 바늘 같느니라. 비유컨대 어린아이가 집안에 있다가 호롱불이 나서 집에 불이 붙는데, 그 급한 일이 집안에 있으나 불붙는 줄 모르고 나오지 아니하거늘 사람이 죄 있는 줄 알지 못하는 것과 같아서 타방세계의 부처님의 명이 다하여 멸하시면 누구와 더불어 죄 되는 법을 정하리요. 묘광이 답왈 '팔만제자 등이 공경 합장 배례하고 법을 설하실 것이니 설하는 자는 현재불이요 듣는 자는 미래 부처로다.' 탑상에 높이 앉아 엄숙히 법을 널리 전하고 팔왕자와 더불어 법을 정하고 그 회중에 한 보살이 있으니 이름이 미륵보살이라. 합장하고 부처님께 고하되 '오늘 만세의 일정한 법문을 이르사 미륵보살이 된 지 사십 년이오니 부처님 지혜 높으시고 법 설하심이 광대하니 전세의 일을 회중이 알게 하소서.'"

회중에 한 왕이 있으되 이름이 무량정왕이라. 부처님께 고하되 "미륵보살의 전세 일을 알게 일러주소서." 이때에 부처님이 묘한 광명을 하늘에 가득히 비치시고 십만억 보살을 거느리시고 법을 설하사 "전세에 미륵보살이 윗나라

정황제의 아들 되었을 때에 범중천왕과 대범천왕의 지혜를 본받아 부처님을 평생 위요하더니, 자식이 무상하여 홀연 잠이 들었는데 선관 한 사람이 들어와 앉으며 푸른 부채를 두르며 '경명천자는 전세에 부억태수로 갔을 때 우마와 사람을 많이 살해하고 평생 물고기 잡아먹기를 즐기더니 나라에 득죄하여 만기를 채우지 못하고 파직하더라. 태수가 즉시 집으로 돌아오니 부인이 말하길 태수는 천리원정에 갔다가 돌아오매 사생이 어렵고 지낼 곳이 망극하니 일로 하여금 부처님께 정성이나 들여봅시다. 태수가 부인의 말을 듣고 목욕재계하여 정성을 들이고 예단을 갖추어 정중산에 올라 승을 만나 공양정성을 들이고 재를 파한 후에 승을 하직하고 즉시 집에 돌아가 복을 얻었더라. 나는 불법의 인연이 없던지 삼만팔천 회로되 이때까지 저러한 복을 얻지 못하였으니 슬픈지라' 하고 마음을 진정하더라. 한 소왕이 청운을 타고 빨리 들어오다가 사리불을 보고 왈 '부처님은 어찌 이곳에 오셔서 마음을 안존하시나이까?' 사리불이 답하여 말하되 '나는 서가모니불의 법화경 방편품을 읽는데 법을 들으러 왔더니 유리광불이 법을 들으러 오신다는 말을 듣고 연을 모시고 이곳에 기다리는 중이로다.' 비사문천왕왈 '그 회중에 부처님 제자는 얼마나 되며 천왕의 수효는 얼마입니까?' 사리불이 답왈 '별로 온 이가 없으나 타방에서 이만연등불과 부처님의 십대제자와 과거칠불과 십만보살과 일조 사만천자 등이 와 모였나이다.' 비사문천왕이 말하되 '여기 유리광불이 거느리고 오는 제자는 사만억보살과 육천천자로 시위하여 오시나니 나는 부처님의 기별을 보고 오나니다.' 이제 사리불이 비사문천왕을 데리고 모든 대중이 들어가니 사방에 십만억불과 사만제자가 일어나 맞은 후에 부처님을 뵈이려 하니 부처님이 이르시되 '비사문천왕은 전세에 쇠똥의 버러지더니 사위국 성중에서 내가 도 닦을 때에 그 쇠똥을 발로 밟았더니 버러지가 죽었거늘 나를 본 그 공덕으로 비사문천왕이 되었으니 법정문 밖에 나아가 우물에서 물을 떠서 단상에 놓고 허공을 향하여 세 번 절하고 들어와 나를 보라' 하시더라. 비사문천왕이 즉시 나아가 능멸천자와 함께 부처님 말씀대로 하고 들어와 함께 들어가 부처님을 뵈옵고 차례로 앉으니라. 때에 부처님이 이르시되 '모든 천왕과 일체중생을 위하여 능히 지혜를 알게 하리라. 타방부처님은 법을 널리 알려니와 너희 서왕 등은 어찌 이러한 대법을 알리오. 염불을 많이 하여 지혜를 살피어 한량없는 법문을 통달할지니 너희들은 이 법을 일컬어 세상에 유포하라.' 이때에 부처님이 삼매로부터 편안히 일어나서 사리불에게 말씀하시되 '모든 부처님의 지혜는 심히 깊고 한량없어서 그 지혜문이 알기도 어려우며 들어가기도 어려운지라 일체 모든 성문과 벽지불이 능히 알지 못할 바니 어떤 까닭이뇨. 부처님이 일찍이 백천만억 수 없는 모든 부처님을 친근하사 모든 부처님의 한량없는 도법을 행하시며 용맹스러히 정진하여 이름 일컬음이 널리 듣기사 심심하야 일찍이 있지 못한 법을 성취하사 마땅함을 따라 설하는 바 이치가 알기 어려우니라. 옛적에 구족만행과 각화정자재왕 부처님도 사리불을 친히 보고 광대한 마음을 얻었으니, 큰 마음을 힘써 어진 도를 이루리라. 저 나무 가운데 꽃필 줄 누가 알며, 못 가운데 용이 있는 줄 누가 알리요 하듯이, 청정한 마음에 더러운 죄를 불법으로 소멸하고 원각산 중에 들어가 염불 수도할진대 부처되기를 어찌 의심하리오. 동방 만팔천세계에 한 나라가 있으되 이름이 청유리국이라. 그 나라에 부처님이 계시되 이름이 유리광불이라. 오늘 대법을 들으시러 오신다 하니 사리불아 네가 나아가 유리광불을 맞아 오라. 유리광불은 비록 십팔억이시나 어질고 어진 부처로다." 사리불이 부처님의 분부를 듣고 통성문 밖에 나아가 만성대를 바라보고 전단향을 사르고 무수히 사례하여 맑은 마음을 진정하더니, 동방 만성대에 빛나는 바람과 빛나는 구름이 자욱하며 그 구름 가운데 유리광불이 십만억 제자를 거느리시고 칠보 당번으로 장엄하고 빛나는 이름이 허공에 진동하니 사리불이 헤아리되 '유리광불은 덕이 어찌 저렇듯 높으신고' 하더라. 이때 부억 태수 부인이 태수를 보고 마음에 즐겨하거늘 태수가 부인에게 그 말을 다 누설하거늘 부인이 덕업을 갖추어 기다리더니 홀연 꿈에 한 새가 날개를 떨치고 입으로 들어가거늘 그때부터 태기 있더라. 십삭(열달)이 차서 아이를 낳은즉 뼈가 없으매 다니지 못하더라. 이제 죄업을 생각지 못하여 그 일을 알지 못하더니, 동산에 한 선비 글을 지어 읊거늘 태수 왕운에 기추인가 의심하여 마음을 진정하더니 그 선비 그 말을 물으니 '나는 범왕천에 있는 무량정천왕이러니 이 나라에 성인이 난다는 말을 듣고 왔으니 무오년 오월 이십칠일 인시에 난 사람이 있는가' 하시거늘, 생월일시를 생각하여 본즉 비록 뼈가 없으나 당신 자식이라. '소신의 집에 사람이 났으되 머리와 몸 체격은 사람이로되 뼈가 없는 고로 어찌 사람이라 하리요.' 답왈 '그러나 그 사람은 우리 하늘의 화덕진군으로 옥황상제께 죄를 지어 세상에 귀양왔나니 죄가 중하여 인간에 났으되 뼈가 없느니라' 하시고 '그 사람이 비록 뼈가 없어도 아는 일이 많으니 세 살을 먹거든 묘한 말을 물어보라' 하시고 간 곳이 없더라. 집에 돌아와 그 아이에게 물으니 별로 대답지 아니하거늘 홀로 자탄왈 "내가 지난번에 자식을 빌러 갔을 때에 스님이나 되어 세상을 잊고 정도산에 몸을 버릴까 하다가 부인이 평생 나와 더불어 근심하던 정을 잊지 못하여 돌아왔더니 이제 자식의 모습을 보니 그때 스님 되지 못한 일이 애닯다" 하거늘, 그 아이 말하여 가로되 "아버님은 전의 부억태수로 갔을 때에 사람과 우마를 많이 살해한 과보로 나 같은 병자를 낳았으니 한탄치 마소서." 태수왈 "네가 이제 입을 열어 말을 하니 너도 소견이 있느냐." 그 아이 누웠다가 일어나며 하는 말이 "부처님이 말씀하시되 사바세계 사람은 인물과 골격을 취하고 지혜를 사랑치 아니하니, 사람이 나도 지혜가 적게 난다 하시더니 그 말이 마땅하오이다. 저는 비록 병신이나 별로 부모님께 근심을 아니시키리니 염려하시지 마소서" 하더라.

이때에 부처님이 한량없는 보살과 모든 제자를 데리고 무상정각에 올라 법도를 알게 하실 때 이 회중에 한 보살이 있으니 이름이 유동보살이라. 세상에 나아가 이구산 신령이 되리라. 남방 천이백재성은 삼광에 떨어지면 위맹이라 하더라. 그때 부처님은 석가모니불이 주세불이시라. 남방에 칠만 천자가 있고 그 가운데 팔만사천 지옥이 있으니 지옥에 가는 사람은 제일 죄가 중하거늘, 거짓말과 도적질과 간사하고 음란하기와 부모에게 불효하기와 나라에 불충한 자는 이 지옥에 떨어져 영겁에 나올 기약이 없나니라. 제석보살이 부처님께 물으시되 "지옥은 어찌하여 생겼으며 극락은 무슨 인연으로 있나이까?" 부처님이 말씀하되 "모진 마음이 높으면 지옥이요 어진 마음이 높으면 극락이라. 내가 세상에서 도를 닦을 때에 그 나라 이름이 왕사성이라. 왕의 이름은 실지왕으로 내가 철마산에 올라 도를 닦을 때 그 왕이 와서 구경하다가 이르되 '비구를 나의 철검으로 죽일 것이니 빨리 나와 내 칼을 받으라' 하니 내가 그 말을 듣고 홀연히 나아가 송림골 아래 목숨을 드리니 왕이 그 칼로 나의 머리를 세 번 치되 머리가 떨어지지 아니하거늘, 그제야 실지왕이 땅에 엎드려 사죄하고 제자 되기를 원하거늘 내가 설법하여 주었더니 그 과보로 나를 칼로 쳤으며 또한 그 공덕으로 실지왕이 되었느니라."

그때에 부처님이 실지왕을 제도코자 하여 아난과 가섭을 데리고 사위성중에 들어가서 걸식하실 때 아난과 가섭은 부잣집으로 다니면서 밥을 빌고 부처님은 구차한 집으로 다니면서 밥을 비시거늘 하루는 가섭이 부처님께 묻자오되 "어찌하여 부처님께서는 구차한 집에 다니시면서 밥을 비시옵나이까?" 부처님이 이르시되 "구차한 사람은 복이 적어서 구차한 고로 복을 얻게 하고자 하여 이같이 하노라" 하시니라. 하루는 밥을 빌다가 뱀이 나무 위에서 죽은 것을 보고 가섭이 아난에게 이르되 "우리 저 뱀을 땅에다가 내려놓자" 하거늘 아난이 말하되 "저가 저기서 죽은 것도 서럽거늘 땅에다 내려놓으면 개미와 버러지가 뜯어 먹으면 좋지 아니하니 그냥 두고 가십시다." 가섭이 이르되 "저가 이미 죽었으니 개미와 버러지가 뜯어먹고 배부르면 그도 역시 공덕이 될 것이니 좋지 아니 하겠느냐." 아난이 또한 말리거늘 가섭이 아난의 잠들기를 기다려서 그 뱀을 땅에다 내려놓고 법화경을 읽었더니 개미가 그 죽은 뱀을 다 뜯어먹고 죽어 인도 환생하여 세상에 나와 사람이 되었으니 이는 법화경 읽은 공덕이니라. 이때 가섭은 나이 구십칠세요 아난은 육십삼세더라. 그 후에 아난과 가섭이 밥을 빌러 간즉 아난은 인물이 절색이로되 다 귀히 보지 아니하고 가섭은 인물이 못생겼으되 남이 밥을 잘 주고 사랑하여 주더라. 하루는 아난과 가섭이 부처님께 묻자오되 "부처님이 사위성 중에서 칠십여년을 있었으니 가섭은 다 귀하게 여기고 아난은 다 미워하며 밥도 잘 주지 아니하니 어찌하여 그 같습니까?" 부처님이 이르시되 "그것은 다름이 아니라 아난과 가섭이 밥을 얻으러 다닐 때에 뱀이 나무에서 죽은 것을 보고 가섭이 여차여차함을 아난이 말리어 못하게 하므로 아난이 잠든 사이에 가섭이 내려놓고 법화경을 읽어주었으며, 법화경 읽은 고기를 뜯어먹은 개미 등이 다 법화경 들은 공덕으로 인도 환생하여 사람이 되었느니라. 아난은 뱀을 내려놓지 못하게 한 혐의로 귀히 보지 아니하고, 가섭은 내려놓고 법화경을 읽어준 공덕으로 사람이 다 추존하나니 이제 백만 억 대중이 부처될 종지를 알라. 일체 모든 죄를 벗어버리고 어서 공부하여 부처되어 일체중생을 제도하라."

이때에 월궁천자가 부처님께 고하되 "천만억 대중에게 이 법을 가르쳐 지혜 신통을 통달케 하시더라. 모든 대중에 한 부처님이 계시니 이름이 등명불이라. 머리 위에는 월광이 있고 가슴에는 일광이 있으니 그 광명이 사주 세계에 비치며 그 세계에 왕이 있으니 이름이 보명천왕과 보정천왕과 보광천왕과 보근천왕 등이 회집하였고, 서방에 한 나라가 있으니 이름이 극락세계라. 그 나라에 부처님이 계시니 이름이 아미타불이시오, 또한 여러 보살이 있으니 관세음보살과 대세지보살과 미륵보살과 지장보살과 금강장보살과 제장애보살과 청양산 일만보살과 청정대해중 보살 등이 시위하고, 남방 염만대왕과 북방 호시대왕과 동방 청운대왕과 서방 미음대왕과 중방 사거라대왕 등이 위요하고, 남방에는 적유리 집이요 동방에는 청유리 집이요 북방에는 흑유리 집이요 서방에는 백유리 집이요 중방에는 향유리 집이라. 자개 적주 마노 산호 호박 생금 유리 일곱 가지 보배로 장엄하고 도량이 청정하니 그 위의 하늘 이름은 유정천이라. 하늘에서 십오일은 흰 연꽃이 때때로 내리고 십오일 후면 홍련화꽃이 내리고 날마다 전단향내 진동하며, 전단향 바람이 불면 그 여러 가지 꽃이 눈 오듯 날리거늘 그 꽃을 불어버리고 다시 또한 꽃비가 오더라. 또한 연못이 있으되 그 수가 아홉이니 연못 가운데 연꽃이 피었으되 사람의 선악을 보아 피는지라 사람이 불법 중에 들어와 염불 수도 하면 정대왕이 그 연못에다 연씨 하나를 심어 그 사람 염불 수도하는 대로 그 연꽃이 순하게 자라나고 연꽃이 청정하여 맑은 정기가 새로우며, 그 사람이 염불 수도하다가 죽은 후면 그 연꽃 가운데 나고 극락세계 사람이 되나니, 만일 염불 공부하다가 아니하고 물러나면 그 연꽃이 자라나다가 절로 죽느니라. 그러면 지옥에 들어가 천만억 고초를 받다가 혹 인간에 나더라도 더러운 짐승이 되나니, 법을 알진대 어찌 공을 닦다가 말리요. 인간에서 별로히 남녀 간에 다른 것 할 것이 무엇이요. 오직 우리 인생을 제도하여 좋은 곳으로 인도할 문은 불법 밖에 또다시 없느니라. 또한 이 세상에 여인 되는 죄는 세상에 으뜸 되는 죄라. 여인 되었다가 죽을 때에는 여인사자가 오나니, 여인사자가 머리를 빛나게 꾸미고 좋은 향을 차고 약간 칠보로 장엄하고 와서 병든 사람을 달래어 '우리나라에 가면 좋은 묘락을 받는다'고 달래어 그 여인을 데리고 가다가 풍악 소리 나고 오색연화 핀 곳을 가리키며 '저 나라는 나 있는 나라 성중이라.' 길을 재촉하며 문밖에 다다르니 사람의 울음소리가 나며 그 연꽃 같은 것은 다 불꽃이라. 그 성 이름은 철위성이니 그 안에는 모진 사자가 있으니 그것이 지옥이라. 지옥 이름은 아비무간지옥이니 모진 옥졸이 있거늘 이름이 감재사자와 직부사자요, 그 위에는 염라대왕이 있으며 죄인을 다스리는 지옥이니 칼산지옥이요, 또한 성이 있거늘 이름은 토론성이니 그 가운데 무쇠로 된 까마귀가 있어 사람의 머리를 다 베어 먹고, 그 가운데 사자가 있으되 불관사자 뇌공사자 판관사자 제육변성대왕이 죄를 다스리고, 또한 강철지옥이 있으되 명복사자 천남사자 이명판관 마차녹사 도시대왕이 죄를 다스리고, 또한 지옥이 있으되 팔만사천 모든 지옥이니 그 죄받는 형상은 가히 형언할 수 없어 차마 보지 못하리라. 그러나 지장보살은 항상 저 옥중에 있어 그런 죄인을 빌어내어 시왕들께 청하여 내어보내거늘 그 죄인들은 나왔다가 또다시 죄를 지어 그 지옥에 들어가기를 일삼나니 지장보살인들 어찌 하리요. 이제 우리 회중에 모인 사람은 그 지옥에 들어가지 아니할 것이니 모든 악도에 들어갈까 의심치 말고 중생 제도하기를 힘쓸지어다. 그러나 말세에 이 법화경 법문을 듣거나 읽거나 외우거나 친견하고 공양 예배하면 필경에 정각을 얻으리라. 이 법화경을 쓰고 남을 일러주면 죄가 산같이 쌓여도 이 지옥에는 들어가지 아니하고 이 세상에 나서 천자가 되거나 전륜성왕이 되거나 혹은 부자되고 귀하게 되어 복덕이 구족하거나 이 같은 복록을 받을 것이니 어찌 즐겨 보고 듣지 아니하리오. 또한 무심하게 하다가 천지개벽을 당하면 이 법을 얻어보기 어려우리라. 또한 착한 마음을 내어 복짓기도 어려우리니 사람이 이 세상에 나서 제일은 빈곤한 것이 어렵고 둘째는 병신됨이 어려운 것이니 부디 이 법화경을 지성으로 숭상하여 허물되는 일은 부디 말라. 만약 마음대로 도적질하면 후세상의 복덕종자를 끊어버려 빈곤함이 될 것이요, 또한 거짓말한즉 진실종자를 끊어버리며 곧 진실한 말을 하더라도 곧이듣지 아니하고, 색을 좋아한즉 정신이 더러우며 사람이 되어도 인물이 더러울 것이요, 술을 먹으면 덕을 폐하고 지혜가 없어지며, 담배를 먹으면 청정한 마음을 잃어버리고, 살생을 하면 평생에 자식이 없을 것이고 병이 들면 무거울 것이요 단명한 보를 얻나니라. 옛적에 등명불이 청정한 법을 가지고 중생을 가르쳐 악도에 든 중생을 다 건져내어 불국으로 인도하여 보내었으니 그 공덕으로 보살이 팔만사천이요, 전륜성왕과 더불어 세상에 높고 으뜸되는 법을 가르쳤으니 그 법은 곧 아미타불이라. 관세음보살이 공경하고 합장

위호하여 법을 널리 가르쳤으니 한량없는 중생이 불법을 배운 공덕으로 부처되었나니라. 그 전에 부처님이 계시되 이름이 비로자나불이요 보살은 월광보살과 일광보살이니, 그 부처님 계신 세계는 사바세계요 그 나라는 월주국이요 왕의 이름은 명소왕이라. 백천신하와 더불어 법화경을 연설하더니 부처님을 위하여 공경하고 찬탄하기를 마지 아니하더라.

이때에 부처님이 "만법을 위하여 위없는 도를 표하라" 하시며 "또 사리불아 들어보라. 천룡 야차 등 대중으로 시위하고 공경 예배하고 모든 법을 일러 한량없는 복을 얻게 하리라. 다시 사리불아, 원하나니 부처님의 높으신 마음을 모든 중생 천만억에게 부촉하리라. 법은 또한 하나이니 걸림이 없으며 상하가 없으며 평등하여 고하가 없느니라. 마음은 존중하고 뜻이 부정하면 어찌 대회를 베풀리오." 회중에 한 사람이 있으니 이름이 낭두사주로 합장 분향하고 부처님께 고하되 "이 법을 분별하여 더러운 마음 가운데 맑은 마음을 얻어낼진댄 일곱 가지 즐거운 처소에 가서 나리이다. 일만 사람이 다 사랑하면 법이 광대하리이다." 부처님이 이르시되 "금수 초목 총림 뼈 없는 버러지 물에 사는 중생이라도 살기를 좋아하고 죽기 싫어하는 마음은 다 있나니 죄 없이 무거운 고로 축생에 있느니라. 그러나 깨달으면 부처로다. 한 임금에 만백성이 있는 것 같아서 부처님은 일체 모든 중생의 자비스러운 아버지시니 어떠한 중생을 사랑치 아니 하시리요. 부처님은 중생에게 도사시요, 왕 중에는 대범천왕이 제일이요, 물 중에는 황하수가 제일이요, 산 중에는 수미산이 제일이요, 짐승 중에는 사자가 제일이요, 나무 중에는 전단나무가 제일이요, 돌 중에는 금강석이 제일이요, 흙 중에는 전단토가 제일이요, 쇠 중에는 금강철이 제일이요, 부처님 중에는 아미타불이 으뜸이요, 법문 중에는 법화경 법문이 제일이요, 보살 중에는 관세음보살이 제일이요, 세계 중에는 극락세계가 제일이요, 하늘 중에는 유정천이 제일이라. 금일 백천만억 제자들아 내 말을 다 믿느냐? 또한 계법으로 허물되는 것을 고치게 하리라. 위없는 도는 맑은 자리를 취하고 악한 도는 더러운 곳을 취하나니, 법을 좇아 중생이니 부처니 하거니와 이 마음을 잘 닦으면 일체가 다 의심할 것이 없을 것이요, 이 법을 본받아 부처가 되고 인심을 좇아 성인이 나고 백성을 좇아 임금이 되고 나무를 좇아 바람이 나고 물로 음양을 표하고 나무로 사람을 표하고 쇠로 인심을 표하고 불로 원근을 표하고 흙으로 죽는 것을 표하나니, 손 가운데 오행이 있으며 내 마음 가운데 팔만대장경이 있으니 나의 제자들이 부처님을 위하지 아니하면 타방불과 더불어 백천겁에 손을 베풀리라. 우리나라에 금강견고불이 인민의 명수를 정하시니 처음에는 목숨이 사천육십년이요 다음에는 사천오십년이요 다음에는 일천삼십년이요 또 다음에는 구백이십년이요 또 다음에는 팔백십세요 또 다음에는 칠백년이요 또 다음에는 육백년이요 또 다음에는 오백년이요 또 다음에는 차차 감수하여 위지 소겁에는 수명을 별로히 정할 것이 없느니라. 사리불아, 법을 듣느냐?" 사리불이 답왈 "팔만육십 제자들이 법을 칭찬하나이다. 부처님 머리에 묘한 광명이 있으니 저 광명은 누구를 표하여 있는 광명이옵니까?" 부처님이 이르시되 "그 광명은 염불하던 지혜요, 내 말을 일만 사람에게 가르침이라. 곤궁이 없을진대 세상의 무슨 걱정이 있으리오. 이전에 소가 빈 절터에서 풀을 뜯어먹다가 콧김에 법화경 책장이 넘어간지라 그 공덕으로 후세에 사람이 되었으며, 산에서 꿩이 법화경 설함을 듣고 그 공덕으로 담익이라는 도사가 되어 두 어깨에 나래가 난지라,

그로 하여금 전세 일을 증험하니 삼천대천세계에 주세는 오직 나뿐이라. 칠천구백년 만에 주세불이 되었으니 어찌 부처되기 쉬우리오. 남의 법도 들으며 혹 착한 일도 닦으며 혹 보시도 하며 여러 착한 일을 많이 하면 전세에 혹 불법을 비방한 죄가 있더라도 혹 면할 것이니 선남자 선여인아, 백천 보탑으로 부처님께 시주하여 무인 지경에서 벽지불을 친견하였으니 이 공덕이 어찌 적다 하랴." 대자대비로 인간 사람을 의논하니, 지옥에 든 사람이 기사굴 산중에서 설법하는 줄 누가 알리요. 이때 서방으로 한 광명이 비치거늘 정명천왕이 광명을 보고 부처님께 묻자오되 "저 광명이 어찌된 광명이옵니까?" 부처님이 이르시되 "그 광명은 아미타불이 미간으로 놓으시는 광명이니라. 아미타불이 이 법을 들으러 오시거늘 모든 제자를 거느리고 오시는 연고이니 모든 제자들아, 저 아미타불을 맞아 오라" 하시니 십대제자가 귀의 삼보하여 아미타불께 묻되 "부처님은 삼계의 큰 스님이시고 극락국 주세이온데 어찌 이곳에 행차하시나이까?" 아미타불이 답왈 "묘한 광명이 나라 안에 들어오기로 남방천왕에게 물은즉 천왕이 답왈 '사바세계 기사굴 산중에 석가모니 부처님께서 법화경을 설하시기로 그 광명이 극락세계에 비치나이다' 하거늘 내가 이제 사만억 보살과 이천 천자를 거느리고 법화경을 듣기 위하여 이같이 오노라" 하시고 즉시 불전에 들어가 예배하고 한쪽으로 앉으시니 상호가 단엄하고 위덕이 회중 중에 으뜸이더라.

그때에 석가모니 부처님이 사자좌 위에 앉으사 법화경을 설하실 때 그 웅장한 소리가 천지를 움직이는 듯하더라.

그때에 아난과 가섭이 부처님의 말씀을 칭찬하더라. 아미타불이 가라사대 "아난과 가섭이 현재 사람이어든 어질고 어질도다. 목건련과 수보리와 백만억 권속을 제도하라" 하시고 일컬어 자비를 드리우시니, 이때에 부처님이 자리 아래로 내려와 아미타불께 예를 마치시고 그 나라 말을 서로 알고저 하사 제자들을 다시 위하여 "아미타 부처님은 어떻게 십만억 국토 밖에서 설법하는 줄 아시고 오셨나이까?" 서방 아미타불 답왈 "부처님은 의심치 마시고 법상에 앉아 법이나 설하소서." 석가모니 부처님이 그제야 사자탑 위에 앉으사 법을 설하시더니 "너희 벽지불은 방편품의 가지가지 인연이 있는 사람이로대 부족한 점이 있느냐?" 하시거늘 벽지불이 답왈 "저희는 도리천에 있는 사람으로서 세상은 금시초견이오니 어찌 오력과 인심을 알리요. 법은 저희 회에도 있으나 법화경은 없나이다. 그러한 고로 이 법을 들으려 하고 십만억 국토를 무인지경 같이 왔나이다. 가지가지로 법을 설하소서. 오늘 저희들이 듣기를 원하나이다." 부처님이 이르시되 "너희들의 전세의 일을 이르리라. 벽지불은 전세에 한량없는 세상에 일을 의논하건대 개벽을 세 번 하였으니, 너의 부모 세상에 빈곤하였기로 풀을 팔아 생활하더니 그 해는 기묘년이라. 풍우가 심하여 절절이 흉년이어서 너희 여동생이 우세라고 하는 사람의 집에 고용 되더니 함께 있는 사람에게 모함에 들어 애매한 허물을 쓰고 벗어나기를 원하더니 아난이 걸식하러 그 문전에 간즉 그 아이 아난에게 묻되 '선사는 세상일을 다 아실 것이니 제 몸에 애매한 허물이 있으니 이것을 어찌하면 벗어나리이까.' 아난이 이르되 '오늘부터 부처님 이름을 부르면 그 허물을 면하리라' 하고 간 곳이 없더라. 그날부터 부처님 이름을 지성으로 부르며 법화경을 독송한 공덕으로 누명을 벗고 또한 불지혜를 얻었나니라. 불법은 일체 모든 중생을 인도하는 도이며 불법 밖에 인생 제도함이 또다시 없느니라. 벽지불아, 동방 유리세계에 한량없는 보살이 법화경 법문을 듣고 보살이 되었으니 착하다. 모든 부처님은 연등부처님께 수기 받고 모든 부처되었으니 사리불아, 동진보살 신력으로 사리불이 되었으니 부처님 열반하신 후에 이 법화경을 숭상한즉 부처님을 친히 보는 것 같으리라. 법을 듣고 허물되는 것을 고치고 범부를 고쳐 성인이 되느니라."

이때에 부처님이 이르시되 "이 법화경은 중병든 데 어진 약 같으니라. 너희 대중들은 이 법을 잘 믿으라." 오백천자가 일시에 허리를 굽히고 법을 듣더니 부처님이 사해용왕을 불러 분부왈 "이제 용왕 등이 스스로 내 법문을 용궁세계에 가지고 가서 모든 용신에게 일러주어라. 용궁에는 묘장엄왕 부처님이 평생을 설법하시거니와 이 법화경도 설하시느냐?" 용왕이 여쭈되 "묘장엄왕 부처님은 용궁에 계시나 반야경 원각경을 평생 설하시므로 법화경은 듣지 못하였나이다. 사바세계는 흉년이 잦고 사람의 죄업이 많으니 그 무슨 죄를 지어 그러하옵니까?" 부처님이 이르시되 "사바세계는 사람이 마음을 속이고 말을 꾸며 하고 남녀 간에 서로서로 모해하여 모든 허물을 고치지 아니하는 고로 이같이 죄업이 많으니라. 이 법화경은 이 세계에만 있는 것이 아니라 어떠한 곳에나 다 있으나 사람이 보지 못하고 행치 못하매 법이 없느니라. 육광보살이 법에 힘쓰고 가지가지 행함으로 얼마간 착한 일을 닦으면 방편으로 일체 중생을 제도하고 즐겁게 하여 평등한 마음을 쓰게 하나니, 중생은 본마음을 쓰지 아니하고 꾸며서 멀고 가까운 것을 정하면 평등한 마음이 되지 못하나니 내 뒤에 법화경을 얻어 보기는 금은을 가지고 얻어 보려 하여도 어려울 것이거늘, 사방용왕이 여의주 삼천 개로 내게다 믿음을 두니 마땅히 받아두어야 옳을까 아니 받아야 옳을까?" 월궁천자가 고하되 "부처님, 용왕은 믿음을 바치기 위하여 여의주 삼천 개를 드리니 사양하지 마시고 받으시옵소서." 이때 부처님이 여의주를 받아가지고 사주세계에 한 개씩 보내시고, 회중에 어진 대왕을 다 불러 하나씩 주시고, 부처님은 하나를 원각대에 두시어 용왕에게 믿음 받으신 것을 증표하시더라. 마음을 잘못 씀으로써 삼악도가 생겼으니 세월이 물 흘러가는 것 같고, 사람의 목숨이 꿈 같으니 벼슬하고 복덕 가진 사람을 별로히 추존할 것이 없느니라. 하늘이 땅이 되고 땅이 하늘이 될 때가 있으니 부처님의 도를 지성으로 믿어서 이 삼재를 면할지니라.

부처님이 대승경전을 이를 때에 듣고 법을 얻어야 얻은 표가 있나니, 시절이 적당하면 일만물이 발생하고 시절이

쇠하면 일만물이 죽나니, 이런 고로 시절은 우리 인생을 제도하고 살리는 것이라. 우리에게 항상 길을 가르치건만 믿지 아니하니 이 비유와 같도다. "도를 좇아야 불법을 알리라. 꽃이 떨어져야 씨를 얻으리라. 말세에 이 법문을 비방하는 사람은 화탕지옥에 떨어지나니 아무쪼록 법을 듣고 비방치 말라. 부모자식의 도는 각각이매 혹 비방자가 어찌 없으리오. 물욕을 탐한즉 일생 즐거움을 보지 못하나니 현금과 만 재물을 사랑할진대 또한 이 법도 천만금을 가지고 헤아리지 못할 바라. 염불신력으로 천자도 되며 제왕도 되며 왕자도 되며 신하도 되며 이러한 복이 있으니 이 법화경은 천만 가지 방편이 있어 지극하면 마음대로 되지 아니하지 않나니라. 일체 모든 중생이 다 부처 되고 말 것이니라. 다 갖가지로 착한 일을 행하라. 법은 어머니요 임금은 아버지라. 본심을 고치지 않는 바 아니언마는 맑은 데로 고치면 성인이 되고 더러운 데로 고치면 외도로다. 내 몸이 둘이 아니언마는 착한 것과 악한 것이 둘이 되니 한 마음에 백 번 변하고 일천 번이나 변한 것을 잡아내어 한 마음이 될진대 다른 변통이 없으니 그제는 부처될지니라. 경에 일렀으되 지혜가 광대하고 정성이 지극하면 만사에 별로히 모를 것이 없을 것이니, 오늘 부처님이 많이 세상에 나셨으니 이때에 법을 수행하여 삼악도를 면하라. 내지 십만억 불이라도 법신과 보신과 화신이라. 법신은 청정한 본심이요 보신은 보대로 받아 나는 것이라. 화신은 변화신을 다투어 중생을 제도하는 것이라. 그 도를 불가불 배워야 할 것이니 어찌 그 도를 행하지 아니하리오. 마음을 고치면 신통이 절로 날 것이요, 착한 도는 부처님의 도이니 세상에 사람이 되었으나 이 같은 법은 얻어보기 어려우니 이 법화경을 얻어듣고 만세의 악취 중생을 건지게 하라. 만일 시행하지 아니하는 자면 어찌 무량 중생을 제도하리오. 불도를 숭상하여 평생 고생을 면하라 하시고 모든 제자 중에 한 제자가 있으니 이름이 사리불이라. 일체 일을 다 통달하여 성인의 자취를 보았으며 십만억 제자와 더불어 대승경전을 의논하니 '오늘 법문을 의논하여 더러운 데 가는 사람을 다 건져내리라' 하고 과거 모든 부처님이 천만 가지 복으로 만세중생을 제도하시니 만일 법을 배반하는 자는 어찌 다이 세상에서 불법을 만나리오. 마음이 극락세계 상상품에 나고저 하거든 부처되어 나와 같이 하라. 법이 본래 없고 부처가 본래 없으니 마음이 곧 부처요 부처가 곧 마음이라.

그 마음을 닦으면 부처요 행이 존중하면 보살이라. 사만보살로 인연하여 평생의 어진 도를 닦으라. 만일 이 경을 비방하면 평생 곤궁함을 면치 못하리라. 본심으로 도를 행하면 어찌 복이 구족하지 아니하리오. 극락국에 가면 그 나라에 짐승이 있으되 청학 백학이 쌍쌍이 날아들어 염불소리로 울음을 울며 팔만제자 송경하는 소리 극락세계 구품연화대에 진동하더라. 이곳에 보배 있으니 일곱 가지 보배라. 자개 적주 마뇌 호박 산호 생금 유리 이 칠보로 장엄하고 광대한 법문은 도량에 충만하고 원각대에 삼만팔천 비구대중을 데리고 설법하시는 것은 세상에 또한 없는 법이라 하나니 어찌 이같은 불법을 숭상치 아니하리오. 칠천보살이 일시에 출가하니 천만억겁이라도 불법은 없어지지 아니하리라. 나도 보리수 아래에서 도를 닦아 얻고 사바세계에서 제자를 얻었으니 비록 사바세계의 인민이 강악하나 성인 간 지 오래지 아니한지라 법은 없지 아니하여도 부처님의 형상은 멸하나니라. 내 복으로 장엄하였으니 천만 가지 방편이라도 불법은 없어지지 아니하나니라. 내지 천만억 모든 부처님이라도 오늘 이 법 듣고 부처님의 뜻을 알리라. 천만억 방편을 베풀어 만만억 중생을 제도하고 모든 사람이 다 성불하면 극락세계 칠보궁에 함께 놀리라 하시며, 아미타불도 이제 법화경을 들으러 오셨으니 아미타불이 전세에 대명황제로 계실 때에 아미타불 지혜 광대하시고 도량이 청정하니 일만 가지 승리를 일컬어 세상에 으뜸이 되셨더라. 마음을 공경함에 어진 행법과 약간 행법이 있더라. 수보리야, 이제 공양 예배하고 칭양 찬탄하라. 전세에 공양 예배하고 이제 수보리 되었으니 부처되기 어렵지 아니하리라." 수보리가 부처님께 탄식하고 가로대 "저는 이제 부처님의 제자되었으나 부모가 무간지옥에 들어갔으니 어떻게 부모를 제도하오리까?" 이때에 부처님이 즉시 광목천왕을 불러 서간을 붙이며 하시는 말씀이 "남방 염라국에 가서 제구 도시대왕을 불러 오라" 하신대 광목천왕이 급히 길을 차려 남방 염라국에 가서 금수 도산지옥에 들어가니 도시대왕이 죄인을 다스리다가 광목천왕을 보고 물어왈 "천왕은 무슨 죄로 이 지옥에 오셨나이까?" 광목천왕이 답왈 "나는 죄가 있어 온 것이 아니라 부처님께서 기사굴 산중에 계시사 법을 설하시다가 '급히 도시대왕을 불러라' 하시는 고로 명을 받고 왔나이다" 하고 편지를 전하더라. 도시대왕이 받아보고 즉시 나졸을 거느리고 광목천왕과 같이 돌아오니 기사굴 산중에 오색구름이 가득하고 전단향 내 진동하거늘 이제 회중에 들어오니 부처님이 이르시되 "그대가 도시대왕이뇨?" 하신대 도시대왕이 땅에 엎드려 고하되 "네, 도시대왕이옵니다." 부처님이 이르시되 "그대가 다스리는 지옥에 무슨 성 가진 죄인이 있는가?" 도시대왕이 답왈 "양나라 남가라 하는 죄인이 죄가 많아 지옥에 들어온 지 이천년이로되 죄가 다하지 못하였기로 그저 있나이다." 부처님이 이르시되 "그 죄인의 죄가 매우 무거우나 저의 자식이 나의 제자가 되었으니 이때까지 지옥에 부모를 두는 것이 말이 되겠느냐. 여러 해 죄를 받았으니 험한 허물을 씻을 것인즉 즉시 허물을 벗기어, 중국의 한왕이 자손을 구하니 혼백을 압영하여 그 왕의 자식이 되게 하여라." 도시대왕이 사르되 "그 지옥죄인이 나가면 그날 함께 들어온 죄인은 함께 내보내나이다." 부처님이 답왈 "그러하더라도 시행하여라." 도시대왕이 지옥에 돌아가 방편을 베풀어 죄인을 다 놓아보내되 수보리의 부모는 사자를 압영하여 부처님께서 하시던 말씀과 같이 왕의 자식으로 보내니라. 수보리는 부모를 제도하고 부처님께 고하되 "부처님은 삼계에 큰 스승이시고 일체 사람의 부모시라 정법을 일러

내 부모같이 제도하시니 이 은혜는 백골난망이옵니다. 지장 보살이 여러 해를 두고 그 죄인을 놓아 보내라 하여도 도시대왕이 듣지 아니하더니 이제 부처님께서 하시는 명령을 듣고 즉시 시행하니 부처님의 도덕이 어찌 높지 아니하리까." 부처님이 이르시되 "내가 이제 법을 설할지니 별로히 어려운 일이 없으리라." 이제 수보리는 오백나한으로 수기하시고 남방 일월등명불은 각화정자재왕 부처님의 제자라. 부처님께서 말씀하시되 "묘한 법과 참된 마음을 숭상하면 불법을 성취하리라." 이제 부처님께서 법화경을 설하사 모든 제왕과 일체 중생을 다 제도하고 세상에 남은 이가 별로 없더라. 장엄존불이 원만상을 나투어 칠천보살을 거느리고 대계에 올라 부처님께 고하되 이 앞에 오는 법을 다 묻거늘 부처님이 답왈 "이제 제석보살이 광명이 나지 아니하여 법을 물으니 내가 법 가르치기는 그리 어렵지 아니하나 본심이 정신에 들면 벗어나기 어렵고 진중한 마음이 죄에 잠기면 망극하나니, 세상에 있어 법을 높이고 도가 넓을진대 세상 일을 다 임의로 가르치나니 범인이 성인을 천대하는 것이라. 부처님은 세상에 오래 계시사 법을 설하사 중생에게 이익되게 하시고 보살은 세상에 오래 있어서 가지가지 인연으로 사주 세계를 정도로 인도하여 악도에 가지 않도록 하느니라." 사리불이 합장 예배하니 부처님이 말씀하시되 "법이 본래 이같으니 사람이 죽기 전은 세상이라 하고 죽은 후는 염라왕국이라 하나니, 부처님의 도는 본래 멸하지 아니하는 도이련만은 세상 사람의 목숨이 정하여졌기로 죽나니 또한 내가 이 세상에 오래 있고 죽는 형상을 보이지 아니하면 나를 믿고 나라에 충신도 없을 것이요 백성도 없을 것이요 부모에 효순도 아니하고 불효자가 많을 것이니 세상에 무슨 법을 정하여 인민을 제도하리요. 부처라 하는 말만 듣고라도 삼악도에 떨어지지 아니하니 법을 위하여 천리라도 목숨을 아끼지 아니하고 부처님의 등상이라도 보고 공양 예배하면 마음에 먹은 일을 뜻같이 성취하리라. 과거에 무량제불이 삼승법을 취하여 일렀으니 도를 얻은 자는 삼승이 되고 도를 얻지 못한 자는 천왕이 되었느니라. 이제 시왕을 불러 선남자 선여인을 얻어보게 하리라. 방편을 베풀어 제자들에게 일러 분별하여 길을 가르치고 사십팔원을 외워 길을 닦으라. 만일 믿지 아니하는 자는 여러 세상에 죄를 벗기 어려우리라" 하시니라.

이때에 사리불이 환희합장하고 부처님께 예배하고 사뢰

어 말하되 "부처님께서는 칠처구회(일곱 곳에서 아홉 번 설법을 하심)를 비유로 알게 하소서. 제 머리 가운데 죄의 뿌리가 깊이 박혔으니 그 죄 벗기를 원하나이다. 부처님 전에 공경하는 중생을 제도하소서. 옛 부처님의 법을 본받아 보살이 되어 제 몸의 허물을 벗어버리고 위없는 정각에 오르고자 하나이다. 모든 대중을 향하여 수없이 사례하여 말씀하되 제가 대승법을 듣고자 하노니 이제 삼승법을 설하소서. 넓고 큰 지혜와 어진 법문을 듣고 열반락에 들지 아니하고 백천 중생과 더불어 이 법을 의론코저 하나이다. 세상에 나서 부모의 은혜 지중하오니 은혜를 알게 하소서." 이때 부처님이 말씀하시되 "부모의 은혜는 세상에 나서 갚기 어려우니라. 선남자야, 내가 이제 비유로써 이르리니 마땅히 들으라." 이제 부처님께서 법소리를 크게 하사 일체 제자를 다 듣게 하시니 "무량지견으로 내 법을 듣고 지옥 아귀 축생에 떨어지지 말라" 하시니라. 방편이라 하는 것은 사람을 인도하는 것을 방편이라 하고, 오늘 비유품의 방편을 말한 것은 고생에 들지 아니하게 하는 것이라.

부처님이 산림 나무 아래에 앉으시고 법을 설하사 삼계중생과 더불어 공경히 법을 설하시느니라. 또한 법을 설하여 너희를 인도하는 것이니라.

　부처님이 소승법 설하시는 말씀을 듣고 아무리 소인이라도 이 법을 들으면 뜻이 광대하여지나니 이 법을 성취하면 정변 정각에 오르리라. 부처될 정법은 이 경에 있나니 다섯 가지 지혜 신통과 지옥에 떨어지지 않는 낙을 이 법 설하는 데서 얻으리라. 경 설하는 자나 경책 보는 자나 듣고 칭찬하는 자나 이 경을 얻은 자나 이 경에 공양하는 자는 부처되는 공덕을 얻으리라.

　부처님이 지혜로써 좋은 법을 이르시건만 법을 믿는 중생이 없더라.

　부처님이 옛날에 웃나라 사람으로서 평생 법화경 듣기를 좋아하며 매일 나무아미타불을 한 번씩 부르더니 죽어 후세에 용궁의 여인이 되었으며, 여인으로서 염불하여 여인보를 면하고저 하더니 죽어 후세에 화락천왕이 되었더라. 그 공덕으로 인연되어 이제 부처되어 천만 명 대중에 높이 앉아 법을 이르시니, 나의 덕이 옛 부처님의 지내더라. 또한 대승법을 설하여 모든 중생의 죄를 면하게 하리라. 대승법을 믿지 않는 중생은 어찌 저 고를 면하리오. 말세에 법 들을 곳이 없거든 깊은 산중에 들어가 염불할지니라.

염불하면 죄업이 녹아지며 극락세계에 가리라.

"사리불아, 내가 설하는 법을 듣느냐? 만일 듣는 중생이 어떤 법을 설하더라도 법 설함을 듣고 크게 즐거워하나니 말세라도 대승법 듣기를 싫어 말라. 대승법 듣기를 싫어하면 지옥 아귀 축생을 면하기 어려우리라."

부처님께서 대자대비심으로 기사굴 산에서 법을 설하시니 마땅히 법을 들으라. 옛 부처님도 대승법을 설하셨으며 오늘도 이같이 대승법을 설하시나니 이 법을 믿는 자는 비록 말세에 났으나 보살의 후신이요 믿지 않는 자는 초생지인이니라. 정각을 통달하고 널리 중생을 제도하여 부처될 법을 의논하니 어찌 정성이 적다 하리요. 정성이 지극하면 법을 쉬이 깨달으려니와 지옥에서 갓 나온 사람은 천만겁을 앉아 읽어도 법을 깨닫지 못하느니라. 모든 사람 중에 한 보살이 있으되 이름이 금색 성취보살이라, 합장하고 부처님께 사뢰어 말하되 "부처님, 제가 전세의 일을 알고저 하나이다. 알게 말씀하여 주소서. 저희들이 듣고 멀리 지나간 일을 알게 하소서. 삼십이상과 열 가지 힘과 팔만사천 종지락을 얻게 하소서."

부처님이 그 자리에 앉아 삼십이상으로 변하였거늘 얼굴

이 금색이시며 그 광명은 일월을 희롱하나니 정법으로 일체 중생을 초지에 오르게 하리라. 공경하는 자는 대승을 이룰 것이며 공경치 않는 자는 정각에 들게 권하리라. "시방세계의 일을 내 손 가운데 쥐고 앉았으니 어찌 세상일을 어둡게 하리오. 어진 도와 지견을 얻을진댄 너희들이 다 부처되고 묘한 낙을 얻게 하리니 이 법을 듣는 자는 후세에 더러운 악취에 나지 아니하리라. 위로 유정천에 이르도록 이 법이 높으니라. 이러한 법으로 유정천까지 설하였으니 이 법이 가장 제일이니라." 이 모든 대중 가운데 한 대왕이 있으니 이름이 유정천왕이더라.

부처님께 사뢰어 말하되 "소왕은 삼만칠천 리 밖 유정천에 있었더니 부처님께서 설법하신다는 말씀을 듣고 왔나이다. 백만억 권속이 다 따라 이곳에 왔사오니 부처님께서는 저희를 위하여 법을 일러주소서." 부처님이 이르시되 "왕에게 묻노니 유정천에서는 항상 무엇을 먹으며 의복은 무엇이뇨?" 하신대 유정천왕 대답하되 "우리나라에서는 옥미를 먹고 정교한 무늬의 비단옷을 입고 칠보로 된 가마를 타고 다니며 땅은 자개로 되었으니 그런 고로 도량이 청정하나이다."

이때에 부처님이 이르시되 "나의 법을 듣고 본받아 너희 나라 중생을 제도하라. 너는 중생 제도하기를 항상 일삼으면 위없는 공덕을 얻으리라. 네가 나의 법을 숭상하면 이익함이 있으려니와 만약 그렇지 않으면 이 법을 어찌 들으랴. 믿고 잘 들으면 세세생생에 한량없는 복을 얻을 것이니 이 법은 세세생생에 나더라도 얻어듣기 어려운 법문이라. 일만 가지 법을 취하며 더러운 마음을 청정케 하면 이 세상에 의심할 것이 없으리라. 대소 중생과 더불어 큰일을 의론하매 본받을 일이 많고 금일 도량에 모인 중생이 다 지혜있고 청정하니 몸에 무슨 허물이 있으리오. 네가 법을 들으러 수천 리를 멀지않게 왔으니 덕을 넓고 크게 베풀어 한 마음으로 천만 가지 방편을 일러 만세에 전하여 팔만제왕을 다 삼악도에 가지 아니하게 하리니 청정한 도량에 있어 본심으로 하여금 정법을 이론하리라. 반야경에 이르시되 '법은 높이 앉아 읽고 듣는 자는 낮게 앉아 들으라' 하셨으니 사람이 높음이 아니라 법을 위하여 상하 좌를 분별하나니 만일 이후 말세라도 법 듣기를 위하거든 이같이 실행하여라. 염불하기와 법 읽기를 목마른 때 물 찾듯 하며 어린아이 젖 찾듯 하며 병든 사람 약 구하듯 하여라. 잊어버리고 못하는 자는 세상에 처음으로 나온 사람이니 어진 대자대비로 시방 무우 세계에 청정한 법을 설하시니 다 삼십이상 법문을 힘쓸지니라. 이 모든 제자 등이 처음으로 듣는 자는 법을 비유로 생각하여보라. 일심으로 생각할진대 자연 깨달을 일이 있으리라. 그 평안한 마음을 별로 다스리고 사방에 분별이 많으니 법 듣는 사람의 귀를 어지러이 말라. 어지럽게 한즉 법 듣지 못하게 한 죄가 있으리니 부디 조심할지니라.

또한 과거 멸도하신 부처님이 허공을 지나가시되 우리는 깨닫지 못한 고로 그저 보기를 구름 가는 줄로만 알고 부처님 가시는 줄은 알지 못하였더니라. 법을 듣고 법대로 수행하면 모두 스스로 아나니 어찌 지혜 닦기를 남이 가르치리오. 십만억 보살이라도 제가 닦아 도를 이루며, 지금 부처님 회상의 여러 사람도 함께 닦아 부처되리니 지금 부처 못된 사람은 나중이라도 그대로 닦으면 곧 부처되리라. 우리가 함께 부처님 회상에 났으되 닦지 못한 고로 이때까지 범부의 몸을 가졌으나 이제 범부를 면하고 진실로 성인되게 하리라. 이 법을 듣는 자는 달 가운데 계수나무 꺾어오는 공덕이라야 도를 알 것이요, 무변대해에 배 없이 다녀올제야 이 법을 들더라."

전륜왕이 이르시되 "이제 부처님을 일러 상상품 연화대상에 오르게 하소서. 소왕 등은 평생에 극락구품을 보고자 하나니 극락세계는 춥지도 덥지도 아니하고 평생 즐거운 낙을 받는다 하오니 어찌 즐겁지 아니하리오. 저는 전륜왕이 된 지 사백년이나 되었사오니 극락구품 세계를 보지 못하였나니 오늘 부처님의 덕으로 구품에 이르러 이만연등 부처님을 친견하겠습니다."

이때에 부처님이 이르시되 "네가 법을 알고저 하거든 옷을 벗고 용수에 목욕하고 서편을 향하여 무수히 예배하라. 그리하면 자연히 보리라." 전륜왕이 즉시 나와 용수에 목욕하고 법성대에 올라 서편을 향하여 무수히 정례하더니 공중에 한 사람이 오색구름을 타고 일러 가로대 "전륜성왕아, 오늘 네 정성이 지극하니 극락세계를 너의 목전에 보게 하리니 정신 차려 보라" 하더라. 이윽고 허공에 일만 가지로 극락세계 구품이 보이더라. 남광대를 보니 앵무 공작이 쌍쌍이 놀고 이만연등불이 설법하시는 기상은 허공에 가득하고 능엄경과 법화경 설하시는 소리 일월을 희롱하고 연못이 아홉이 있으니 그 연못 넓이는 일천오백리라. 그 가운데

금모래 깔렸으니 그 위에 청학 백학이 노닐고 보광전을 못 가운데 지었으되 기둥은 산호요 벽은 청유리요 기와는 순금이요 자리는 오용단으로 네 귀에는 사방 천왕이 시위하여 있고 가운데 동방 호시천왕이 법을 호위하고 일천 부처님이 탁상에 높이 앉아 반야경을 설하시니 그는 상상품이요, 또한 못이 있으되 그 못 넓이가 삼백리며 그 못은 모래가 깔렸으니 그 가운데 대봉조가 노닐고 또 궁전이 있으되 그 이름이 상각전으로 기둥은 호박이요 기와는 자개요 벽은 홍유리요 자리는 정문단이니 그곳에는 이만 연등불이 계시사 원각경을 연설하시니 이는 상등품이요, 또한 못을 보니 그 넓이가 이백리며 그 못 가운데 호박 모래 깔리고 원앙새가 노닐며 누각이 있으되 이름이 보명루로 기둥은 산호요 벽은 백유리요 기와는 호박이요 부처님이 계시되 사만팔천 부처님이 계시사 화엄경을 설하시니 이곳은 중중품이요, 또한 못이 있으니 그 넓이가 육백리며 유리 모래가 깔리고 청조가 노닐며 그 가운데 누각이 있으되 호박으로 기둥을 하고 황유리로 벽을 삼고 백은으로 기와를 삼고 상사단으로 자리를 깔았거든 그 누각 이름은 북극전으로 오천오백 부처님이 계시니 그곳은 중상품이요, 또한 못이 있으되 자개로 못이 되었으며 그 가운데 누각이 있으되 금기둥에 자개벽이요 유리기와에 공단으로 자리가 되었으니 그 누각 이름은 유문전으로 삼천불조가 계시되 모든 천왕이 모시고 있으니 이곳은 중하품이요, 또한 못이 있으되 그 넓이가 칠백리며 못 가운데 순금 모래로 땅이 되고 그 가운데 팔광전이 있으되 기둥은 자개요 벽은 황금이요 기와는 산호요 그 집 가운데 사만보살이 염불하는 소리는 유정천까지 들리거든 이는 중하품이요, 또한 못이 있으되 그 넓이가 팔백리며 그 가운데 누각이 있으되 명문전으로 만호로 기둥이 되고 산호로 벽이 되고 오용단으로 자리 되고 황금으로 기와되었거든 팔천보살이 있으니 그곳은 하상품이요, 또한 못을 보니 그 넓이가 백리며 만호로 땅이 되었으며 누각이 있으니 이름이 상각루로 순은으로 기둥이 되고 유리로 벽이 되고 만호로 기와 되고 청운단으로 자리를 깔았거든 그 누각에 오백성중이 있으니 그곳은 하중품이요, 또한 못이 있으니 그 넓이가 일천리며 산호로 땅이 되고 주석으로 기둥 하고 등철로 기와 하고 순금으로 벽이 되고 칠보단을 깔았거든 삼천 신선이 풍류 중에서 노닐더라. 순금으로 땅이 되고 모든 꽃으로 도량에 장엄하고 문밖으로 나와보니 극락이

분명터라. 부처님이 설법하시는 데 이르렀는지라 부처님께서 이르시되 "극락구품을 보고저 하더니 보았느냐?" 하시거늘 이때에 왕이 예하고 사뢰어 말하되 "과연 보았나이다. 극락세계의 장엄한 것을 가히 칭량치 못하리로소이다." 전륜성왕이 왕위를 버리고 극락세계에 가기를 원하거늘 이제 극락세계에 가기는 가지마는 여간한 공덕으로 가지 못하나니 이제 공덕을 사백년 닦으면 스스로 극락세계에 가리라. 이만 연등 부처님이 석가모니불을 보고 칭찬하여 가로되 "호명보살로 있을 때에 법이 저다지 높은 줄 몰랐더니 오늘 모인 중에 보니 십만억 부처님 가운데 제일이니 어질고 어짊이로소이다." 화광불은 과거 부처로서 견고보살에게 법을 듣고 정변정각을 얻어 부처되었더니 이제 이만 연등 부처님으로 인연하여 백천만억 중죄를 다 벗어버리고 청정한 경계에 올랐더니라. 대법이 무심치 아니하니 타방 부처님이 시방세계를 인연하여 묘한 소리로 법을 일러 널리 중생을 제도하며 이름이 사해에 진동하나니, 벽지불로 하여금 남방의 십만 지옥을 다 파하고 죄인을 인도하여 이 법을 들려주어 극락으로 제도코저 하나 그 죄인의 죄가 지중하여 법 듣기를 즐겨하지 아니하므로 인연 없는 중생은 제도치 못하느니라.

그런 고로 사리불이 성불하여 합장 예배하고 부처님께 문되 "지금 이곳에 모든 대중이 그 수가 얼마나 되나이까?"

부처님이 말씀하시되 "그 수를 나의 불지혜로도 능히 헤아릴 수 없느니라."

그때에 광달지견 부처님께서 사주세계를 구경하시고저 하사 육국의 왕이 되사 한량없는 선지식과 더불어 사주세계를 두루 구경하사 지옥 아귀 축생 등 모든 악취에서 괴로움 받는 중생을 다 제도하시며 동서 사방에 빛나는 이름을 드날리시더니, 문득 비구 비구니 등 사부대중과 천룡 야차 건달바 아수라 가루라 마후라가 인 비인 등 대중이 부처님께 환희 합장하고 사뢰어 말하되 "저희들이 이제 한량없는 법문을 듣잡고 보리심을 발하였사오니 오직 원하옵건대 부처님의 과거 인행하신 공덕을 설하사 저희들로 하여금 본받게 하소서."

이때에 부처님이 말씀하시되 "과거 구원겁에 한 나라가 있으니 나라 이름은 광명이요 왕의 이름은 정법이라. 태자가 있으니 크게 범상치 아니하더니 항상 인민을 교화하되 정도로써 하고 또한 보시하기를 좋아하여 주린 사람에게 밥을 주며 옷 벗은 사람에게 옷을 주고 병든 사람은 약을 주며 이같이 보시하기를 즐길새, 이 소문이 이웃나라에까지 낭자하더라. 태자가 극히 사랑하는 흰 코끼리가 한 마리 있더니 때에 제석보살이 태자의 잘 보시함을 시험하기 위하여 형상을 승으로 변장하고 태자에게 나아가 공손히 예하고 청하여 말씀하되 '태자는 보시하기를 걸림 없이 하오니 태자께서 사랑하시는 흰 코끼리를 주소서' 한대, 태자 말하되 '이 코끼리는 내가 사랑할 뿐 아니라 나라의 보배거늘 만약 코끼리를 주면 국태가 손상할 것이요 만약 아니 주면 나의 본원력이 아니라' 하고 곧 승에게 주어 보내니라. 그때에 왕이 그 말을 듣고 크게 놀라 백관과 더불어 의논하실새 '태자는 나라 보물을 타국 사람에게 주었으니 이는 반드시 내 나라를 배반하는 것이라' 하여 '그 죄는 용서할 수 없은즉 문죄하는 것이 당연하다'는 공론이 일치된지라. 이제 태자를 문죄할새 어떤 신하는 말하되 '코끼리를 발로 가서 가져다주었으니 두 발을 끊는 것이 합당하외다.' 또한 어떤 신하는 '두 손으로 이끌어다 주었으니 두 손을 잘라 버리는 것이 옳으나이다.' 또한 어떤 신하 말하되 '두 눈으로 보고 주었으니 두 눈을 빼는 것이 옳으나이다.' 이와 같이 공론이 분분할 때에 한 신하 임금에게 나아가 아뢰되 '신이 듣사오니 공후는 벌을 주지 않는다 하였사오니 저 모든 대신의 공론하는 죄와 벌을 태자에게 적용할 수 없사온즉 단특산으로 십이년 배형하는 것이 지당하올 듯하옵거든 어찌 존지자애하신 태자의 옥채를 손상하오리까' 하거늘 왕이 그 말을 좇아 태자를 불러 신칙하시되 '너는 나라의 보물을 남의 나라에 보시하였으니 그 죄 지중한지라 용서치 못하여 이제 단특산으로 열두해 배소를 마련하였으니 빨리 가라' 하신대, 칙명 들은 태자는 왕명을 받들고 태자비궁에 들어가서 부인께 말하되 '부인은 두 아이를 데리고 궁중에 잘 있다가 내가 돌아오는 날에 만나게 하시오.' 부인이 말하되 '이것이 무슨 말씀이옵니까. 우리가 이 세상에 서로 만날 때에 일시도 이별이 없다 하였는데 궁중에 있는 것이 무슨 말씀이옵니까.' 태자 이 말을 듣고 일러 말하되 '그 산은 험악하여 먹는 양식은 나무 과실이요 옷은 풀잎사귀로 얽어 입고 자리는 풀자리며 무서운 짐승도 많으니 가히 부인 있을 곳이 못되온즉 그런 말 말고 아이들 데리고 궁중에 있어 돌아오는 날을 기다리시오.' 부인이 또 말하되 '임금은 백성으로 보배를 삼고 산은 돌로 보배를 삼고 여자는 남자로 보배를 삼거늘 어찌하여 지금 저더러 보배를 잃으라 하나이까. 제가 차라리 나무 열매를 먹고 풀잎으로 자리를 삼고 지낼지언정 이별은 아니 하겠나이다.' 태자는 이 말을 듣고 묵연하여 부부 두 사람이 어린 아이들을 데리고 부왕께 하직할 때 눈물이 앞을 가리어 슬피 우는 소리 천지가 슬퍼하는 듯하며, 왕이 슬피 울고 만조백관이 다 슬픔을 이기지 못하더라.

이때에 태자와 부인과 두 아이들이 땅에 엎드려 슬피 울며 부왕께 하직하고 길을 떠날 때 모든 인민이 태자가 귀양간다는 말을 듣고 다 들어와 슬피 우는 경상은 일월이 무광하더라. 양식과 아이를 수레에다 태우고 태자가 끌고 부인은 밀고 가다가 천여 리 밖의 나무 아래에서 쉬거늘 이때에 어떠한 걸인이 와서 태자를 보고 사뢰어 말하되 '태자께서 가지고 가시는 수레를 주시면 갖다 팔아서 생명을 보전하겠습니다' 하더라. 태자가 수레를 내어주고 태자는 남아를 업고 부인은 여아를 업고 가거늘 산을 향해 가더니 산 아래에 큰물이 있거늘 배도 없고 떼도 없는지라. 부인이 하는 말이 '이 물이 좀 얕아지거든 건너가자' 하거늘 태자 말하되 '부왕께서 어서 가라 하셨는데 지체하면 부왕의 명령을 거역할 것이라' 하고 자심삼매에 들었더니 홀연히 물이 얕아지거늘 태자와 부인이 다리를 걷고 건너가니라.

이때에 한 신선이 나타나거늘 태자 그 앞에 예배하고 묻되 '이 산중에 혹시 도 닦을 만한 곳이 있나이까?' 물은즉 신선이 곧 가르쳐주거늘, 태자가 그곳에 간즉 과연 모든 부처님이 공부하여 득도하시던 곳이라. 풀을 베어 초암을 짓고 어린 아들은 아버지를 모시고 여아는 어머니를 모시고 지낼 때 부인은 매일 나무 열매를 주어다 태자에게 공급하더라.

이때에 구류국 인민들이 하는 말이 '단특산에 태자의 소생 두 아이들을 얻어다 팔아 일생을 안락케 하는 것이 좋겠다' 하고 단특산 태자 처소에 이르러 태자를 뵈오니 태자 하시는 말이 '이곳에 무엇하러 왔느냐?' 바라문 등이 사뢰어 말하되 '우리는 구류국 사람으로서 태자의 두 어린 아이를 얻으러 왔사오니 태자는 허락하여 주소서' 하거늘 태자가 곧 허락하시고 두 아이를 불러 이르시되 '너희를 저 바라문에게 허락하여 주었으니 따라 가라' 하시더라. 두 아이들이 울며 아버지를 부르짖으며 달려들어 겨드랑이로 들어가며 하는 말이 '사람도 아니고 귀신이오니 우리를 주지 마시라' 하며 슬픈

소리로 울며 '아버지 아버지' 하거늘 태자가 안유하여 말하되 '귀신도 아니요, 내가 너희를 한번 허락하여 주었거늘 어찌 너희를 이곳에 두리오. 어서 가라' 하시더라. 때에 바라문이 태자께 사뢰어 말하되 '우리는 늙어 힘이 없어 데리고 갈 수 없으니 두 손목을 동여매어 주시옵소서' 하니 태자는 그같이 하여 주거늘 두 아이 슬피 우는 소리 산천이 슬퍼하더라. 아이들과 같이 놀던 백학이며 한량없는 짐승들이 슬피 울며 날아드니 산천이 진동하거늘, 어머니가 산에 나무 열매를 주우러 갔다 별안간 모든 짐승이 슬피 울며 날아들고 산천이 진동하는 변상을 보고 의심하되 '태자가 계신 데에 무슨 변괴가 났나보다' 하고 급히 돌아오는데 홀연간 큰 백호가 오는 길을 막거늘 할 수 없이 오지 못하고 있으니 그때에 바라문이 두 아이를 데리고 멀리 간 후에 백호가 비켜가더라. 부인이 돌아와보니 전일에는 어머니가 돌아오면 반가이 좋아나와 '어머니' 하고 반겨하더니 보이지 않고 오직 태자 혼자만 앉았거늘 태자에게 부인이 아이들 소식을 물은즉 이윽고 대답하되 '바라문을 주었노라' 하더라. 부인이 슬피 울며 정신을 어찌할지 모르거늘 태자가 위로하여 말하되 '부인은 전세에 우리 둘이 서원한 일을 생각지 못하고 우는 것이 무엇이요' 하거늘 부인이 '전세 일을 말씀해 주소서' 하니 태자 말하되 '예전에 부처님이 계시니 이름이 제유잘이시라. 때에 나는 바라문의 아들이니 이름이 비다위요 부인은 바라문의 딸이니 이름이 나타나 그때에 부인이 일곱 줄기의 연화꽃을 가지고 다섯 가지는 부처님께 드리고 두 가지는 나를 주었으며, 나는 금전 오백 문을 가져 부처님께 드리고 서원하기를 「나는 후 세상에 그대의 처가 되겠다」 했을새, 그때 서원을 말할진대 「그대가 만일 나의 처가 된다 할진대 부모 외에 있는바 물건을 다 보시하여 주더라도 사람의 뜻을 어기지 않으리라」 한즉 그대가 대답하되 「제가 차라리 남녀와 금은보배라도 다 보시할지언정 이것으로 업을 삼으리라」 하였소.' 부인이 전세에 하던 일을 깨달아 알았느니라. 이때에 제석이 변하여 바라문이 되어 태자 처소에 가서 말하되 '태자의 아들을 달라' 하거늘 태자 기꺼이 대답하고 허락하더라. 때에 부인이 태자께 일러 말하되 '만약 저를 다른 사람에게 보시하여 주면 누가 물을 길어다주며 나무를 캐다 태자께 공양하리요' 하거늘 태자가 말하되 '만약 내가 그대를 보시하여 주지 않으면 어떠한 인연으로 위없는 불도를 이루리오.'

이때에 제석이 태자 보시하는 것이 참 진실한 줄 알고 태자에게 일러 말하되 '나는 바라문도 아니요 하늘 제석으로, 내가 보시하는 마음을 알고저 변하여 이 형상을 지었노라.' 때에 부인이 예를 짓거늘 제석이 묻되 '무슨 원이 있느냐?' 부인이 원을 세워 말하되 '다른 원이 아니라 나의 두 아이가 주리지나 않고 춥지나 않은지 본국에 와서 만나보게 하여 주시옵소서.' 제석이 말하되 '응당 원을 이루리라.'

이때에 바라문이 두 아이를 팔려고 장으로 다니거늘 제석이 그 행하여 다니는 곳을 따라 본국으로 돌아오게 하니 모든 신하와 백성이 다 이 아이를 보고 말하되 '이 두 아이는 결정코 태자의 낳은 바 남녀라' 하여 슬피 울며 '부처님도 도와주시지 않는구나' 하니 모든 신하가 바라문에게 말하되 '그대는 이 두 아이를 어디서 얻어왔느냐?' 대답하되 '단특산 태자 처소에서 얻어왔나이다.' 때에 모든 신하가 대왕께 주달하되 '이같고 이같습니다' 하니 곧 바라문을 불러 안으로 들이라 하여 두 아이를 보시고 슬피 울어 눈물을 흘리며 두 아이의 이마를 만지며 '이 자리로 나오라' 하거늘 두 아이 대답하되 '저희들은 남의 집 종이 되었삽거니 어찌 대왕 자리에 나아가리이까.' 이 말을 들은 대왕은 눈물을

흘리며 바라문에게 묻되 '두 아이의 값이 얼마나 되느냐?'
저 바라문이 대답지 않거늘 아이들이 '우리 값은 우리가
아나이다. 남자의 값은 은전이 일천관문이요 여자의 값은
금전이 이천관문과 백상이 일흔마리이옵니다.' 대왕이 묻되
'어찌하여 남아는 천하고 여아는 귀하냐?' 아이가 답하되
'대왕은 후궁이 이만 부인으로 사랑하시고 아끼심이 깊고
두터우시고, 대왕의 오직 한 아들이 있으되 깊은 산중에
버리고 생각지 않으시니 이런 고로 남아는 천하고 여아는
귀합니다.' 대왕이 이 말을 들으시고 칠보를 주고 두 아이를
사서 사랑하며 기르기를 전일의 배나 더 하시더라. 두 아이
가 대왕께 사리되 '저희들은 궁중에 있어 즐겁게 지내거니와
부모님은 깊은 산중에 있어 근심하시고 즐거움이 없으니
저희들은 부모님 처소에 나가서 친근하고 모시겠습니다.'
대왕이 사자를 보내 태자 부부를 궁으로 돌아오게 하실세,
대왕이 칠보수레를 보내 태워오더라. 태자가 궁중에 돌아와
전같이 보시하여 무상도를 증득하시니 태자는 즉 석가모니
부처님이시고 부인은 마야 부인이요 두 아이는 관세음보살
과 대세지보살이니라."

　또 말씀하시되 "옛적에 화엄칠조는 꽃 속의 버러지 되었더

니 법화경 비유품 설함을 듣고 경멸천자가 되었고, 선재동자는 오십삼 선지식을 친견하고 부처될 공덕을 얻었으니 법화경 듣고 착한 마음 발하는 공덕이 이같이 장하나니 어찌 법화경 듣기를 게을리 하리오." 벽지불이 이르되 "제가 한 나라에 가서 보오니 그 성중에 못이 있으되 더러운 버러지가 많고 그 나라 사람이 대소변과 시체가 섞인 더러운 물을 먹고 사는지라, 그 물로 공양하려 하오면 그 공양을 받으려 하나이까." 부처님이 대답하시되 "그 버러지는 청양산에 오백성중이 있을 때에 용궁 사람이 다른 나라에 장사갈제, 오백성중이 부처님께 시주하라 하니 그 사람들이 여의주 한 개를 시주하였더니, 그 후에 대중이 그 여의주를 팔아다 부처님께 공양하려 한즉 여의주 받았던 사람들이 성내어 가로되 '그때에 용궁 사람이 우리를 불쌍하다고 주었거늘 이제 부처님께 공양하려 하니 어찌하자는 말이요.' 여러 사람이 이르되 '그대들은 어찌하여 부처님께 공양하라고 준 것을 혼자 먹으려 하느냐.' 그 사람들이 여의주를 더러운 곳에 가서 깨뜨려서 더러운 구렁에다 버렸거늘 그 죄로 버러지 되어 그런 더러운 물을 먹고 있느니라. 지금 그 죄는 오히려 좋은 죄보이니 이 후에는 무간지옥에 떨어지느니라. 또한 말세에 부처님에게 쓰는 기름을 먹는 사람은 저러한 더러운 지옥에 떨어지느니라. 선남자 선여인이 세상에서 시주에게 나아가 거짓말하고 부처님을 팔고 시주를 속여 먹는 사람의 그 죄와 법당 창호 뜯어서 먹는 죄와 법당 뜯어서 재목 쓰는 죄와 부처님 앞의 꽃을 꺾어버리는 죄는 구렁이보를 면치 못하나니, 어찌 세상에 나서 복을 짓지 못하고 이런 죄를 지으리오. 부디 마음을 바로 가져 이같은 죄에 떨어지지 않게 하라. 만약 이같은 죄업에 떨어지면 남녀간에 무수한 고난을 면키 어려우리라." 벽지불이 또한 이르되 "쉼이 없는 지옥을 보니 사람이 불구렁에 떨어져 일생을 모진 불을 몸에다 끌어안겨 그 뜨거운 것을 참지 못하게 하오니 그 죄는 무슨 죄업으로 이같은 죄를 받게 되옵나이까?"

부처님께서 이르시되 "그 사람들은 시주의 제를 설판할 때 먼저 음식을 먹거나 제 지낸 후에도 여러 대중이 먹기 전에 음식을 취해서 먹은 죄로 이같은 고통을 받느니라." 벽지불이 또 묻되 "부처님, 또한 지옥에 보니 모든 사람이 목에다 불덩이를 달아 일생을 견디지 못하게 죄를 받사오니 이는 무슨 죄로 이같이 받나이까?"

부처님께서 대답하시되 "이 사람들은 전세에 남의 과실이나 곡식을 몰래 도적질 하여 먹은 죄로 이같은 죄를 받느니라. 금일에 모든 착한 사람들은 물욕과 탐심을 내지 말고 염불하여 극락세계에 가서 한량없는 즐거움을 받을지어다. 모든 선남자 선여인아, 이 법이 헛되지 않으니라. 생각나는 대로 법문을 듣고 들은 대로 닦아 행하여라. 너희가 무슨 도력으로 널리 모든 중생을 제도하며 이 모든 고해를 뛰어넘게 하겠느냐. 신심으로 잊지 아니하면 금일 모든 대중은 다 청정하고 불지 위에 오르리라. 만약 너희가 이 허망한 세상에 나서 애욕 탐심으로 일생을 죄업만 짓고 착한 일을 하지 못하고 공연히 지내다가 죽어가는 날에는 어찌 하며, 우리 부모님께 의지하여 나올 때에도 부모님의 혈육을 빌어 가지고 왔으며 손에다 돈이나 쌀이나 자식이나 가지고 나온 것은 아니며 죽어갈 때라도 돈이나 쌀이나 자식이나 가지고 가지 못할지며, 부모가 죽어갈제 대신 가지 못하나니 일평생 산다 하여도 하루살이 목숨 같으니 무엇을 애착하며 무엇을 즐겁다 하리요. 부디 모든 사람들은 법 듣기 싫어 말며 부지런히 공부하여 이런 고생되는 세상을 영원히 여의고 무량한 불지 위에 오르도록 하라." 또한 이르시되 "세세생생에 지옥에 가지 말고 나의 정도에 오르게 할 것이니, 정도에 오르지 못하면 무슨 공덕으로 극락 가며 이 세상의 사람 되랴. 사람 되었을 때에 어서 공덕지어 이 몸을 잃지 말지니라."

부처님은 삼계에 큰 스승이시며 사생에 자비스러운 아버지니라. 어찌 모든 사람에게 거짓 말씀 하시리요. 금일 도량 모든 사람들을 청정케 장엄하고 극락세계에 뚜렷이 나아가 중생을 위하여 설법하고 한량없는 중생을 제도케 하리라. 부처님이 서원하시는 바 "나의 위신력을 입으면 평생 악도에 가지 않게 하리라. 옛적에 능멸천자도 연나라에 죄를 짓고 잡혀가서 석함 속에 넣고 죽이려 하거늘, 능멸천자 평생에 법화경을 숭상하던 공덕으로 석함이 깨어지며 상서 있거늘 연나라 천자가 놀라 합장하고 하는 말이 '나는 미혹하고 어두워 알지 못하고 저와 같이 법화경 숭상한 줄 몰랐더니 저렇듯 거룩하시다' 하고 죄를 사하여 주고 본국으로 돌려보내니라. 이 법화경은 삼십삼천과 이십팔수와 천상 인간에 위없는 보배이니, 법화경 읽는 소리 듣고 오십삼불이 되어 이 모든 대중에 와서 참예하였으며, 지국천왕도 작은 나무에 사는 버러지 되었을 때에 법화경 비유품 설하는 소리 듣고 그 몸을 벗어버리고 지국천왕이 되어 이 회중에 왔으며, 선중에 합장보살은 지사국에 개가 되었을 때에 주인이 법화경을 들으려 하거늘 따라가서 함께 법화경을 듣고 돌아왔더니 합장보살이 되었고, 이만 연등불도 당무 덕중에 한 사람으로서 지식이 높아 그 부모 평생에 법화경을 읽더니 이만 사람이 다 그 법화경 읽는 소리 들은 공덕으로 이만연등불이 되었나니, 만일 법화경을 듣고 허망하다 하는 사람은 내지 천자라도 지옥에 가리니 법화경을 듣고 비방치 말라. 어찌 비방한 죄 없으리요. 법화경 비방하는 죄는 평생에 문둥이 병을 얻거늘 평생에 면치 못하리라. 또한 일만 사람이 풍천강을 건너갈 때 큰 바람에 배 깨어져 모든 사람이 죽게 되었거늘 그 중에 한 사람이 법화경을 읽거늘 모든 사람이 법화경 읽는 소리 들은 공덕으로 육지에 이르러 죽기를 면하였으되, 법문 들은 공덕이 이 같으며 일만 사람이 죽지 않고 산 곡절을 괴이 여기더니 한 사람이 묻되 '우리 여러 사람 가운데 무슨 착한 일 하러 가는 사람이 있느냐?' 하거늘 그 법화경 읽은 사람이 대답하되 '나는 법화경 법문을 들으러 갔더니라' 하거늘 '거룩하다' 하고 여러 사람이 다 그 사람을 칭찬하고 따라가서 법화경 법문을 듣고 다 천상에 가서 일만 성군이 되었으며, 오십삼 선지식도 법화경을 듣고 발심하여 삼세에 부처 되었으니 법화경의 공덕은 성주가 괴공할지라도 무너지지 아니할 것이며, 만약 중생이 이 경 법문을 한 번만 듣더라도 삼악도를 면하거늘 하물며 항상 이 경을 수지 독송함이랴. 만약 이 법화경을 읽거나 칭찬하거나 공양하는 사람은 점점 공덕을 쌓아서 불지에 오르리라" 하시더니 일광변조보살과 월광변조보살이 부처님께 사뢰어 말씀하되 "법화경을 무엇하려고 설하셨나이까?"

부처님이 말씀하시되 "이 경으로 한량없는 중생을 제도하려고 세상에 유포하였나니 불가에서 가장 귀하고 소중한 경전이니라. 또한 옛적에 한 사람이 있으되 이름이 수야라. 오세에 부모를 잃어버리고 남의 집에서 머슴살이 하더니 주인이 미워하거늘, 수야가 들에서 풀을 베다가 홀연히 슬픈 눈물로 한탄하여 말하되 '나는 전세에 무슨 죄가 많아서 이같은 머슴살이도 남 같지 않고 이다지 어렵고 고통스러우며 또한 주인의 학대가 이토록 심한고' 탄식하며 '주인을 이별하고 명산을 찾아가서 머리 깎고 승이 되어 부처님을 모시고 공부하리라' 하고 골육산 정암사에 들어가 승이 되어 이름을 계환이라 하고 부처님께 공양을 지성으로 하나 모든 승이 그 아이를 일상 공경치 아니하고 오히려 미워하거늘 그 아이 슬픈지라. 여기서도 모든 승이 그를 미워하여 방에도 들어오지 못하게 하는 고로 매양 밖에서 지내더니 하루는 법당에 올라가 부처님 등상에 고하되 '저의 부모를 한번 다시 보게 하여 주시옵소서' 빌더니 홀연 스승이 불러 이르되 '너는 나의 상좌가 되었으되 스승을 섬기지 아니하니 너는 그대로 나가라' 하고 내쫓거늘, 그 아이 슬피 울며 나가더니 그 산에 명님굴이 있는지라 그 굴에 들어가서 굶어죽으려 하다가 눈물을 지으며 나무를 베어 그 굴속에다 쌓고 나무속에 들어앉아 염불하며 배가 고프면 나무뿌리와 나무열매를 따다 먹으며 헌 누더기를 몸에다 두르고 겨울과 여름에 춥고 더운 줄 모르고 지내는지라. 장을 먹지 못한 고로 몸에 짐승같이 털이 나서 산도야지 같으니 평생을 서러워하며 항상 생각하되 '옛사람이 이른바 공부를 잘하면 제천이 옷과 음식을 준다고 하였은즉 설마 굶어죽으랴' 하더니, 그러나 기운이 쇠진하여 능히 기동치 못하는 고로 간신히 기어 굴 밖에 나와 몸을 날려보니 몸이 자연 허공에 떠서 음식 있는 곳에 가서 음식을 얻어먹으니 몸의 털이 스스로 벗어지며 신선 되어 도를 통한 후에 승 되었던 절을 찾아가니 전에 있던 승은 다 없고 젊은 승만 있으며 아는 승 바이 없더라. 그곳에서 여러 날 머물더니 그 절의 승이 재를 올리거늘 삼천불조 오십삼불이 내림하시거늘, 이때에 그 부처님께 수기 받아 전단향불이 되었으니 어찌 도 닦은 공덕이 헛되리오. 내 도를 배반하는 사람은 부처되기 어려우리라. 팔만 모든 중생을 인도하여 무상쾌락을 받게 하리라.

왕사성 중에 한 사람이 있으니 이름이 주정이라. 평생에 정진하기를 원하더니 하루는 홀연히 절에 나아갔는데 여러 승이 정진을 돌며 소리하되 '산집 고요한 밤에 앉아 말이 없거늘, 적정하고 고요함이여, 본래 그러하도다. 어찌한 일로 서쪽바람이 동편 들 수풀을 움직이나 한 소리 찬 기러기 장천에 읊이로다.' 주정이 그 소리를 들으매 마음이 이상한지라. 인하여 그곳에서 공부하여 그 승들과 함께 십육 아라한이 되었으니, 말세중생이 정진하고 염불도 하며 참선도 하며 모든 사람을 구제도 하며 자비도 하며 부처님께 공양도 하며 여러 가지 착한 일을 힘써 공부하면 부처되지 아니할 이 없으리라. 천만억 부처님과 십만억 보살이라도 이같은 착한 도를 닦아서 부처되었고 모든 대중 중에 야차와 건달바와 이수라와 긴나라 등이 십삼천대천세계에 이 법화경으로 천만억 중생을 제도하였으니 어찌 이 대법을 인하여 부처되기를 근심하리요. 또한 부처님은 보고 잡숫는 것이요 귀신은 냄새만 맡는 것이요 중생은 뭉쳐서 먹는 것이라. 부처님은 공양하시되 녹아지는 것을 보시고 귀신은 냄새만 맡고 사람은 냄새도 맡고 먹기도 하나니 이 세 가지 공양하는 법은 사람의 신심을 보는 것이라. 다만 밥 한 술이라도 신심으로 부처님께 공양할 것 같으면 또한 공덕이 한량없을 것이니 모든 사람아, 이같이 복을 심으라. 너희들이 의복이나 음식으로 부처님께 공양하면 저 즐거운 낙을 받을 뿐 아니라 복이 무량하여 천상 인간에 제일 복을 받게 하리라. 또한 만일 법을 듣고 들은 대로 행하면 부처되기 어렵지 않으리라. 천광왕 정주여래도 복손불이 되었을 때 이 법화경을 듣고 비방하였다가 악취 중에 떨어져 산도야지 되었다가 이제 다시 법화경 듣고 삼악도 고를 벗어났으니 누구든지 법화경 설하는 곳이 있거든 만사를 제하고 법을 들으라. 법을 들으면 내가 그 사람을 발가벗은 아이 생각하듯 두호하며 불국으로 인도하여 가리라. 광명천왕이 삼악도 면하고 사람 되어 세상 복을 받으니 또한 법화경들은 공덕이 어찌 거룩다 하지 아니하리오. 또한 내가 전륜성왕과 더불어 법화경 비유품을 설하여 전세 일을 일러 극락세계로 인도하리라. 전륜성왕이 말씀하되 무량수 부처님은 전세에 법화경을 들으려고 부모를 천리 밖에 두고 갔다가 법도 듣지 못하고 돌아오매 부모가 세상을 버렸으니 그 죄로 지옥고 삼백년을 받고 지옥에 제십 오도전륜대왕이 되었더니 이제 타방에 무량수 부처 되었나니라."

부처님께서 이르시되 "십삼천대천세계에서 법화경을 항상 떠나지 아니하고 설하여 중생을 제도하였으니 이로 인하여 보살을 증하리니 이름은 파륜보살이라" 하시니라. 그 모든 대중 중에 귀왕이 전륜성왕을 향하여 통곡하며 말하되 "소왕 등은 전륜성왕을 모시고 삼백년을 있었더니 이제 성왕은 공덕이 지중하여 파륜보살이 되어서 천상으로 가시되 저희들은 언제나 도를 닦아 천상에 올라가리요" 하거늘 전륜성왕이 이르시되 "너희도 오늘 법화경을 지극히 들어 보살이 되면 천상에 오르리라. 부디 너희에게 부탁하니 법 듣고 부지런히 정신차려 게으르지 말라. 게으르지 아니하면 천상에 갈 것이요 게으르면 지옥에 가리라."

때에 부처님이 다시 이르시되 "오늘날 십만억 모든 부처와 더불어 법화경을 설하여 남방 무우 세계에 팔만 모든 지옥 중생을 다 제도하리라" 하시고, 남방화주 교화중생 대원본 존 지장보살을 청하여 물으시되 "남방에 지옥이 있다 하니 그 지옥수가 얼마나 되는가?" 지장보살이 대답하시되 "남방에 지옥이 있으니 그 수는 시왕이 다 차지하였으니 시왕이 알고 저는 알지 못하나이다."

다시 부처님이 물어 말씀하시되 "여러 지옥 중에 어떤 지옥이 가장 큰가. 또한 귀신은 어떠한 귀신이 살며, 죄인은 어떠한 지옥이 더 무섭게 다스리는가?" 지장보살이 대답하시되 "지옥이 무섭고 사나운 지옥이 있으니 이름이 강철이라 하는 지옥이 있나이다."

부처님께서 또다시 물으시되 "그 지옥에는 어떠한 죄인이 있는가?" 지장보살이 대답하여 말씀하시되 "처음에 삭발하고 승이 되어 부처님께 참회하고 연비하고 맹세하여 제자 되었다가 퇴전한 자이며 사망되었다가 물러난 죄인이 그 지옥에 있는데, 배고프다 하면 더운 철환을 먹이며 목마르다 하면 구리쇠를 끓여 그 물을 먹이고, 또한 바위가 있으니 그 넓이가 천리거늘 그 바위를 들고 죄인을 잡아넣으면 삼천년 만에 그것을 면하고 세상에 나온다 하여도 분명한 사람이 되지 못하고, 또한 거짓말하며 도적질하는 이 같은 죄인이 그 지옥에 들어가나니 그 지옥 이름은 동철이라 하는 지옥이나이다."

부처님이 듣기를 다하시고 말씀하시되 "모든 대중 중의 십만억 불과 이만억 보살과 비구 비구니와 우바새 우바이와 건달바와 아수라와 긴나라와 마후라가왕 등이 다 이 법화경 설함을 듣고 공부하기를 힘써 저 지옥에 가지 말게 하라" 하시고 다시 말씀하시되 "사리불아, 십만 군병이 무서우냐, 저 지옥이 무서우냐?" 하신대 사리불이 답하되 "십만 군병은 무섭지 아니하나 지옥은 무섭습니다."

부처님이 또한 물으시되 "지옥이 무서우냐, 네 뼈를 갈아 사방에 흩음이 무서우냐?" 사리불이 답하되 "뼈를 갈아 사방에 흩음은 무섭지 아니하오나 지옥은 진실로 무섭습니다." 부처님이 또다시 이르시되 "기름을 끓여 네 몸을 거기에다 넣는 것이 무서우냐?" 사리불이 답하되 "끓는 기름에다 몸을 담을지라도 정도를 얻을지면 그것은 무섭지 아니합니다."

부처님이 "선재라" 하시고 이르시되 "착한 방편으로 저

중생을 다 제도하여 극락세계에 가서 나게 하라" 하시고 천과 용왕 등 모든 제자와 더불어 법화경을 설하시니 명왕 등은 일심으로 듣더라. "만일 이 법을 허망에 빠치면 다시 구하기 어려운 법문이니 내지 뱀과 지렁이와 우마 모든 짐승과 초목 총림이라도 이 법을 들으면 지옥에 가지 아니하리라. 내가 전세에 야마천궁에서 설법할 때에 나의 이름을 호명보살일러니라. 그때에 정광여래가 금상에 높이 앉아 법화경을 설할 때에 원하기를 '나도 언제나 부처되어 저 높은 자리에 올라 저 지옥에 있는 죄고중생을 다 제도하리오' 하였더니 내가 이제 법화경 듣고 수행한 공덕으로 중생을 제도하기 위하여 설법하기를 세 번째 하나니, 또한 용궁에 가서 반야경을 설하고 이 사바세계에 와서도 반야경을 설하고 이때에는 가장 제일 높은 법화경을 설하니 이런 공덕이 또 어디 있으며, 시방세계의 일을 손바닥 가운데 가졌으니 어찌 의심함이 있으리오. 또한 재물을 양에게 메인 수레나 사슴에게 메인 수레나 흰 소에게 메인 수레에다 가득히 실어서 주더라도 그것은 탐하지 아니 하려니와 이 법화경은 만약 한 글귀라도 탐하리라. 말세에 선남자 선여인과 내지 장자라도 이 법을 믿지 아니하면 하늘과 사람과 지옥과 수라와 아귀와 짐승을 면키 어려우리라. 부디 하늘과 사람 등은 이 법을 숭상하여 이런 좋은 공덕을 잃지 말라. 한량없는 부처님께 공양하고, 법을 항상 듣기와 남을 일러주기와 모든 중생을 어여삐 여기기와 이같이 착한 일을 많이 하며 소원대로 부처님을 친히 보리라. 동방유리세계 약사유리광 부처님께서는 동방 만팔천세계에서 설법을 항상 하시니 한량없는 중생이 그 법을 듣고 쾌락을 얻었으니 그 아니 즐거우며 동방 세계는 청유리로 생겼으며, 남방에는 이만 연등 부처님이 십만억 보살을 거느리시고 날마다 법을 설하시니 그 땅은 적유리세계로 생겼고, 북방 만팔천세계에 대렴견부처님이 팔천보살을 거느리고 날마다 법을 설하사 무량중생을 제도하시니 그 땅은 흑유리요, 서방 극락세계 아미타불이 사만억 보살과 더불어 날마다 설법하사 무량중생을 제도하시니 그 땅은 백유리요, 중방에는 전단향불이 오천보살을 거느리시고 날마다 설법하여 무량중생을 제도하시니 그 땅은 황유리라. 이는 모든 중생이 착한 일 한 대로 사바세계에 가서 나느니라. 이같은 가장 묘한 낙을 받을지며 만약 어질고 착한 일을 행하면 어서 저 극락에 날 것이며 만약 착한 일을 행치 못하면 어느 때에 닦아 좋은 낙을 받으리오. 대소인을 분별치 아니하여 사람을 다 천도하리니 모든 제자 등은 내 법을 믿느냐" 하시거늘 대중 중에 모든 제자가 일시에 머리를 숙이고 합장하고 대답하되 "저희들이 오늘 부처님의 법을 믿나이다."

또한 이르시되 "나의 제자 아난도 전세에 부처님의 제자 되었다가 불법을 비방하고 강철지옥에 들어가 삼천년 만에 비로소 세상에 나왔으니 이같이 법화경을 듣고 후세 중생들을 경계하여라. 만일 법을 듣지 못하거든 법을 듣도록 경계하면 어찌 행하지 아니하리오. 옛적에 광나라 광달지변 부처님도 이 법화경을 듣고 부처되고, 오십삼 선지식은 서해바다 고기로써 사리불이 용궁에 들어갔다가 법화경 비유품을 읽었더니 그 고기가 듣고 오십삼 선지식이 되었느니라" 하고 다시 소리를 높이 내어 승채를 들어 사방에 두르며 이르시되 "오늘 크게 청정한 법을 천상과 인간에 베풀어서 천도 인도 수라 지옥 아귀 축생을 건져 극락세계에 가서 나게 하리라. 만일 내 법을 허사로 알진대 어느 때에 무엇으로 인연하여 부처되리오. 나의 본심을 청정히 가져서 만세의 법을 들으라. 법이라 하는 것은 다른 곳에 있는 것이 아니라 사람 사람에게 다 있으며 나의 본심이 즉 법이니, 이 마음을 청정히 가지면 곧 부처되는 것이라. 부처도 이 마음 닦아 가지고 부처되었으니 부처 따로 없으며 중생도 마음을 잘 닦으면 곧 부처이니라. 법을 듣는 것은 잘 닦자는 것이니 한때라도 놓지 못할지니라. 이 법을 듣고 화장세계를 구경하고 샘이 없는 정각에 나가리라. 이만 연등 부처님을 친견하고 태란습화 사생과 천도 인도 수라 지옥 아귀 축생 등 중생과 더불어 내 법을 설하리라. 모든 비구와 비구니와 불법 믿는 남자와 여자 등을 수기 주어 극락세계를 구경케 하고 크게 복을 얻어 뚜렷한 불도에 오르게 하리라. 사람에게 삼업이 있으되 입으로 짓는 업, 몸으로 짓는 업, 뜻으로 짓는 업이니 삼업을 잘 주의하라. 입으로 두 가지 말을 하면 혓바닥 둘 가진 짐승이 될 것이며, 나라 곡식을 많이 먹은즉 차 끄는 소가 되나니, 이같은 죄를 받으며 정도를 닦으면 세세생생에 이같은 죄를 받지 아니하리라. 사람에게 아홉 가지 죄가 있으니 남의 재물 탐하는 것과 남의 사람 취심하는 것과 남에게 시비하는 것과 자손을 두고 일찍 죽는 것과 남을 놀래게 하고 거짓말하는 것과 싸움하고 원수 맺는 것과 남을 모함하는 것과 어진 이를 해치는 것과 나라재물을 도적질하여 먹는 것과 살생하는 것이 아홉 가지 죄라. 이 아홉 가지 죄가 사람을 모두 지옥에다 넣는 것이라. 이제 내 법을 진실하게 들으면 아홉 가지죄가 소멸하리라. 산이 적으면 물에 무찔리고, 사람이 도덕이 적으면 죄에 눌리나니 선남자 선여인아, 너희가 나의실상묘법을 듣느냐? 듣거든 지혜와 신통으로 즐거운 낙을베풀리라." 모든 대중이 세 걸음 물러나서 부처님께 고하되"부처님의 위신력으로 저희 몸의 죄업을 멸하여 주소서.부처님께서 저희 죄업을 벗겨주시면 백천만억 겁에 이 몸이다할지라도 부처님의 은혜를 갚사오리다. 저희들이 죄가많은 고로 혹 짐승도 되며 혹 사람도 되며 혹 병신도 되며혹 빈한하기도 하나니 이런 죄보를 다 버리게 하여 주소서.오늘 부처님을 만났을 때에 모든 대중의 죄를 벗지 못하면다시 어느 때에 벗으리이까. 저희를 불쌍히 여기사 죄를벗겨 주시옵소서."

사방 용신이 일시에 일어나서 용왕에게 고하되 "우리는대왕을 따라 수만억 국토를 지나왔더니 이제 묘법을 듣지못하고 가면 어느 세상에 무슨 인연으로 들으리오." 용왕이이르되 "이 대회 중에 용신보다 더한 사람도 법을 얻어듣지못하였거든 용궁 회중은 설법 듣기 쉽지 못하리라. 동방

유리세계에 일천 비구가 대법을 듣고 어진 근본을 얻어 대지혜로 장엄하여 이 법을 들으리라. 또한 조그마한 의식과 숙세선근이 있어야만 나의 한량없는 법문을 알아듣고 또한 증득하리라.

이때에 부처님이 말씀하시되 "수보리와 마하가전련과 마하목건련이 이 법화경을 듣고 바로 깨달아 부처될 공덕을 얻어 큰 제자 되었으니 모든 제자들이 이 법으로 인연하여 부처됨을 정하리라. 가령 나라의 임금이 착하면 신하도 착하고 사람이 순하면 나라가 다 순한 것과 같아서 네가 착하면 듣는 사람도 착하나니, 백억 일월과 백억 수미산이 있으되 그 수미산마다 부처님의 회상이 있으니 이제 보리수 하에 큰 도를 얻어 밝은 이름을 천지에 빛나게 하더라. 이때를 잃어버리면 어느 때를 기다리리오.

약초유품에 이르시되 '부처님께 수기 받은 사람은 부처되지 아니할 이 없다' 하셨으니 높은 덕을 낮추어 모든 중생에 마음이 편케 하여 짐승을 잡아 길들이듯 하여 법화경을 설하여 법을 들려주어 부모에게 효자도 되게 하며 중생들을 인도하여 불법 바다로 들어가게 하며 부처도 되게 하며 삼악도에 떨어지지 않게 하여, 이러한 공덕을 수없이 닦아 극락세계에 나게 하라. 만일 극락세계에 가서 나지 못하면 다른 부처님 계신 데 가서라도 나게 하여 그 부처님께 수기 받아 다 부처되게 하리라.

옛적에 한 부처님이 계시되 이름이 정덕불이라. 제자 삼만을 거느리시고 설법하더니 보리국에 가서 다 환생하여 제자들은 신하되고 정덕불은 천자되었으니 그 나라에서 옥경이 이천리라. 옥경을 침범코저 하여 동진보살로 선봉대장을 삼고 제석보살로 아장을 삼아 천만 군사를 거느리고 옥경 타도강을 건너 가다가 배가 깨어지거늘, 군사가 다 죽으니 동진보살이 그 군사 죽은 것을 불쌍히 여겨 용궁에 가서 황금 십만근을 가지고 범중천인을 얻어가지고 범중천인들을 데리고 타도강에 이르러 아미타불과 지장보살상 모시고 법화경과 미타경을 설하여 모든 고혼을 천도하였을새, 삼천 불조 오십삼불이 되었으니 이와 같은 공덕은 백천만억 겁이라도 다시 보기 어려우리라.

무변광 원만장엄세계에는 자개로 땅이 되었거늘 그 나라 사람은 원각경을 숭상하니 법으로 사람의 바른 길을 가르치느니라. 그 나라에 한 군자가 났으니 한 얼굴에 눈은 셋이니 이름이 수정왕이라. 십오세의 십이왕으로 하여금 열 가지 착한 일을 의논하더니 더욱 보시하시기를 좋아하더라. 하루는 사냥하러 가더니 사슴이 두 무리가 있거늘 활을 들어 잡으려 한즉 사슴이 하는 말이 '대왕은 무엇 때문에 사슴을 잡으려 하십니까?' '나는 이 나라 임금으로서 어식을 하려 하노라.' 사슴이 절하고 사뢰어 말하되 '그렇습니까. 돌아가소서. 제가 이 나라의 수토를 먹으면서 국왕의 은혜를 모르오리까. 국왕이 한 번에 다 잡으면 고기가 변하여 잡숫지 못할 것이오니 제가 매일 아침 한 마리씩 보내겠사오니 잡아 어식을 하시옵소서.' 이 말을 들은 왕이 돌아가거늘 사슴이 매일 아침마다 한 마리씩 보내더니 하루는 악녹왕의 어미 사슴이 새끼를 밴지라. 차례가 되어 가게 되었거늘 어미 사슴이 녹왕에게 고하되 '저는 새끼를 배었으니 다른 사슴을 대신 보내시면 내일 제가 가오리다.' 왕이 답왈 '너도 가기 싫어하거늘 누가 너 대신 가겠느냐' 하니 어미 사슴이 선녹왕에게 가서 말하되 '저는 새끼를 밴지라 내일 낳고 가겠사오니 대신 보내주시옵소서.' 선녹왕이 이르되 '너도 목숨에 가기 싫어하거늘 누가 대신 가겠느냐' 하고 한참 있다 하는 말이 '너의 원대로 하여라. 내가 대신 가겠노라' 하고 대신 갔거늘 임금이 사슴을 보고 크게 성내어 말씀하시되 '어찌하여 하루를 빼먹었느냐.' 사슴이 하는 말이 '이같고 이같다' 하거늘 왕이 이 말을 듣고 뉘우쳐 하는 말이 '사슴은 짐승이라도 이같은 인자한 마음이 있거늘 어찌 나는 사람으로 이같이 악한 일을 하겠느냐' 하고 사슴을 돌려보내더라. 모든 신하가 대왕께 사뢰어 말하되 '듣자오니 서방세계 기사굴 산중에 십만억 부처님이 모여서 설법하신다 하오니 가서 들으시고 오심이 좋겠사옵니다' 하거늘 대왕이 답하되 '대법을 어찌 남에게 들으리오. 내 법을 내가 듣고 않았으리라' 하더니 죽어 후세에 삼악도에 떨어졌거늘 전세에 보시한 공덕으로 이제 불제자가 되니라."

부처님이 다시 이르시되 "나의 본래 있는 마음은 죽고 사는 법이 없나니 이 몸은 무상하여 견고함이 없느니라. 생사를 멀리 하고 썩지 않는 금강 같은 몸을 얻을지니 내 법에 들어오려면 부지런히 정진하고 못된 마음을 멀리 하여야 들어오느니라. 죄를 지으면 지옥에 드나니, 마음을 잘 쓴다 함은 부모에게 효순하며 나라에 충의하고 불법승에 지극히 공경하면 그 가운데 묘한 낙을 얻으리라.

옛적에 벽지불이 있으되 공부하기를 죽고 살기를 헤아리지 아니하고 공부하여 행하여갈제, 어떠한 걸인이 와서 벽지불께 고하되 '나는 부모에게 공급할 것이 없이 구걸하러 왔사오니 보시하소서.' 벽지불이 이르되 '나는 본래 재물이 없는 사람이라 줄 것이 없으니 내 몸을 팔아 그대의 마음에 하고저 함을 따라 하라' 하거늘 걸인이 고하되 '벽지불이 일신을 남에게 팔리면 다시 허물됨이 없나이까?' 벽지불이 이르되 '그대를 걸인으로 알았더니 이제 그 말을 들으니 선재로다. 애초에 부르는 이름이 무엇이라 하시나이까?' 답왈 '부처님은 모든 권속과 더불어 설법하시니 이제 실달이라 하나이다.' 벽지불이 이십년 정한 법을 권도로써 그 사람을 허락하여 주고 남의 종 되었던 허물을 다 삭하고 데리고 가서 소승법을 가르치니 동반 벽지불이 도 닦는 근본을 알고저 하거늘 출가한 사람이 금은보배를 그 집에 다 두고 아니 죽는 것 같이 여기더라. 벽지불이 계도로 머리를 베어 공중에다 던져 이르되 '새로 출가한 사람은 머리와 눈과 몸을 한 뜻으로 이렇게 출가하느니라.' 새로 출가한 사람이 이르되 '나의 몸과 입과 뜻이 있으니 목을 베어 허공에 던지오니 입이 있어도 말을 못하니 고요한 근본이로소이다. 머리가 허공에 갔사오나 도를 닦아야 위없는 도에 오르느니라' 하고 '이제 벽지불이 간 곳 없으니 사리불을 따라 오늘날 기사굴 산중에 왔사오니 저 사람의 이름이 실다라왕이라. 이제 삼만팔천 대중과 더불어 법을 가르쳐 불국으로 돌아가리라.' 벽지불이 부처님께 고하되 '죽는 것이 부처님께도 있습니까?' '부처님에게는 본래 없으나 사바세계 중생들이 내가 오래 이 세상에 있으면 나만 믿고 죽는 줄 모르고 죄악을 많이 짓는 고로 죽는 것을 보인 것이니라.'

부처님은 불생불멸 자리를 얻어서 생사를 임의로 하는 고로 죽는 것을 뵈었나니, 어찌 부처가 죽었으리요. 하늘과 사람과 짐승과 지옥과 아귀와 수라 등 중에 화생과 란생과 태생과 습생 등이 세상의 더러운 몸이라도 다섯 가지 상이 있으니, 나라 하는 상과 중생이라는 상과 오래 사는 상과 남이라는 상과 안다 하는 상이라. 사주세계라 하는 것은 동굴바주 남섬부주 서구다나주 북구루주이니 이곳에는 사방천왕이 있고 내 법은 그 가운데 복장으로 있나니 선남자 선여인아, 잘 생각하고 자세히 내 법을 들어 보아라. 법을 들을진댄 지혜를 얻으리라."

부처님께서 다시 이르시되 "한 나라에 왕이 있으니 일평생 거사 행세를 하더니 그 신하가 더불어 함께 앉지 아니한다 하거늘 왕이 그 허물을 삼아 신하를 내치고 밤에는 불법을 숭상하고 낮에는 만민을 교화하더니, 하루는 선전에 나와 목욕할새 한 동자가 몸을 씻어드리더니 동자가 고하되 '대왕은 국가의 모든 신하를 버리고 소동을 따라 오시옵소서' 하거늘 대왕이 허락하고 즉시 그 동자를 따라갈새 허공으로 동자가 가는지라. 문득 머리 위에 하늘이 닿았거늘 동자가 크게 불러 왈 '뇌공신은 어디 있느냐?' 하며 문을 급히 열라 하니 뇌공신이 문을 열거늘 대왕이 동자를 따라 문안에 들어가니 전에 보지 못하던 별유천지라. 뇌공신의 얼굴을 보니 사방에 무늬요 코가 높으며 입은 가로 찢어져 감히 보기 무서우며 어깨 밑에 날개가 돋쳤으니 가히 측량치 못할러라. 신해품에 육취중생을 건졌으니 그 공덕이 적지 아니하리라. 복덕 지혜를 심어 무량락을 얻게 하리라. 이 법 들음을 인하여 공덕이 한량없을 것이며 팔십종지락을 얻어 세계를 청정케 하리라. 법은 본래 청정하니 사람도 청정하면 법도 다시 청정하니라." 부처님이 일어서서 대중을 불러 이르시되 "오늘 모든 대중이 보느냐? 내 몸에서 광명 놓은 것을 보느냐?" 하시더니 "내 몸에서 금색광명이 나는 것을 보라" 하더니 두 눈 사이에서 금색광명이 나고 두 손에서 원만광명이 나고 어깨에서 양전골광명이 나고 두 팔에서 양괴룡청광명이 나고 허리에서 청정대광명이 나고 두 무릎에서 수룬광명이 나고 두 발에서는 양족전광명이 나고 몸에서 열 가지 광명이 나시니 허공이 모든 꽃빛이라. 문수보살이 부처님께 물으시되 "부처님은 전 세상에서 무슨 공덕을 닦아 저런 광명이 나나이까?"

부처님께서 대답하시되 "나는 닦은 공덕이 없으되 전세 사바세계에서 남의 무거운 짐도 져다주었고 모든 사람을 어여삐 여기기도 하고 부모에게 효순도 하고 나라에 충성도 하며 내 살을 깎아 고기로 보시하여 주었으며 내 다리를 깨뜨려 골을 내어서 부처님께 불도케었으며 없는 사람에게 보시도 하여 주었으며 나무 없는 사람 나무도 주었으며 돈 없는 사람 돈도 주었으며 물 없는 사람 물도 주었으며 추위하는 사람 옷도 주었으며 배고픈 사람 밥도 주었으며 물 건너지 못하여 근심하는 사람 업어 건너주기도 하였으며 이런 공덕으로 이제 이런 광명을 얻었나니 너희들도 이같이 하면 이런 광명을 얻을 것이요 공덕을 닦지 못하면 천만억 방편이라도 이런 공덕을 얻지 못하리라." 이때에 부처님이 다시 이르시니 권속이 삼만이천이라. 금은보배를 장엄하고 세계에 없어지지 아니할 복을 가졌으니 보리수나무 아래에 앉아 법 설하던 말을 하시며 "십만 대중은 내 법을 위로하여 모든 중생을 가르쳐 열 가지 악한 일을 못하게 하라. 남의 재물을 취하는 자는 부처되기 어려울 것이니 뜻이 크면 큰 법을 얻을 것이요 뜻이 적으면 적은 법을 이루리라" 하시니 십만 대중이 일시에 일어나 부처님께 사뢰어 말하되 "십만 대중 가운데 대소인을 분별하여 광대한 법을 설하소서. 오늘 이 법을 듣지 못하면 어느 때에 법을 들으리오."

부처님께서 다시 이르시되 "염불을 지극히 하여 세간 살림에 분별이 없으면 도 이루기를 어찌 근심하랴. 옛적에 한 사람이 있으되 이름이 녹족이라. 부모가 무간지옥에 들었기로 집을 버리고 타국에 가서 도를 닦더니 한 사람이 와서 이르되 '나는 초계존자러니, 그대의 도가 지극히 장하다 하여 친히 뵈오려 왔나이다.' 녹족이 답왈 '초계존자는 오늘 나의 심리를 보려고 왔으니 나와 동행하여 타방십만억 국토 가운데 무간지옥이 있다 하니 그곳을 가서 보고저 하나이다.' 초계가 답왈 '무간지옥을 어찌하여 보고저 하나이까?' 녹족이 답왈 '나의 부모가 무간지옥에 들어계시다 하니 보고저 하나이다.' 초계존자가 답왈 '가자고 하는데, 그 일을 모르나이까?' 녹족이 답왈 '어떻게 지옥일을 아시나이까?'

초계존자 답왈 '어떻게 도를 닦아서 이런 일을 알지 못하나이까? 녹족존자의 부모는 살아있을 때에 무슨 일을 하였나이까?' 녹족존자 답왈 '나의 부모는 생전에 산짐승을 잡아먹기를 즐겨 하였습니다.' 초계존자 이르되 '존자 부모는 금수 지옥에 떨어졌으니 홀연히 그 지옥 면하기 어려우리라' 하고 녹족존자를 데리고 허공을 행하여 무간지옥을 가니 녹족존자가 초계존자께 묻되 '이곳은 어딥니까?' 초계존자 답왈 '이곳은 무간지옥입니다' 하고 다시 이르되 '나와 함께 사바세계에 부처님의 설법하심을 들으러 가십시다' 하고 이 회중에 왔으니 '녹족과 초계가 형제라' 이르시니 '우리 형제로서 부처님의 제자를 삼으소서.'

부처님이 백만억 대중에 설법하시니 "마땅히 신심으로 듣는 사람은 극락국으로 데려가리라. 만일 사람이 세상에 나서 염불수도를 지극히 하다가 퇴타하면 무간지옥에 떨어지더라도 하여금 내가 다 천도하여 불국으로 데려가리라. 내가 설법하기는 십만 제자를 위함이니 다 듣고 지혜로 정진하여 이때를 잃지 말라. 부처님의 은덕으로 무간지옥을 벗어나 이 모든 법을 듣고 다시 죄를 짓는 자는 지옥을 면하기 어려우리라" 하시고 이제 욕계천에 풍우신을 불러 이르시되 "너는 세상에 모진 바람을 내려 풍재가 있게 하니 그 천만 사람이 다 흉년의 고가 있을 것이어늘 그 사람의 고생하는 것은 가히 칭량치 못하리니 풍우신은 미래 세상에서 바람을 내리지 말라" 하시니 풍우신이 답왈 "저는 천만억의 바람을 임의로 내리는 사람이로되 바람을 한 번 내리면 저 죄 많은 세계에는 모진 바람이 가고 착한 세계에는 좋은 바람이 가나니, 착하고 모질기는 제 임의로 못하나이다."

부처님께서 다시 이르시되 "풍우신은 불법을 듣고 장래 풍우신 몸을 버리고 인간에 나가서 국왕이 되게 하리라" 하시고 풍우신의 머리를 만지며 부처님께서 수기를 주시니 "부처님의 제자라" 하시고 다시 이르시되 "너의 사만억 제자는 내 법을 믿지 아니하고 죄를 지어 무간지옥에 갈진대 내가 어찌 다시 사만억 제자를 다 건지리오. 지옥에 업경대 있으니 사람의 착하고 악한 것이 다 비치어 나타나느니 어찌 업경대에 비친 죄를 능히 숨기리오. 오늘 신해품을 듣고 무량한 도를 얻어 영겁에 지옥을 면케 하라. 내 이름이 높고 지혜가 광대하여 천추만세라도 죄를 받지 아니하고 묘한 낙을 평생에 받으리니 나의 법은 세상에 위없는 법이라. 삼천대천세계에 항하사 모래수 같은 모든 부처님이 다 이 법을 듣고 부처되었나니 금일 도량 동업대중도 이 법을 일심으로 공경하면 부처되기 어렵지 아니하리라. 내가 전세에 마갈다국에 가서 공부할 때에 이만 대중이 함께 있어 공부하였더니 이제 다 연등불이 되었느니라. 이제라도 나의 법을 믿는 사람은 평생에 저 무서운 지옥에 가지 아니하고 불국으로 가서 위없는 법을 듣고 도를 닦아 불과를 증득하리라. 복이 본래 많으면 재물을 구하지 아니하여도 스스로 돌아올 것이요, 만일 이 법을 믿지 아니하면 세상에서 아무리 복을 구하여도 오지 아니 하리라. 세상 사람이 공덕 없이 복이 돌아올진대 사람마다 부자되고 구차한 사람이 없을 것이라. 일심으로 덕을 닦아 사주세계에 빛나게 하라. 십만 제자 등이 나의 형상 없는 법이라 이르리니, 들으라, 마음이 즉 나의 법이니 이 마음이 무슨 형상이 있으리오. 마음이 곧 불법이요 불법이 곧 마음이라. 불법은 형상이 없으니 형상 있는 법보다 더 진중하리라. 회중의 십대제자야, 이 법을 세상에 의논하여 천만억 중생을 인도하여 불국으로 돌아오고 지옥에 아니 가게 하리라. 십대제자는 세상의 어진 사람으로서 지옥중생을 다 건져내어 십대제자 되었으니 어찌 그 공덕을 적다 하랴. 착하고 착한 남자로다.

십대제자의 도를 본받아 행하지 아니하는 사람은 장래라도 위로하는 사람이 없을 것이니라. 십대제자를 본받아 행하는 사람은 천리라도 따라가면서 큰 복을 얻게 하리라" 하시고 이르시되 "벽지불아, 내 법을 진실로 들어보라. 내가 사주세계의 사람을 위하여 법을 이르리니 벽지불을 위하여 법을 설하거든 만일 법을 위로치 아니하면 그럴수록 더욱 법을 설하리니, 내가 매양 이 세상에서 설법할 바 아니라 열반에 든 후에는 금은재화를 산같이 쌓아도 이 법을 얻어 보기 어려울 것이니, 사만억 방편으로 육도중생을 제도하며 장수 천인과 더불어 사주세계를 구경하고 도리천궁에 가서 평생 묘한 낙을 얻으리라. 만일 이 법을 믿지 아니하는 자라면 어느 겁에 묘한 낙을 얻으리오. 내가 청정대광명을 놓아 삼천대천세계를 밝게 하리라. 청정대광명을 놓으면 유정천까지도 밝으리라. 이 광명 가는 곳마다 내 법 이르는 소리도 갈 것이요, 나의 공덕은 가히 칭량할 수 없으리라." 회중에 한 보살이 있으니 정진보살이라 합장하고 부처님께 사뢰어 말씀하시되 "부처님은 삼천대천세계를 한 손바닥 가운데 가지시오니 평생 무슨 근심이 있으리오. 저희들을 위하여 법화경 신해품을 일러주소서."

부처님께서 대답하시되 "법화경을 듣고저 하니 마땅히 설할 것이니 자세히 들으라. 너희를 위하야 설하리라. 법화경을 믿지 아니하는 자는 평생 악취 중에 벗어나기 어려우리라. 사람이 전 세상의 보를 갚으려 하면 죄가 점점 지중하고 전에 원수를 벗어나기 어려우리라. 원수를 풀어버리면 그 사람이 후세에 또한 사람이 되어도 지견이 높아서 남에게 윗사람이 되리라." 정진보살이 부처님께 고하되 "부처님 지혜신통으로 이 대법을 세상에 의논하고 십만 제자를 도리천궁으로 인도하여 묘한 낙을 받게 하소서. 후 세상에 왕후장상 될진대 그 공덕은 십만억 국토에 으뜸이니 부처님께서는 삼계에 큰 스승이시고 사생에 자비스러운 아버님이시라. 어찌 중생을 제도하지 아니하시리요. 청정한 법을 사주세계의 모든 사람에게 일러주시옵소서." 부처님께서 대답하시되 "나는 천상 천하에 으뜸이라. 세상의 죄고중생이 악취에 있으면 다 건져내어 한량없는 복덕을 얻게 하리니 오늘 기사굴 산중에서 법을 일러 고단한 중생을 다 편케 하고 후세에 불국으로 데려가리라. 일만 가지 방편으로 착한 도를 가르쳐주며 세상에 으뜸 사람이 되게 하리라" 하시더라.

이때에 이 모든 중생 등이 부처님의 한량없는 법문을 듣고 환희한 마음으로 부처님을 본받아 무상도를 성취하여 한량없는 중생을 제도하니라.

이때에 가섭이 부처님께 고하시되 "이제 선남자 선여인으로 하여금 정법을 통달하게 하소서. 백만억 제자들이 성불하기를 바라나이다." 부처님이 말씀하시되 "너희들은 한마음으로 진정하여 나의 법을 자세히 들으라. 내가 너희 청정한 마음을 바른 도로 인도하리라. 백천만 세상에 지은 죄업이라도 나의 방편으로 법 설하는 힘으로 불국에 가게 하리라. 또한 옛 부처님도 이 법화경 수지독송한 공덕으로 부처 되었느니라."

가섭이 또한 가로되 "저의 전세 일을 일러 알게 하소서."

부처님이 이르시되 "내가 너의 전세 일을 말할 것이니 마땅히 자세히 들으라. 옛적에 약초라 하는 사람이 있으되 비제국 사람이라. 열 살 때에 이름이 높아 승상 지위에 올랐더니 사십이 넘은 후에 조정에 죄를 지어 벼슬을 사직하고 깊은 산중에 들어가 농사로 업을 삼더니, 재산은 비록 유여하나 일점혈육이 없어 근심하는데 하루는 한 스님이 와서 이르되, '소승은 사명산에 있사온데 법화경을 이루고

저 하여 시주를 얻으러 왔나이다' 하거늘, 승상이 말씀하되 '선사가 누추한 곳에 찾아오시나 내가 많이 시주할 것이 없으니 슬프도다' 하거늘, 그 노승이 다시 말씀하시되 '빈승은 이 댁 소문을 넓이 듣고 왔사오니 마음을 따라 시주하소서.' 승상이 답왈 '노사는 내 집을 어질게 듣고 왔다 하니 비록 적은 재물이라도 시주하리라' 하고 지필을 내어 생금 육천근을 적어주고 이르되, '내가 십세로부터 승상에 올랐더니 사십 이후에 나라에 죄가 있어 이 깊은 산골짜기에 와서 농사짓기를 위업하는 고로 비록 재산은 넉넉하나 일점 혈육이 없어 그로 하여금 일생 유한이 되나니 시주하는 것은 약소하나 나를 위하여 부처님께 공양하고 자식 얻기를 발원하여 주시면 존자의 은혜 백골난망이로소이다.' 노승이 다만 웃고 가거늘 승상이 내당에 들어가 부인을 대하여 일장 설파한즉 부인이 또한 기뻐하더라. 그 후에 우연히 태기 있어 십삭(열달)이 차자 하루는 집안이 채운을 두르고 서편으로 오색서기와 방광이 찰난하고 기이한 향내가 진동하더니 이윽고 순산하니 기이한 남아라. 승상이 크게 기뻐하더니 그 아이가 점점 자라 일곱 살이 되어 승상이 호련병이 들어 점점 위태하거늘 부인을 대하여 이르되, '내가 늦게야 아들을 나서 성인됨을 보지 못하고 이제 황천의 객이 되리니 진실로 원통하고 슬프도다.' 부인도 또한 슬퍼하더라. '아이 이름을 지어 실공이라 하여 차차 자라거든 부인은 자부를 맞아 살림을 정하고 세상을 버리소서' 하고 부탁하는지라.

부인이 말씀하되 '승상은 이제 지하객이 되시거니와 미거한 저를 데리고 어찌 성취하기를 바라오리까.' 승상이 다시 대답하지 못하고 목숨이 다하는지라. 부인이 실공과 함께 초상을 극진이 지내고 삼년이 차지 못하여 부인이 또한 세상을 버리시니, 실공은 천지가 아득한 중에 초상과 삼장을 지내고 전답과 주택을 다 팔아 큰 바다에 수륙재를 지내고 동서로 다니면서 걸식하더니 하루는 한 곳에 이르러 장자집에 밥을 빌더니 그 장자가 실공이 나이를 묻거늘 실공이 답왈 '저의 나이는 팔세입니다.' 그 장자가 실공의 인물을 보고 묻되 '너는 어디 있으며 성명은 무엇인뇨?' 실공이 답왈 '성은 약이요 이름은 실공이요 중상면 비우촌에 살았는데 칠세에 부모를 여의고 형세가 여지없어서 사방으로 돌아다니면서 얻어먹나이다.'

이때에 장자가 그 말을 듣고 불쌍히 여겨 이르되 '내 집에서 사환이나 하고 있으면 어떠한가.' 실공이 답왈 '이런 곳을 구하여도 얻지 못하옵거든 어찌 사양하오리까.' 장자의 집에 여러 해를 있더니 실공의 나이 십팔세라. 장자가 실공더러 이르대 '나의 금년 신수가 좋지 못하다 하기로 절에 불공가려 하니 짐을 지고 함께 가자' 하고 데리고 철모산 보덕사에 가서 제를 올리더니 제를 파한 후에 실공더러 집에 돌아가자 한즉 실공이 이르되 '제가 팔세에 장자집에 있어 십년이 지났사오니 이제 그 은혜를 무엇으로 갚으리요. 장자께서는 혐의하시지 마시고 혼자 돌아가시옵소서.' 장자가 말씀하되 '내가 너의 행하는 바를 보니 지혜가 광대하고 지견이 장하매 내 손녀로 써 너를 손녀서를 삼고저 하였더니 오늘날 이 절에서 떨어지고 아니가려 한즉 어찌하려고 그리 하느냐.' 실공이 사뢰되 '저는 이제 유가에 있어서 세상을 헛되이 보내면 후사를 어찌하라 하나이까. 저는 후사를 생각하고 이 절에 떨어지고저 하나니 장자께서는 괴이 여기지 마소서.'

때에 장자가 마지못하여 실공을 이별하고 가거늘 실공이 이 날부터 스님이 되어 부처님을 모시고 염불수도 하더니 지혜가 광대하며 공덕이 사해에 진동하더라.

때에 그 나라에 변란이 일어나 현화국이란 나라에서 군사 십만을 거느리고 와서 침범하거늘 그 나라 천자가 기세를 당하지 못하여 쫓겨서 수과산으로 도망하다가 철모산 보덕사에 도승이 있다는 말을 듣고 그 절을 찾아가서 그 승을 불러 이르되, '그대의 공부가 장하다 하니 내 말을 들으라. 지금 나라에 도적이 침범하여 위급하니 그대의 장한 공부도력으로 적군을 급히 방비하라.' 실공이 대답하되 '빈승은 아직 배운 것이 없나이다.' 천자가 이르시되 '그대의 소문을 듣고 왔은즉 그대의 용맹을 갖추어 행연하라.' 실공이 사뢰되 '비록 재주 없사오나 천자의 명령을 어기리잇가.' 행장을 차릴새 천자가 실공에게 묻되 '그대 나이가 얼마나 되었는고?' 실공이 답왈 '제 나이 이제 삼십이세로소이다.' 천자가 실공의 연소함을 찬탄하시고 부월을 주시며 성공하기를 부탁하더라.

때에 실공이 승명하고 오방천왕을 불러 행군할새 위엄이 엄숙하거늘 천자가 이 거동을 보시고 놀라 감히 말씀을 못하더라.

이때 실공이 장삼을 입고 구름을 타고 허공에 올라 적군을 불러 외치되 '너희들은 무사히 본국으로 돌아가라' 한데

적장이 대왈 '선사는 누구시관데 감히 우리를 능멸하느뇨.' 실공이 답왈 '나는 철모산 보덕사에 있는 실공이거니와 너희가 만약 지체하면 나의 한손가락으로 튕기면 너의 십만 대병이 일시에 간 곳이 없을 것이니 바삐 물러가라' 하더니 별안간에 천지가 진동하며 벽력같은 소리에 천지가 무너지는 듯하거늘 적군이 일시에 정신을 잃어 어찌할 바를 몰라 땅에 엎드려 말하길 '물러가겠사오니 살려주소서' 하고 일시에 물러가더라. 나라를 평정한 후에 실공으로 국사를 봉하였더니라.

이제 법화대회에 천자와 실공과 적군들이 다 이 회중에 와서 법화경을 듣는 이라. 실공은 도를 얻어 그때 회중에 가섭이 그요, 천자는 약왕보살이시요 적군들은 서방광목천왕 등이니라."

법화경 들은 공덕으로 영겁에 더러운 허물을 쓰지 아니하고 무량한 복덕을 얻을지며, 이제 천만억 중생이 이 법회에 이르러 법화경을 듣고 다 부처되리라. 가섭존자는 부모가 법화경 시주하고 육광보살이 되었고 보현보살은 법화경 삼자를 쓰고 천광왕정주불이 되었느니, 이 앞에 돌아오는 말세 중생이 다 이 법화경을 쓰는 자나 읽는 자나 설하는 자나 불공하는 자이면 사바세계에 난다 하여도 인간에서 제일 복을 얻으며 삼악도에 가지 아니한다 하셨느니라. 평생 동안 법화경을 숭상하는 사람은 후세에 불국으로 돌아갈지며, 모든 중생이 약초유품을 듣고 진실로 수행하면 마땅히 부처되리라.

불법에 인연이 없을진대 악업만 짓고 착한 일을 아니하면 지옥고 면하기 어려우리라. 이 법화경을 보고 부처님같이 존중하면 삼십삼천을 내 앞에 있는 것 같이 보며 청정한 복덕을 구할진댄 세상에 나서 불법을 버리고 어떠한 곳에 가서 복을 구하리요. 지옥이라 하는 곳은 사람의 죄 지은 대로 무한한 악형을 받는 곳이요, 극락이라 하는 곳은 사람이 공덕 지은 대로 복락을 누리는 곳이니라. 죄 많은 사람은 부디 참회하고 염불하여 극락으로 가기를 원할지니라. 다만 터럭만치라도 법화경을 숭상하면 무간지옥에 가지 아니하나니라. 법화경을 숭상하다가 설사 죄를 짓고 지옥에 갈지라도 염라대왕이 되느니라.

때에 십만억 국토에 불법이 흥왕하더니 여자가 승이 되고서부터 불법이 쇠하였느니라. 세상 사람아, 부디 이 말을 믿으라. 인과가 분명하니 인과를 모르면 악취를 면치 못하느니라. 사람이 지성으로 법화경을 독송하면 후세에 대범천왕이 되며, 부처님의 법당을 지으면 오백년이나 천복을 받다가 필경에는 부처님 제자가 되어 무상도를 얻을지며, 부처님께 불공하면 무량복을 소원대로 좇아 받되 비록 대해가 다할지라도 그 공덕은 없어지지 않느니라.

이때에 부처님이 다시 가섭에게 이르시되 "말세중생이 신심을 발하여 법화경을 숭상하면 극락중생이라도 죄업이 소멸하며, 설사 사람이 지극히 어리석어도 점점 착한 마음을 발하면 범부 고쳐 성인되며, 금세상에 공덕을 닦으면 내세에 무량한 복을 받고 사람이 되더라도 좋은 사람이 되나니, 부디 천지가 무너질 때에 이르지 마소서. 천지가 무너질 때에는 어떠한고 하면, 십 세로 목숨을 정하였거늘 육 세 되면 환갑이 되고 키는 한 자 다섯 치니라. 공덕 지은 사람은 극락으로 갈 것이요 죄 지은 중생이 그때에 이같은 고를 받으리니 부디 명심할지니라. 그 다음 말세에는 사람의 수명이 오 세요 키는 한 자 다섯 치요 양식은 한 홉을 먹는지라. 오작이 물어다 먹기도 하며 기름비가 구년을 내리거늘 해가 아홉이 돋아 세계를 다 태워버리느니 그런고로 불법을 믿어 도를 닦지 아니하면 저 지경을 당할

시기가 멀지 아니한즉 우리 인생이 요행으로 사람이 되어 불법을 만났거늘 주야로 염불하여 극락세계에 왕생하여 무상쾌락을 받기를 원할지니라.

이때에 파두마승 부처님이 계시니 말씀하시되 '내가 지옥 중생을 다 건져 불국으로 보내고 나도 또한 부처되어 일체 모든 중생을 제도하리라' 하시고 서원하시더니 그 후에 파두마승 부처님이 타방국토에 가서 법화경을 설하여 중생을 제도하였느니라.

그때에 내가 칠천제자를 거느리고 항하수 물가에 가니 넓이는 사천리요 길이는 팔천오백이니라. 그 물가에 남녀 수십만억이 앉아서 울거늘 그들더러 묻되 '너희들은 무슨 일로 이 무변광야에 와서 울고 있느냐?' 그들이 고하되 '저희는 부모에게 불효하고 불법을 비방한 죄로 이 물가에서 무수한 고를 받고 있나이다.'

부처님이 이르시되 '너희들은 귀의불 귀의법 귀의승하라' 하시고 그 물에 발을 씻으시고 돌아오시니 그 많은 죄인들이 그 물을 먹고 지옥에 벗어났으며 그 사람들이 귀의삼보한 공덕으로 다 사람이 되어 나으니 부처님의 공덕이 이 같음이라. 선남자 선여인들아, 너희도 법화경 듣기를 즐겨하여 지성으로 염불수도하여 부처되어라. 만일 이 법을 비방하는 사람은 축생에 떨어져 무량한 고초를 받으리라."

이때에 가섭이 다시 사뢰어 말씀하되 "저희들이 오늘날 부처님 설법하심을 듣고 지성으로 수지독송하나니 이는 우리가 평생 부처님의 설하신 법을 받아가지고 미래세 중생을 제도코저 하나이다. 우리가 지옥에 들기는 근심하지 아니하나 저 불쌍한 중생이 다 지옥에 들었사오니 그들을 위하여 법을 듣고저 하나이다. 부처님의 법을 본받아 지옥에 가서 저 불쌍한 죄인들을 건져 내고 제가 지옥에 들어가고저 하나이다." 말을 마치고 흐느껴 울거늘

이때에 부처님이 가섭의 이마를 만지시며 이르시되, "착하다 선남자야, 지옥중생을 저다지 위하여 건져내고저 하니 내가 너를 제도할 때에 이다지 거룩한 줄 몰랐더니라. 이제 네의 정성이 이같이 지극하니 후세에 큰 제자되리로다."

이때에 아난이 부처님께 물으시되 "이 법화경은 본래 어디서 왔사오며 또한 누가 읽으시던 법문이오며 누가 설하신 법문이오니까?"

부처님이 답하시되 "내가 너희를 위하여 말하리라. 이 법화경은 과거 비바시불이 읽으신 법문이며 사만팔천보살

이 도리천 옥황상제께 맡겼더니 제석보살이 법화경을 옥경에 가서 다섯 권은 내어오고 두 권은 옥경에 그저 있느니라."

아난이 탄식하며 다시 고하되 "제석보살이 전세에 이 경 가져오던 말씀을 알려주소서." 부처님이 또한 이르시되 "제석보살이 전세에 일체중생을 제도코자 하여 이만연등불 회상에서 그 부처님이 이르시되, 우리 모든 대중에 누가 능히 옥경에 가서 법화경을 가져올고 하실새 제석보살이 합장예배하고 부처님께 사뢰어 말씀하시되, 세존이시여 제가 가서 법화경을 가져오리이다" 하거늘

때에 이만연등불이 보살께 이르시되 "너의 신통으로 능히 옥경에 가서 경을 가져올까보냐" 하시니 제석보살이 답하시대 "소보살이 옥경에 가서 다녀올 만한 신통변화를 보소서" 하더니 문득 허공에 올라 소리쳐 용왕을 불러 가라사대 "너희들은 풍운을 허공에 가득히 하라" 하신대, 사해용왕이 보살의 위신지력으로 즉시 오색채운을 내어 허공에 베풀고 십만억 권속을 장엄하고 친히 허공에 나와 제석보살을 호위하더라.

때에 보살이 구름을 멍에하여 옥경에 이르러 법화경을 구하여 오셨으니 이 보살이 법화경 가지려 가시는 거동은

이와 같으니라.

이때에 제석보살이 행장을 차리고 부처님께 하직하고 오색구름을 타고 야마천에 올라 보광전을 지나다가 삼합당에 투숙하고 보개원을 지낼제, 일궁천자가 급히 오거늘 제석보살이 아시건만 짐짓 일궁천자가 데리고 오는 신하더러 묻되 "이제 지내가시는 이가 누구시냐?" 그 신하가 고하되 "일궁천자가 동해 용궁에 가시는 행차로소이다." 제석보살이 다시 묻되 "무슨 일로 동해 용궁에 이같이 분주히 가시나뇨?" 신하 대왈 "우리 일궁천자는 그 몸의 광명을 사주세계의 사람이 다 보는 고로 바삐 감이니다."

제석보살이 일궁천자를 보내고 보문전에 올라보니 일궁천자가 다 지내갔거늘 외중원에서 자고 미등문 밖에 나아가니 그 하늘 이름은 광음천이라. 사바세계로는 일곱째 하늘이니라. 그 하늘에는 해도 셋이요 달도 셋이니 광명이 한량이 없는지라. 제석이 홀연히 생각하니 "이 위에 도리천궁에는 도리천왕이 있다 하니 거기 가서 자고 가리라" 하고 도리천왕을 찾아갈새 보윤문 밖에 다다른지라. 수문장이 묻되 "어떠한 보살이관대 이곳에 이르나이까."

제석이 말씀하되 "나는 제석보살일러니 도리천왕을 뵈러

왔노라." 수문장이 고하되 "도리천왕은 천륜왕과 동행하사 사바세계 기사굴산 중에 계신 석가모니부처님께 법화경을 들으러 가셨나이다."

제석이 묻기를 "기사굴산 중에 어찌 법화경이 있으리요? 내가 이제 옥경으로 법화경을 가지러 가노라." 수문장이 대왕이 헛되이 행차한 줄 알고 크게 근심하더라.

제석이 그곳에서 떠나 육통원을 지나가 원직강을 건너 상황 땅에 다다라서 약초왕을 만나 물으시되 "약초왕은 어디서 이곳에 이르시었나요?" 약초왕이 제석을 보고 사뢰어 말하대 "보살은 어디로 가시나이까?"

제석이 말씀하되 "나는 이만연등부처님의 설법을 들으러 갔다가 옥경에 법화경을 가지러 가는 길이니다."

약초왕이 말씀하되 "보살의 신통변화는 요지일월이 당하지 못할 줄은 알겠거니와 옥경에 있는 경을 무슨 재주로 가져오리요."

제석이 말씀하되 "세상에 쉬운 일이 어디 있으랴마는, 부처님의 도를 본받아 옥경에 들어가 경을 내어오려고 가나니다."

"약초왕은 어디 갔다가 오시나니까?" 약초왕이 대답하여 말하대 "저는 옥황상제의 신하이므로 상제께 문신하고 오나이다." 제석이 또한 묻되 "예서 옥경이 얼마나 되나이까?" 약초왕이 대답하여 말하대 "이곳에서 팔만사천이로소이다." 제석이 또 묻되 "이제 몇날이면 옥경에 가오리까?" 약초왕이 대답하여 말하대 "소왕은 불신력이 적은고로 오일만에 왔거니와 보살은 삼일이면 당도하리다."

이때에 제석이 약초왕을 작별하고 평등성에서 밤을 지내고 여의바다를 당도한즉 배가 없거늘 용왕을 불러 급히 배를 대령하라 하여 즉시 배를 타고 건너가서 용왕더러 이르시되 "십일이 되면 이 강을 다시 건너리니 배를 대령하였다가 건너게 하라" 하거늘 용왕이 배사하고 물러가더라.

이때에 제석이 차명재를 넘어 옥경성을 바라보니 성 주위를 황금으로 둘렀거늘 그 가운데 사는 사람 수를 헤아리지 못하니라. 성문에 당도하니 문 이름은 장의문이라. 수문장이 있으되 좌편에는 보덕성군이요 우편에는 영덕성군이니 제석이 고하되 "나는 도리천궁에 있더니 옥경성을 구경코저 왔노라." 보덕성군이 이르되 "이 문은 아무나 임의로 들어가지 못하거늘 하물며 타국사람을 표적 없이는 들이지 않나이다" 하거늘 제석이 가로되 "나는 들어가도 별로 허물없는 사람이로다." 보덕성군이 소리를 벽력같이 지르며 호령하여 "그대는 도리천 어떤 사람으로 이곳에 와 이다지 방자한가?"

제석이 망연하여 문 밖에서 밤을 지내니라. 수문장이 들어가 대성천자께 고하되 '오늘 도리천에 있는 사람이 문 밖에 와서 성중을 구경하겠다 하기로 들어오지 못하게 하였나이다.'

대성천자가 그 말을 듣고 이르되 "너는 물러서라. 장차 알 일이 있으리라" 하고 조회에 법증대에 올라 동방제성을 살펴보니 사해에 광명이 흘렀거늘 궁중에 들어가 태사관을 불러 이르되 "동방제성이 흘렀으니 그 일을 해석하여라." 태사관이 이윽히 생각하다가 이르되 "동방제성은 우리나라 보배를 탐하려 하니 우리나라의 아무 보배라도 극진이 살피고 문 밖에 온 사람을 문 안에 들이지 마옵소서." 천자가 이르되 "우리나라에 보배가 사만팔천이로되 법화경 일곱 권이 제일보배이니 명일조회에 옥황께 이 사연을 고하리라" 하더니, 천자가 옥황께 들어가 여쭈오되 "어제 보덕성군이 문을 지키다가 어떠한 사람이 성중을 구경코자 하거늘 의심하여 문에 들이지 아니하고 그 사연을 소왕께 고하기로,

소왕이 태사관으로 하여금 살피온즉 동방제성이 흘렀거늘 태사관이 해석하되 동방제성은 우리나라 보배를 맡은지라 광명이 흘렀으니 국보를 잘 간수하라 하기로 상제께 주달하나이다."

상제 하교하시되 "우리나라에 일곱 가지 보배 있으니 제일 보배 이름이 묘법연화경이라. 우리나라의 고적이니 착실히 지키라" 하시고 월덕천자를 불러 분부할제 "묘법연화경을 착실히 지키고 날랜 장졸 십만 명으로 매일 상직하라" 하시니 월덕천자 즉시 나와 장졸 십만으로 상직하고 문 밖에 온 손님을 들이지 아니하더라. 월덕천자 법화경을 서랍에 넣어두고 매일 사시의 공양을 올리는지라.

제석보살이 문 밖에 있어서 법화경 있는 곳을 몰라 답답히 여기더니, 하루는 만조백관이 상의문 안에서 과거를 볼새, 등관대성천자 시관과 더불어 엄장루에 높이 앉아 글제를 내어걸매 전국 선비들이 글을 지어 올리더라.

이때에 제석이 성상에 올라 그 글제를 본즉, 밤 야夜 빌 공空 이 두 자를 써서 내걸었거늘 글제 뜻이 무엇이냐 하면 "고요한 밤 찬물에 고기가 먹지 아니하니 빈 배에 가득히 싣고 밝은 달빛에 돌아가도다." 이와 같은 글을 써서 바람에 날려 성중으로 보내니라.

이때에 시관이 그 글을 보고 이는 반드시 성문 밖에 구경하러 왔다는 사람의 소위이니 심상치 않다 하고 의심하며 상제께 주달하니라.

이때에 상제 이 말을 듣고 크게 놀라 즉시 그 사람을 불러들이라 하신대, 대성천자가 친히 나가 제석보살을 인도하여 상제 앞에 들어가 국궁배례하고 물러서니라.

이때에 상제 제석보살께 물으시대 "보살은 어찌한 연고로 누지에 왕림하셨습니까?" 보살이 답하여 사뢰되 "제가 사바세계 기사굴산 영산회상에서 서가모니 부처님이 설법하시기로 법문을 들으러 갔더니 여래께서 저로 하여금 상제께 법화경을 빌려 오라 하옵기에 이 같이 왔사오니 아끼지 말고 주소서" 하시니라.

때에 상제 말씀하시되 "법화경은 천상천하에 짝이 없는 진보이나 이제 부처님께 드리리라" 하시며 제석을 주고, 상제 또한 제석보살과 같이 부처님 앞에 나아가 한량없는 법문을 듣고 다 성불하여 무량한 중생을 다 제도하니라.

그때에 세존께서 설법하시기를 마치시고 대중께 고하시대 "나의 제자 마하가섭이 미래에 마땅히 삼백만억 부처님을 공양 공경 찬탄하시고 한량없는 법문을 널리 설하고 최후에 성불하여 이름은 광명여래 응공 정변지 명행족 선서 세간해 무상사 조어장부 천인사 불세존이라 하고 나라 이름은 광덕이요 겁명은 대장엄이라. 부처님 수량은 십이소겁이오 정법주세는 이십소겁이오 상법주세도 이십소겁이니, 나라지경을 찬란히 꾸몄거늘 모든 예악과 와력과 형극과 대소변 등 모든 부정함이 없고, 그 지형이 평평하여 높고 낮음이 없어 유리를 깔았고 보배수목이 나란히 서있고 황금 사슬로 길가에 정계하고, 모든 보배꽃을 흩어서 사방이 청정케 하고, 그 나라에 보살과 한량없는 성문중이 있으며 마군의 작란이 없으며 혹 마군이 있어도 도리어 불법을 보호하리라."

그때에 대목건련과 수보리와 마하가전련 등이 다 두려워하여 일심으로 합장하고 존안을 첨앙하되 눈을 잠시도 놓치지 아니하고 같은 소리로 찬송하여 "우리들도 수기하기를 원하나이다" 하더니, 그때에 세존께서 모든 대 제자들이 희망하는 바를 아시고 모든 제자더러 말씀하시되 "이 수보리가 당래세에 삼백만억 나유타 부처님께 공양 공경하고 존중 찬탄하여 항상 범행을 닦아 보살도가 구족하고 최후신이 성불하여 호를 명상여래 응공 정변지 명행족 선서 세간해 무상사 조어장부 천인사 불세존이라 하시고, 겁명은 유묘요 나라 이름은 보생이라. 그 국토가 평정하여 파리로 땅이 되었고 보래나무로 장엄하고 모든 언덕과 구렁과 모래와 자갈과 형극과 대소변 등 더러움이 없고, 보배꽃이 땅을 덮어 사면이 청정하고 인민이 다 보배대와 보배누각에 거처하고 성문제자와 보살의 무리가 한량이 없고 부처님의 수명은 십이소겁이요 정법주세는 이십소겁이요 그 부처님은 항상 허공에서 설법하여 한량없는 보살과 성문중을 도탈시키리라."

그때에 세존께서 다시 모든 비구중에게 고하시대 "내가 이제 말하리라. 이 대가전연이 당래세에 모든 공구로 팔천억 부처님을 공양하다가 모든 부처님이 멸도하신 후에 각각 탑을 조성하되 높이는 일천유순이요 사방 넓이는 각 오백유순이라. 금은 유리 자거 마노 진주 매괴로 조성하였는데 갖가지 색의 꽃과 영락이며 도향 말향 소향과 정개당번으로 그 탑묘에 공양한 후에 또한 이만억 부처님께 이와 같이 공양하여 보살의 도가 구족하면 마땅히 성불하여 이름을 염부나제 금광여래 응공 정변지 명행족 선서 세간해 무상사 조어장부 천인사 불세존이라 할 것이요, 그 국토가 평정하여 파리로 땅이 되었고 보배나무로 장엄하고 황금사슬로 도로의 경계를 나누고 좋은 꽃이 땅을 엎어 사면이 청정하여 보는 자가 다 환희하고 지옥 아귀 축생 아수라의 사악도 무리가 없고, 천인과 모든 성문중과 무량 천만억 보살이 그 나라를 장엄하고 부처님의 수량은 십이소겁이요 정법주세는 이십소겁이요 상법주세도 이십소겁이니라."

그때 세존께서 다시 대중에게 고하시되 "내가 이제 그대들에게 말하리라. 이 대목건련이 마땅히 여러 가지 공구로 팔천제불을 공양하여 공경 존중하고 제불 멸도하신 후에 각각 탑묘를 일으키되 높이는 일천유순이오 사면넓이는 각각 오백유순이라. 금은 유리 자거 나노 진주 매괴 등 칠보로 조성하였으며 갖가지 색의 꽃과 영락과 도향 말향 소향과 정개당번으로 공양한 후에 또한 이만억 부처님을 이 같이 공양하면 마땅히 성불하여 이름을 다마라발 전단향 여래 응공 정변지 명행족 선서 세간해 무상사 조어장부 천인사 불세존이라 할지니, 겁명은 희만이오 국명은 의락이오 그 국토가 평정하고 청정하여 모든 보배로 이루어졌으며 천인과 보살과 성문이 많아 그 수가 한량이 없으며 부처님

수량은 이십소겁이니라."

이때 부처님이 이르시되 "일체 모든 중생과 더불어 법화경을 베풀어 설함을 듣고 통탈하는 자는 비록 말세에 날지라도 불보살의 후신이라. 범부를 벗어버리고 부처 위에 올라 청정한 몸을 얻을진대 세상에 무슨 어려운 일이 있으리요. 세상에 사람이 되어 여인이 아니되고 남자될 것이니 또한 이러하기 어려우며 남자 되더라도 병신되지 아니함이 또한 법화경 들은 공덕이며, 지옥을 벗어 나올 때에도 불보살의 은덕으로 나왔으니 어찌 마음 닦아 큰 법문을 얻어 듣고 대자대비를 득하여 삼천대천세계 가지가지 인연으로 시방세계에 모든 부처님께 수기 받아 부처될 것이니 내 머리 위에는 청정대광명이 있고 이 몸에는 팔만대장경을 가졌으니 그 공덕을 가히 칭량할 수 없나니라."

부처님이 이르시되 "내가 오늘날 묘한 광명과 너른 지혜를 가졌으니 삼천대천세계 일을 내 손 가운데 구슬 보는 것 같으니 만일 이 법을 듣고 믿지 아니하는 자는 어떤 세상에 공을 닦아 불국에 가리요.

옛적에 한 부처님이 있으니 이름이 원만보신 노사나불이라. 팔만 사천 국토에 백만억 중생을 위하여 법화경을 설하였더니 그 나라 사람이 다 불보살이 되었으며, 노사나불이 육도 중생을 위하여 법화경을 설하시더니 그 법 설함을 듣고 그 사람이 다 명나라에 나서 일만부처 되었으니 그 부처님이다. 노사나불의 법을 들은 공덕으로 이 같이 되었나니라. 이때에 북방으로 한 광명이 비치더니 관세음보살이 오시거늘 그 광명을 보시고 석가모니 부처님께 물어 이르시되 '또한 북방에서 비치는 광명이 어떠한 광명이닛고?' 부처님이 가라사대 '북방 대렴견존불께서 평생에 법화경을 숭상하더니 오늘날 법화경 들으러 오시는 고로 광명이 있나니라' 하시고 또 다시 이르시되 '대렴견불은 북방에 제일 주세부처님이니라. 근본은 서역국 사람이요 부처님은 구시라국에서 득도 성불하시나니라.'"

이때에 관세음보살이 묻사오되 "부처님의 수명이 얼마이시며 제자는 어떠한 사람이오니까?" 부처님이 이르시되 "그 부처님 수명은 일백팔십이시고 청양산 일만보살로 장엄하였나니 제자 사만이 시위하고 청정대광명을 가졌나니, 회중에 비구 비구니 우바새 우바니 등은 삼만팔천이요 타시는 연은 순금이니 장엄은 자개 적주 마노 호박 생금 유리로 꾸몄으며, 출입하실제 시위하는 이는 일궁천자 월궁천자와 비사문 천왕과 대위덕 천자와 이사천 천자니라." 말을 마치심에 허공에 오색구름이 자욱하고 순금연을 칠보로 꾸미고 앵무 공작과 청학백학이 쌍쌍이 노닐며 대렴견불은 흑공단의 팔대장삼과 인물가사를 입고 연위에 앉으사 합장하고 제자에게 이르시되 "석가모니 부처님은 어떠한 곳에 앉아 법화경을 설하시는가?" 일궁천자 고하되 "석가모니 부처님은 사바세계 기사굴 산에서 법화경을 설하시나니 누가 선문을 가려 하나닛고?" "월궁천자로 보내라" 하시니 월궁천자 자개로 꾸민 용관을 쓰고 상사단 용포를 입고 용각호를 들고 붉은 공작을 타고 허공에 올라 청하여 대중 가운데 들어와 부처님께 고하되 "소왕은 월궁천자이온대 우리나라 대렴견존불이 부처님께 법화경 설하심을 들으려고 선문을 고하노이다. 부처님이 이곳에 앉아 법을 설하시대 우리가 별로 선물을 드리는 것이 없사오나 우리 대렴견불께서 예단 가져온 것이 비단 일만 오천동이오며 청사 홍황 오색 사만여동과 순금 일만근과 전단향 오백근을 가지고 왔사오니 이것으로 부처님께 예단을 드리나이다" 하고 드리니

　부처님이 받으신 후에 월궁천자가 진여문 밖에 나오니 청량산 일만보살이 청학백학을 타고 들어오는 형상을 보니

바람에 구름 모이듯 하고 대렴견존불은 완연히 총여문 안에 들어와

　부처님께 고왈 "나는 타방에 있는 대렴견존불일러니 법을 들으러 왔으니 권속이 사만이니다."

　부처님이 대렴견존불을 보시고 칭찬왈 "대렴견존불은 십만억 국토에서 법을 들으러 오시니 그 정성은 가히 칭량하지 못하리로다."

　대렴존견불이 부처님께 고하시되 "나는 전에 들은 바가 있사오니 사바세계 십만억국토에 순금탑을 빈틈없이 세운 공덕이라도 법화경 한 번 들은 공덕만 같지 못하 하옵기에 천만억 국토를 지척같이 왔나이다." 대렴견존불이 다시 고하되 "멸도원을 지나올 적에 도리천왕을 만나 어디로 가는지 묻사온즉, 가로대 기사굴 산중에 설법 들으러 간다 하거늘 함께 가자 한즉, 대답하여 말하되 소왕은 불신력이 적사오니 어찌 부처님을 따라 가리요. 부처님이 먼저 가시면 소왕은 뒤를 따라 가오리다 하더니 아직 오시지 않으시닛가." 말을 마치지 아니하여 남방으로부터 풍악소리와 기이한 향내 진동하더니 도리천왕이 황금오봉관을 쓰고 갖은 풍악을 잡히고 들어오다가 근표문 밖에서 가마를 내려 진악

문 앞에 이르러 엎드려 고하되 "부처님은 능히 도리천왕을 보시나이까. 소왕은 부처님 법체 무강하심을 문사옵고 복지하나이다."

부처님이 이르시되 "도리천왕은 삼십삼천 중에서 스물아홉째 가는 왕으로 어찌 과도히 겸손하느뇨. 천왕은 속히 들어와 천만대중을 보라" 하신대 천왕이 들어와 부처님께 정례하고 모든 대중을 차례로 뵈인 후에 좌정하더라.

때에 부처님이 이르시되 "도리천왕이여, 오늘 정성이 지극하니 마땅히 법을 듣고 부처되게 하리라. 도리천왕은 제자를 얼마나 데리고 왔느뇨?" 천왕이 대답하되 "소왕은 폐단되기로 제자 십육만만 데리고 왔사오니 부처님께서는 본심품을 밝게 설하소서."

부처님이 이르시되 "너희는 종종 인연으로 백천중생을 제도하리라. 금일 도량 동업대중아, 오늘 내 법을 자세히 들으라" 하신대 대렴견존불이 다시 합장하고 부처님께 문사오되 "부처님은 십만억 제자와 더불어 천지조화 지리를 의논하시니 그 공덕은 가히 측량하지 못하리로소이다." 회중에 한 천왕이 있으되 이름이 전륜성왕이라. 합장 예배하고 부처님께 고하되 "소왕은 전세의 대통지승불을 공경하고 전륜성왕이 되었사오니 대통지승 부처님은 과거세에 어떤 나라 사람이며 항상 무슨 공덕을 닦아 부처 되었나이까."

부처님이 이르시되 "대통지승 부처님은 전세에 대만국 사람이라. 성명은 최언무요 나이는 이십오세에 영주자사를 갔다가, 한 사람이 나무하러 산에 갔다가 옛 절터에서 책 한 권을 얻어왔거늘 자사가 보니 그 책에 이르되 화엄경 행원품이라 하였느니라. 자사 그 행원품을 지성으로 독송하더니 죽어 후세에 정승의 딸이 되어 평생 불법 만나기를 원하더니 하루는 한 걸승이 왔거늘 '그대는 불법을 가졌나이까? 내가 평생 불법 듣기를 원하나니 화상은 법이 있거든 잠깐 나를 위하여 설해 주시라' 하니 곧 법화경을 읽어주고 걸승이 이르되, '여자가 불법을 듣고자 하니 후세에 반드시 부처되리라' 하였느니라. 여자가 비단 의복과 보화를 많이 주어 보내고 자기 처소에 돌아와 법화경을 주야로 외우더니 하루는 그 아버지가 들어와 묻되 '너는 무슨 공부를 하기로 너의 하는 일을 폐지하느냐?' 여자 대답하여 말하되 '소녀는 평생 법화경을 외워 후세에 길을 닦아 부모로 하여금 천당으로 인도하기를 원하나이다.' 부친이 이르되 '우리 임금이 취처 하지 아니하였더니 너로 하여금 간택을 청하시니 오늘부터 경 읽기를 폐지하고 너의 몸을 단장하라' 하니 여자가 사뢰대 '아버님은 명망이 높으사 벼슬이 일품에 올랐으니 대왕이 저와 혼인을 청하였으나 소녀는 평생 소원이 부부를 갖추지 아니하고 독신으로 공부하여 후세에 부모가 악취에 떨어지지 아니 하도록 하겠나이다.'

부친이 또 이르되 '내가 이미 허락하였거늘 이제 어찌 물리치리요. 너는 세상에서 부질없이 고집 말고 부모의 말을 순종하라.' 여자 다시 고왈 '아버님은 소녀를 두었다가 세상에서 한 번 즐거움을 보시고자 하시오나 소녀는 뜻을 이미 결정하였사오니 처음 뜻을 다시 고치지 못하리로소이다.'

부친이 여자를 크게 꾸짖고 부인을 대하여 그 사연을 이르고 주야 근심하더니 하루는 궁녀가 택일을 가지고 왔거늘, 택일을 받고 궁녀를 돌려보낸 후에 여아 침실에 들어가 택일한 것을 뵈이니 여자가 받아보니 금월 십삼일이라. 여자 크게 놀라 가로되 '전일에 이미 고하였거니와 죽어도 이 일은 시행치 못하겠나이다' 하거늘, 부친이 택일한 것을 가지고 궁중에 들어가 왕께 연유를 고하되 왕이 크게 진노하여 가로되 '서인이라도 이 같이 무례히 못하거늘 군신간에 이런 도리가 어디 있으리요.' 좌우를 호령하여 승상을 하옥하라 하고 전교하되 그 여자도 같이 옥에 가두라 하고 다른 데 간택한 후에 나졸로 하여금 그 여자의 동정을 탐지하라 하신대, 나졸이 그 여자의 동정을 탐지하더니 전에 듣지 못하던 글을 읽거늘 괴이 여겨 대왕께 사연을 자세히 고한 대, 왕이 그 말을 듣고 어둡기를 기다려 인적이 없는 후에 친히 가서 가만히 들으니 그 외우는 글을 알지 못하더라. 돌아와 그 밤을 지내고 전교하여 그 여자를 불러들여 그 외우는 글을 물으시며 '읽는 연고를 아뢰라' 하신대, 대답하여 말하되 '소녀가 어릴 적에 걸승이 왔거늘 무슨 공덕을 닦아 부처가 되나요 한즉 법화경을 주야독송하면 부처되리라 하기로 그 글을 주야로 읽나이다.' 왕이 노하여 이르시되 '불법을 공경하면 자손을 나라에 바친다 하거늘 너는 불도를 숭상하나 나라에는 마음이 없으니 너 같은 여자는 자리에 두어 무익하다' 하고 사금대에 가서 목을 베라 하시니, 이때에 여자 통곡하여 왈 '내가 세상에 나서 부모로 하여금 지옥을 벗어나게 하였더니 생전에 나로 하여금 부모가 옥중에 갇히시고 내가 또한 사지에 나아가니 어찌 망극하지 아니하리요' 하고 사금대에 나아가 목을 매어 깃대에 달고 칼로써 목을 베일세, 칼이 들지 아니하고 도리어 세 동강으로 부러지더라.

이때에 허공에 구름이 자욱한 가운데 삼세불이 소리를 크게 하여 왈 '그 사람은 비록 여자나 전세에 불보살 후신이어늘 네가 어찌 목을 베려고 하느뇨.' 신장이 공중으로부터 내려와 그 여자를 옥련에 태워 성중으로 들어가서 명왕을 불러 이르되 '너는 네 나라의 성인을 몰라보고 목을 베려 하니 네 죄를 가히 용서치 못하리라. 나는 천상에 있는 동진보살이러니 부처님에 교칙을 받아가지고 왔노라' 하고 그 나라왕과 인민을 효유하여 다 불법을 믿게 하고 옥중에 승상과 그 여자를 데리고 천상에 올라가 여자는 대통지승불이 되고 승상은 도리천왕이 되었느니라."

그때에 동방 만억국토 중에 대범천이라 하는 하늘이 있으니 그 가운데 한 궁전이 있으되 이름이 광명궁이라. 불도에 인연있는 사람은 그 궁전을 구경하고 부처되리니, 마음을 청정하게 닦으며 부모에게 효도하고 부처님 제자 되거든 부처님을 공경하고 한량없는 공덕을 닦아 혹 왕도 되며 신하도 되며 장자도 되며 모든 천왕이 되어 대통지승불을 공경하며 부처도 되며 천왕과 용왕과 건달바 긴나라 마후라 가 인비인 등 육십제왕이 되고 부처를 칭하는 전륜성왕도 되고 이같은 착한 도를 닦아 불국으로 돌아가게 하라. "이 법화경을 진실로 읽으면 나와 같이 부처되리라" 하시고, 또한 다시 이르시되 "말세중생이 어진 도를 닦으면 부처 아니될 사람이 없으리라. 내 몸에 광명이 서방십만억 국토 에 비치었으니 남방 무우세계 무간지옥 죄인을 다 제도하여 극락세계로 보내리라."

이때에 한 왕이 있으되 이름이 범천왕이라. 부처님께 고하 되 "십만억 국토에 주세불이 어떠한 법을 설하오며 소왕이 부처님께 공양을 드리고저 하오니 공양을 드리면 어떠한 이익이 있나이까?"

부처님이 이르시되 "범천왕이여, 이제 사바세계 주세불이 법화경을 설하시니 그 법문을 일심으로 받아듣고 공양예배 하면 무간지옥고를 면하고 내세에 불과를 증득하리라." 부처님이 다시 범천왕을 보시고 이르시되 "팔만사천 모든 나라 가운데 선남자 선여인이 있으니 부처님께 공양하는 공덕으로 어진 사람은 다 극락세계로 가고 악한 사람은 무간지옥으로 가느니라."

부처님이 다시 이르시되 "십만 대중이 다 고개를 숙이고 내 법을 들으라" 하시거늘 모든 대중이 불전에 엎드려 부처님의 법을 듣더라.

이때에 명왕이 부처님께 묻사오되 "제가 전세에 일을 알고저 하오니 설해 주소서."

부처님이 이르시되 "네 마음 가운데 맑은 정기 있건만은 너는 닦지 못한 연고로 이때까지 귀명왕이 되어 있고 나는 닦은 연고로 부처 되었나니 네가 착한 마음을 내어 네 몸을 제도하라" 하시고 또한 다시 이르시되 "부지런히 공부하면 복이 많고 인물이 광대하나니 그런고로 이제 내 몸에서 청정대광명이 시방세계에 비치었으니 천만겁이라도 내 법은 쇠멸하지 않느니라."

옛적에 양족존이라 하는 부처님이 계시되 평생에 자비심이 증승하여 중생을 건지려 하더니, 남의 돈을 얻어 밥을 지어서 돌아다니는 승들을 먹이고 의복을 벗어 남을 주어 보시한지라. 이러한 공덕으로 이제 양족손이 되어 저 대중에 왔으니 어질고 어진 남자로다. 양족존도 당초에 대통지승불을 공경하고 양족존이 되었으니

반야경에 이르시되 "항상 양족존의 이름을 외우면 지옥에

는 아니 가리라" 하였으며, 또한 "범천왕이 있으되 동남방 만억국토에 즐거운 보배 있어 장엄하였으니 이 법을 헛되이 알지 말고 모든 제자들은 인과를 믿을지니라. 오늘 설법 후에 들은 대로 수행하였다가 이 세상을 이별하면 나를 다시 볼 것이요, 만일 그렇지 않으면 다시 보지 못하리라. 금일도량 동업 대중은 내가 세상에 있을 때에 부지런히 법을 들으라. 이때에 듣지 못하면 어떻게 세상에 다시 모여 이 법을 들으리요."

이때에 범천왕이 부처님께 고하되 "무량중생으로 더불어 법화경을 설하소서." 부처님이 다시 이르시되 "나의 백만억 제자로 삼천대천세계에 법을 설하리라. 삼천대천세계의 백억 일월과 백억 수미산이 있으니 또한 그 가운데 십만억국 이 있으며 동방에 한 나라가 있으니 이름이 무광국이라. 그 나라에 나는 사람은 불법에 몸을 허하였다가 도로 물러난 사람들이니 어찌 사람이 세상에 나서 몸을 한번 부처님께 제자되었거늘 다시 물러가리요."

범천왕이 다시 부처님께 고하시되 "나라 이름은 일월광명 이라 하고 사람이 다시 각각 제 몸에 광명으로 다니며 수명은 일백팔십이라 하오니 무슨 공덕으로 그러하오이까?" 부처님이 이르시되 "그 나라 사람은 전세에 육광부처님을 공경한 연고이니라. 금일 도량 동업 대중 등은 수미산 같은 죄를 면하고 화장세계에 나아가 나의 법을 본받아 육취중생을 제도하리라."

옛적에 한 부처님이 있으되 이름이 광달지견이라. 일평생에 관세음보살 이름을 외우더니 후세에 남순동자 되었나니라.

부처님이 다시 이르시되 "왕사성에 한 사람이 있으되 성명이 최신언이라. 평생에 가사시주를 하였더니 후세에 정승의 아들이 되어 이름이 반야라. 이십칠세에 등정태주가 되어 부임하니 그 고을에 만복사라 하는 절이 있으니 태수가 그 절에 구경코자 하여 모든 관인을 거느리고 만복사에 가더니 승이 다만 둘이라. 법당에 올라가 보니 한 부처님이 앉아 계시거늘 승에게 묻되 '저 부처님은 무슨 부처님이요?' 승이 답왈 '그 부처님은 대통지승 부처님이라 하나니이다.' 태수가 그 부처님께 공양하겠으니 공양꺼리를 갖추라 하고 자세히 살펴보니 그 부처님이 그 큰 법당에 혼자 앉아 계심을 보고 참담하고 슬픈지라. 태수가 부처님께 예배한 후에 관인을 불러서 분부하여 왈 '이제 관가에 가서 백미 열섬과 백지 열권과 필묵과 향촉을 갖추어 가져오라.' 관인이 즉시 관가에 가서 내당에 들어가 부인께 그 연유를 고하되 부인이 다 갖추어 주거늘 관인이 다 받아가지고 와서 태수께 드리되 태수가 그 절의 승을 불러 이르되 '내가 오늘 이 절에 저 대통지승 부처님이 큰 법당에 혼자 앉아 계신 모양이 참담하기로 공양을 드리고저 하니 목욕재계하고 삭발하고 공양을 정성껏 드리라' 하거늘 승이 즉시 도량을 청정히 소제하고 머리 깎고 목욕하고 그 백미를 정하게 가려 밥을 지어 불공하더라.

태수가 친히 분향하고 예배하여 공양 올리기를 마치고, 후에 승에게 상을 주고 관중에 돌아와 날마다 그 부처님을 잊지 아니하고 해마다 그 절의 승을 불러 백미 십두와 향촉을 갖추어주어 불공 올리기를 힘쓰더라.

그렇게 하기를 여러 해 되어 태수가 바뀌어 경성으로 올라올 때 중도에서 쉬는데 홀연 꿈에 늙은 승이 배장삼을 입고 육환장을 집고 태수를 보아 가로되 '이제 올라가 병이 들어 죽을 것이니 성중에 들어가지 말고 다른 곳으로 가면 죽기를 면하리라' 하고 환약 한 개를 주거늘 태수가 받아먹으니 그 승은 간 데 없는지라. 놀라 꿈을 깨어 성중으로 돌아와 부모님을 뵈옵고 하여 왈 '오다가 중도에서 꿈을 꾸었는데 한 노승이 와서 이르되, 너는 성중에 들어가지 말고 다른 데로 가라. 만약 성중에 들어가면 병이 들어 죽으리라 하더니다.' 부모 말씀하되 '그러면 다른 곳에 가서 피하라. 그 노승은 곧 부처님이시라 허언을 아니하시리니 그 말과 같이 하라' 하거늘

태수가 부모님을 하직하고 몸을 피하되 비명을 면하고 벼슬이 대신에 오르니 이름이 사방에 빛나고 위덕이 천하에 떨치더니 삼십삼세에 부모양친을 이별하고 년을 지내고 그 후에 마음이 홀연 슬픈지라. 스스로 승이 되어 산에 들어가 염불하고 법화경 읽기를 지성으로 하다가 후세에 묘장엄왕 보살이 되었으니 전세에 법을 숭상한 공덕으로 이같이 되었느니라."

부처님이 다시 이르시되 "내가 천만억 중생으로 더불어 무전법문을 설하여 통달케 하리니 이제 모든 대중은 내 법을 본받아 후세에 미륵불 회상에 대법을 통달하라.

옛적에 한 왕이 있으되 팔왕자를 두었더라. 한 때에 여덟 왕자를 불러 차례로 앉히고 물으시되, '너희는 세상에 나서 각각 소원이 있을 것이니 너희들은 무엇을 원하느냐?'

왕자가 대답하되 '소자는 평생 소원이 별로 없으나 재물을 많이 가지고 넓은 세상을 두루 다니며 구경코자 하나이다' 하거니와, 그 밑의 왕자들에게도 각각 소원을 물었지만 다 같거늘

이제 왕이 금은보화를 많이 주어 가로되 '이 보배를 가지고 너희들 뜻대로 구경하고 돌아오라' 하였더니

이때에 팔왕자가 일시에 원줄산 추억사에 들어가 승이 되어 공부를 힘써 팔대보살이 되니, 일자는 관세음보살이요 이자는 대세지보살이요 삼자는 문수보살이요 사자는 보현보살이요 오자는 지상보살이요 육자는 미륵보살이요 칠자는 살타파륜보살이요 팔자는 청정대해중보살이니, 팔대보살이 이 회중에 와서 법화경을 강론하니 그들은 전세에 불법인연이 많도다" 하시고

또한 다시 이르시되 "내가 팔만제자로 더불어 법화경을 설하리라" 하시더니 회중에 한 보살이 있으되 이름이 법장보살이니 부처님께 고하시되 "부처님은 삼천대천세계 일을 다 아시니 저의 전세 일을 설해 주소서."

부처님이 이르시되 "법장보살이여, 그대는 전세의 삼십소겁 중에 십세 전에 부모가 다 죽고 의지할 이 없는 사람이

되어 우충땅에 가서 동서로 다니면서 걸식하더니 하루는 담발교라 하는 층계에 앉아 연꽃을 구경하다가 홀연 전세 일을 깨닫고 아동산에 올라가 모든 부처님께 공양하고 파륜 보살이 되었으니 천만억중생이라도 다 이같은 공덕을 닦으면 부처되기 어렵지 아니하리라."

부처님이 다시 이르시되 "자비는 부처될 종자요 보시는 공덕의 근본이요 법은 생사의 뛰어넘을 근본이니, 마음을 항상 행주좌와에 찾기를 어두운 데 등불같이 하여 무상도를 얻으면 곧 부처니라."

부처님이 다시 말씀하시되 "서남방 차유세계에 부처님이 계시되 이름이 무량수불이라. 그 부처님의 지혜는 삼십삼천을 통달하야 화장세계에서 대법을 설하사 중생을 제도하시더니, 이때에 육광보살이 일시에 출가하여 사바세계에서 부모님께 효도하며 남에게 어진 도를 행하며 착한 행을 위업하더니 후세에 광달지견불이 되었느니라. 법으로 잘 인도할진대 세상에 죄없이 지중하더라도 다 소멸할 것이요 또한 다 성불하나니라."

부처님이 다시 이르시되 "회중에 대통지승 부처님이 오셨는가?" 하시거늘 관세음보살이 고하시되 "대통지승 부처님이 팔만제자를 거느리고 황학루에 앉아서 법을 듣나이다"
하더니

이때에 대통지승불이 일어나서 합장하고 부처님께 사뢰어 말씀하시되 "세존이시여, 제가 이제 부처님 법설하는 회중에 왔사오나 사람이 많은 고로 부처님께 뵈옵지 못하였나이다." 부처님이 이르시되 "대통지승불이여, 그대의 공덕이 광대하고 삼십삼천 일을 다 통달하였으니 장하도다"
하시고 다시 이르시되 "옛적에 한 사람이 있으되 이름이 만억이니 그 나라 정도왕에 아들이라. 오세부터 불법을 신앙하여 십세가 되매 스스로 나아가 산중에 들어가 염불수도 하며 법화경 읽기를 힘쓰더니 하루는 한 사람이 와서 이르되 '오늘날 너는 불법을 항상 지극히 숭상하였으니 마땅히 너는 내 뒤를 따라 천상에 올라가 구경하자' 하거늘 따라 한 곳을 이르니 사왕천이라.

부처님이 계시되 일광 변조불이라. 항상 대범천왕을 데리고 원각경을 설하거늘 천만억 대중이 복지하여 고하되 '부처님은 삼계에 큰 스님이시고 사생의 자비스러운 아버지시니 이 아해를 보시고 법을 설하여 주시옵소서.' 이광 변조불이 이르시되 '금일 도량 동업대중은 내 법을 칭찬하였거니와

이 아이는 사바세계에 있는 아해로서 법 듣기를 청하니 위하여 설하리라.'

이때에 천룡 야차 건달바 아수라 가루라 긴나라 마후라가 인비인 등이 다 이제 법을 설할 것이니 들으라. 옛적에 한 왕이 있으되 이름이 반야교왕이라. 평생에 자식이 없으매 수미산 신령께 아들 얻기를 위하여 기도하고 하루는 그곳에서 잠깐 잠이 들었더니 꿈에 한 노인이 와서 반야교왕을 불러 이르되 '동해용자 득죄하고 세상에 나게 하여 네게 점지하니 명일은 물러가 국중에 가서 부인과 상의하라' 하거늘 깨어나니 남가일몽이라. 크게 기뻐하며 돌아와 부인에게 그 사연을 이르고 부부 즐겨하더라. 과연 그달부터 태기 있어 십삭이 찬 후 아들이 태어난지라 이름을 감노라 하고 사랑하더니 세월이 여류하여 감노의 나이 오세에 이르렀더라.

이때에 그 나라 광도문 밖에서 어석이라 하는 사람이 상을 잘 본다 하거늘 반야교왕이 감노를 데리고 어석의 집에 이르러 사환을 불러 물어 가로되 '너의 주인이 계시냐' 하니 '계시나이다' 하거늘 이르되 '이 도중에 있는 반야교왕이 뵈러 왔노라' 전하라. 사환이 들어가 그 말과 같이 고한데 어석이 외당에 나와서 청하거늘 반야교왕이 들어가 자리로 영접한 후 어석이 물어 여쭙길 '대왕은 무슨 일로 누지에 오셨나이까?' 교왕이 답하여 말하길 '다름이 아니라 늦게야 한 아들을 두었더니 그대가 관상을 잘본다 하기에 길흉을 알고저 하여 왔노라.' 어석이 말하되 '약간 관상법을 아옵나이다. 그러하오니 태자의 관상을 보겠나이다' 하고 태자의 상을 보더니, '용두 봉목이 성인의 기품이요 십오세에 등과하여 명망이 사해에 진동할 터이오며 가장 좋으나 이십세를 넘으면 몸을 타국에 의지하겠습니다.'

반야교왕이 감노를 데리고 돌아왔더니 과연 십오세에 등과하여 이름이 사해에 진동하더라.

이때에 월주국이 성하여 반야국을 침노하거늘 반야교왕이 십만대병을 거느리고 월주국군을 막으려 하여 반야장사 천여명이 진중에 나아가 대적하다가 패한지라. 반야교왕이 홀로 약한 신하를 거느리고 사로잡혀 월주국에 황서를 써올리거늘 감노를 잡아다 둔지라. 감노는 항상 슬퍼하더니 하루는 몸에 차는 금낭을 열어본즉 부인의 옥지환과 금봉채가 들었거늘 다시 깊이 감추고 항상 슬퍼하더니 삼십오세에 이르렀더라.

이때에 그 나라에 승이 다니며 시주를 청하거늘 감노가 생각하다가 부인의 봉채를 주고 성명과 생월생시를 적어주고 주야로 본국을 생각하고 한탄하더니 하루는 본국에서 조공이 들어왔더라. 월주국왕은 의심하기를 조공사신을 보면 무슨 의논을 할 것이니 더욱 깊이 감추더니 감노는 더욱 탄식하더라. 본국사신이 조공을 드리고 고하되 '소신이 수만 리 타국에 왔삽다가 국왕 동궁을 보지 못하고 돌아가니 신하의 도리가 아니오니 감노를 잠깐 보고 가겠나이다' 하니

국왕이 이르되 '너희 동궁은 데려와 곧 죽었느니라.' 사신은 그 말을 듣고 크게 슬퍼하며 통곡하여 답왈 '우리 반야교왕은 동궁을 이 나라에 보내옵고 매일 슬퍼하여 이번 행보에 그 소식을 자세히 알고 돌아오라 하더니 이제 들으매 죽었다 하니 망극이로소이다' 하고 용수문 밖에서 자더니

이때에 감노가 옥 지키는 사람더러 이르되 '우리나라 사신이 왔다하니 잠깐만 보고 가게 하면 그 은혜를 갚을 것이니 문을 잠깐 열어달라' 하거늘 옥 지키는 사람이 그 말을 들으니 문득 마음이 슬픈지라. 즉시 문을 열어주니 감노 나와 사신 머무는 곳을 찾아오시거늘 사신은 동궁을 몰라보

고 문왈 '어떤 사람이관데 이 깊은 밤에 타국에서 온 사람을 찾아왔나이까?' 하거늘 감노가 울며 사신을 붙들고 이르되 '나는 반야국 동궁 감노거늘 그대는 어찌 몰라보시는가.' 그 말을 듣고 크게 놀라 동궁을 붙들고 통곡왈 '전하 만리타국에 오셔서 목숨을 어찌 부지하셨나이까. 진패옥을 살펴보고 전하 거처를 물었거늘 여차 여차 하다 하며 신이 놀라온 마음 정치 못하옵더니 이제 전하를 뵈오니 꿈인지 생시인지 알 수 없나이다' 하거늘

이때에 동궁이 울기를 마지않아 하시고 부모의 기체후 만복하시며 그 안해도 무사한 소식을 물으시거늘 사신이 다 사뢰되 '일국지내가 다 평안하오나 오직 폐하께서 동궁을 그리워 하시나이다' 하고 왕의 편지와 왕비의 편지를 내어 놓거늘 동궁이 받아 보고 만번 그립던 사연이요 황금 일만근을 동봉하여 보내거늘 동궁이 받아가지고 슬픔을 이기지 못하더라. 그러나 동궁은 이 나라에 죄인이라 오래 머물지 못할지라. 사신에 지필을 구하여 부모와 동궁비에게 각각 답장을 써서 부치고 사신과 서로 작별하고 감노는 옥중으로 돌아와 황금일백근을 옥 지키는 사람을 주고 도로 갇혀 있더니 날이 밝은 후 진패 감노를 불러들여 본국 사신 말을

전하고 이날부터 해옥하더라. 감노는 본국사신을 보지 못한 체하고 슬퍼하더니 인하여 나와 성중에 놀더니 하루는 승이 권선을 가지고 감노를 보고 시주하라 하거늘 감노가 본국에서 온 황금을 일호도 남기지 아니하고 다 내어주니 그 승이 받아가지고 백배사례하며 거주성명을 물으나 감노 일일이 적어 주고 부처님을 생각하더라. 이러구러 감노의 나이 삼십팔세러니

이때에 그 나라가 편안하니 진패 만조백관으로 더불어 의논하고 과거를 보아 인재를 구하려할 때 감노가 옥중에서 문 지키는 사람더러 이르되 '내가 들으니 과거를 보아 인재를 고른다 하거늘 과거를 볼지라' 하고

이때에 감노가 장옥에 들어가 글을 지어 올리니 진패와 제신이 보고 이 나라에 없는 문장이라. 진패 크게 즐겨하여 피봉을 떼어보니 이곳 반야교왕의 동궁이라. '그 재주는 칭찬하나 타국에 볼모잡힌 죄인이라 무슨 과거가 있으리요' 하고 낙방에 던지고자 하거늘

이때에 시관의 이름이 반명악이러니 왕의 동정을 살피니 감노의 과거를 아니주려 하거늘 반명악이 생각하되 '감노의 타국고생도 가련하고 겸하여 인재는 아까우며 나와 동성이

니 가히 건져주리라' 하고 이에 왕께 글을 올려 간한지라. 진패 그 말을 듣고 감노를 봉하여 소지군을 삼아 소지로 보내거늘 감노 소지에 이르러 태평으로 세월을 보내더니 반명악이 감노 보고 이르되 '그대는 마땅히 취처할 곳을 청하라.' 감노가 답하되 '나는 비록 남자나 타국에서 고생을 무수히 지내다가 이제 비록 적은 벼슬을 하여 몸이 귀하나 본국에 조강지처는 주야 나를 생각하고 서러하거늘 내가 어찌 타국의 인물을 취하여 본국 안해의 나를 생각하고 슬퍼하는 뜻을 저버릴 수 있으리요' 하고 취처하지 아니하더라. 진패가 감노에게 소지군 말고 삼명벼슬을 주거늘 그 벼슬에 나아가 친히 임하더니 하루는 반명악이 만조백관과 제중등실을 모아 의논한대 '반야국 감노를 그만 본국으로 돌려보냄이 어떠한가' 하니 제신이 다 이르되 '타국에 볼모 잡혀 온 사람을 조정에서 높은 벼슬을 시켜 의기가 양양할 것이니 차라리 제 나라로 보내는 것만 같지 못할 것이라' 하여 진패 즉시 감노를 불러 전일에 볼모잡아온 말을 다 이르고 자사를 영위하여 본국으로 돌아가라 하거늘 감노는 하직하고 자사와 더불어 행하여 청사강을 건너드니 본국 사람이 배를 타고 어망을 치다가 '저 타국배는 무슨 일로 어디로 가느냐' 하거늘 대답하되 '이 배는 월주국 배러니 전일에 볼모잡혀 갔던 반야국 동궁이 본국으로 돌아가시니라.' 선인들이 크게 즐겨 일시에 동궁 앞에 나아가 배례하고 가로되 '우리 국왕 전하는 동궁을 만리타국에 보내시고 여러 해 되매 그로 뇌심하여 병이 들어 돌아가실 듯하나이다.'

이때에 감노가 이 말을 듣고 대성통곡하며 배를 재촉하여 육지에 내려 주야로 행하여 본국 성 밖에 이르러 먼저 선문을 고하매 그 나라 만조백관이 일시에 다 나와 감노를 맞어 궁중에 들어가니 왕은 병이 위중하여 태자를 분별치 못하고 왕비와 동궁비가 마중 나와 붙들고 대성통곡하니 그 형상을 차마 볼 수 없으며 산천초목이 다 슬픔을 이기지 못하는 듯하더라. 울음을 그치고 그 사이 고생하던 말을 묻거늘 동궁이 세세히 고하고 부왕 침전에 들어가 대왕께 고하니 정신이 묘연한 고로 아무런 줄 모르더라. 이때에 동궁이 묻자오되 '부왕이 소자를 모르시나이까.' 왕이 눈을 들어 살피시고 동궁의 손을 붙들고 말을 하고저 하다가 인사를 이루지 못하고 운명하니 왕비와 동궁 부부와 모두 슬픔을 이기지 못하다가 염습하고 입관하여 초송을 예로 지내고 삼년을 마친 후에 그 나라 정승에게 왕위를 전하고 왕비와 동비를 데리고 별궁에 나와 불법을 숭상하더니 태자는 후세에 전륜성왕이 되고 왕비와 동궁비는 후세에 삼세불이 되어서 오늘날 모든 대중에 왔나니라" 하시니 대중이 이 말을 듣고 다 칭찬하기를 마지않더니

이때에 부처님이 다시 이르시되 "십삼천대천세계에 사만억 제자로 더불어 미래세계에 부처될 의논을 베풀어 육천중생을 제도하리라" 하시고 "내가 인간에 나와 사천년 수도할 때에 육취중생을 제도하였으나 이때까지 다 제도치 못하였으니 이제 나의 광명이 십만억 중생을 제도하여 부처되게 천도하며 무량복을 얻게 하리라" 하시고 다시 결가부좌하시고 삼십이상을 허공에 나투고 부처님 본심을 말씀하여 누설하실세.

대통지승불이 고하되 "부처님 팔만사천겁에 넓은 지혜를 베풀어 법화경을 이르거늘 우리가 경을 듣고 대통지승불이 되었으니 어진 대자비로 지옥에 든 중생을 천상으로 인도하소서. 부처님이 전세에 살다라국에 나셨을 때에 저는 세존의 제자되어 사십년 설법을 들었으니 그때 정법을 들어 사주세계에 사람을 다 제도하더니 오늘날 기사굴 산중에

법을 위하여 왔사오니 법을 광대히 설하소서."

그때에 부처님이 삼십이상과 팔십종호를 나투사 법화경을 설하시더니 또한 이르시되 "오늘 회중에 십육왕자야, 법을 듣느냐? 너희는 전세에 다 나의 아들이 되었더니 오늘날 보살이 되어 이 회중에서 법을 들으니 내가 너희를 위하여 법을 설하리라. 내가 전세에 능멸천자 되었을 때에 아들 십육을 두었더니 일자의 이름을 현의요 이자는 무애의요 삼자는 충의요 사자는 난의요 오자는 능의요 육자는 성의요 칠자는 편의요 팔자는 통의요 구자는 소의요 십자는 군의요 십일자는 교의요 십이자는 법의요 십삼자는 거의요 십사자는 회의요 십오자는 미의요 십육자는 환회이니, 십육자를 데리고 통고산에 올라 정진 염불 수도 하더니 하루는 남방에 오색광명이 비치었더니 이 십육자가 광명을 타고 허공으로 오르거늘 내가 십육자를 잃고 일국을 편답하여 찾아다니며 구경하드니 한곳에 이르러 본즉 십육성중이 사제법을 설하거늘 그 법문 듣기를 다하고 곧 십육성중의 내력을 물은데 십육성중이 대답하되 전에 통고산에 올라 설법하던 말을 하거늘 그 말을 듣고 부처될 총지를 얻었나니 너희는 먼저 성도하였더니 어찌 이때까지 부처 되지 못하였는가."

십육왕자 대답하되 "저희는 그때 부모를 통고산에서 배반한 죄로 지금까지 부처 되지 못하였나이다" 하더라.

부처님이 다시 말씀하시되 "오늘 법화경 대승법을 듣고 너희도 부처될 총지를 심으라" 하시고 또다시 이르시되 "사만억 제자와 삼천제불을 위하여 설법하리라. 모든 제자들이 전세에 금수로 법을 듣고 이 같은 왕이 되었나니 이제 사만억 제자는 이국 사람이니 다 부모에게 효도하고 불제자 되었느니 팔만제자들은 마땅히 들을지니라. 마음이 곧 부처요 부처가 곧 마음이니 부처님을 공경하는 것이 곧 법이라." 서방에 불국이 있으되 그 나라에 부처님이 계시니 이름이 연화당불이라. 사만팔천 제자로 더불어 설법하시거늘 그 나라 인민은 다 선남자 선여인이라. 평생 데리고 설법하시되 능엄경을 설하시고 또한 서남방에 부처님이 계시되 이름이 전단향불이시라. 매일 금강경을 설법하시니 그 서남방으로서 한 광명이 비치었거늘 사자탑상에 계시사 그 광명을 보고 의혹하시더니 이때에 관세음보살이 합장하고 부처님께 고하여 말씀하되 "저 서남방에 비치는 광명은 전단향부처님이 놓으시는 광명이오니 이제 팔만제자로 시위하고 십대명왕으로 장엄하여 이곳으로 법을 들으러 오시나이다."

때에 부처님이 청정광명을 타고 허공에 나아가 전단향불을 맞아들일새, 전단향불이 부처님께 고하되 "세존은 청정한 법을 설하신다 하기로 내가 오늘 만리를 구애치 아니하고 왔나이다."

부처님이 가라사대 "전단향불은 서방에서 나의 법을 듣고저 왔으니 내가 전단향불을 위하여 법을 설하리라. 전단향불은 전세에 사위성 사람이라. 심상궁곡에 들어 염불 간경하더니 금강산 중향세계에 법기보살이 수기하여 전단통왕불이 되었으니 법기보살은 남방 환희세계에 계시사 이만억 제자로 더불어 설법하느니라. 옛적에 한 사람이 있으되 평생에 운뇌음 수광화불께 불공하고 사바세계에 전륜성왕이 되었으니 백천만억 중생과 더불어 법을 들은 공덕으로 부처 되었으며 또한 동방청유리세계에 부처님이 계시되 이름이 묘길상이라. 연화당불께 수기받아 묘길상불이 되었느니라." 또한 이르시되

"남방적유리세계에 부처님이 계시되 이름이 사유나불이라. 동방천만억 국토에 나아가 무광불께 수기받아 사유나불이 되었고 서방 구품세계에 아미타불이 가섭불에게 수기받

아 부처되고 북방 대렴견조불은 동방 약사여래께 수가받아 부처되고 나는 천광왕 정주불께 수기받아 부처되었느니 내가 저 과거 구원겁으로조차 위없는 대승법을 증득하여 납월 팔야에 밝은 별을 보고 성도한지라. 영산회상에서 사십구년을 설법하여 일체중생을 제도하고도 오히려 남음이 있나니라."

이때에 부처님이 법을 설하시니 "정성으로 수기품을 들으라. 지혜방편으로 모든 제자를 제도하리라. 전세인연으로 이같이 모였으니 오백천자 등은 나의 법을 잘 들으라. 만일 믿지 아니하면 너희가 무엇으로 하여금 성불하리요" 하시니

오백천자 등이 부처님께 고하되 "저희들은 이 법을 들으러 왔나이다. 부처님께서는 진실히 설하여 주소서."

부처님이 다시 이르시되 "오백제자야, 너희를 제도하여 무량복을 얻게 하리라." 대중이 부처님께 합장 예배하고 사루어 말하되 "모든 대중의 전세 일을 알게 하소서."

부처님이 다시 말씀하시되 "오백제자는 전세에 신사국 오백궁녀가 되어 국왕을 시위하더니 오백여인이 다 의논하고 매 명이 황금 백근씩 내어 법화경을 조성하여 궁중에 두고 항상 외더니 그 후에 한 선동이 배를 타고 원위상에

와 오백여인을 찾거늘 여인 등이 답하되 '선동은 어디서
와 우리를 찾느뇨?' 선동이 답왈 '나는 서역에 있는 주정왕의
아들이러니 이 나라 오백여자가 법화경을 이루어 본다 하거
늘 데리러 왔노라' 한대 그 제자 등이 답하되 '우리들이
과연 나라에 복받을 기약이 없기로 황금 일백근씩 내어
법화경을 조성하여 날마다 읽더니 오늘 선동이 왕명을 받아
왔으니 우리들이 어찌 아니 가리요.' 오백여인이 일시에
배에 오르니 선동이 배를 저어 순식간에 건너가 육지에
닿거늘 여인들이 선동더러 이르되 '이곳은 어디뇨?' 선동이
답왈 '이곳은 주정왕이 계신 서역국이니다.' 여인이 또 묻되
'여기서 왕궁이 얼마나 머나니고?' 선동이 답왈 '여기서
왕궁이 비록 이천리나 순식간에 득달하리니 염려하지 마소
서' 하더라. 그 바다 가운데 한 나라 있으되 그 나라가 모두
불빛이거늘 괴이 여겨 선동에게 묻되 '저 바다 가운데 나라
는 모두 불빛이니 그것이 어찌된 일이뇨?' 선동이 답왈
'그 나라는 남방 무간지옥이니다' 하니 오백여자가 그 말을
듣고 울며 이르되 '혹 우리 부모 영혼도 저런 지옥에 들었는
가' 하고 못내 슬퍼하거늘 선동이 이르되 '그대들 부모는
지옥에 들지 아니하였을지니다. 부처님이 이르시되 법화경

을 타인이 이르는 소리만 들어도 상서 선망부모가 다 천상으로 간다 하였으니 이제 그대들이 법화경을 친히 조성하였고 또한 읽었거늘 그 부모가 어찌 지옥에 들어갔으리요.' 말을 마치자 왕궁에 이르러 왕께 뵈일세, 이때에 모든 신하가 모두 오백여인 오는 거동을 보고 다 일어나서 서로 맞은 후에 따로 자리를 베풀고 오백여자를 앉히고 법화경을 읽게 하더니, 주정왕은 법화경 조성한 사람을 보고 또한 법화경 읽는 소리 들은 공덕으로 보광불이 되었고 오백여인은 오늘날 모든 대중에 오백나한이 되었나니, 이러하므로 법화경을 평생 읽거나 외우거나 쓰면 악취에 나지 아니하며 악취중생을 다 건져서 불국으로 돌아가게 하리라.

예전에 한 부처님이 계시니 이름이 과거 현겁천불이라. 그 부처님이 성불하기 전에 묘법 두 글자를 얻어 가지고 광진땅을 지나더니 그 나라 왕이 불러들여 금 은 보화 여러 수레를 주며 묘법 두 글자를 사자하거늘 팔지 아니하고 돌아왔더니 이제 과거 현겁 천불이 되었으니 그 사람이 부처님의 제자될세, 성명을 고쳐 비구라 하고 비구를 고쳐 보살이라 하고 보살을 고쳐 부처라 하느니 즉 이가 부처님이라. 그 부처님 수명이 삼백육십년이거늘 미래겁 중에 악취

중생이 인간에 많이 나서 불도를 비방하여 옛 부처님의 말씀을 듣지 아니할지니 그러하나 어진 말로써 달래어 법을 얻어 듣게 하리라 하시고, 또 다시 이르시되 "보살은 부처님의 총지를 좇아 보살이라 하고 마음이 광대 하고 뜻이 청정하면 부처라 일컫나니 삼천대천세계에 선악을 가리고 청정한 도를 행하는 사람은 비록 말세에 날지라도 다 보살의 후신이요, 또한 마음이 진실치 못하여 그 법을 성취하지 못하면 도리어 모르는 것만 같지 못하리라 하시고 또 다시 이르시되 시방세계의 우마 육축을 다 건져내어 부처님의 제자되게 하리라."

북방에 한 부처님이 계시되 이름이 삼천불이라. 전세에 광목천왕이 되었더니 이제 삼천불이 되어 사주세계 일을 다 통달하거늘 북방에는 으뜸 부처님이시니라.

부처님이 다시 말씀하시대 "옛적에 한 부처님이 계시되 이름이 금강견고불이니 혜원국 범행산에서 공부할 때에 그 나라 사람이 견고불께 법을 청하거늘 견고불이 이르시되 '너희가 내 법을 듣고저 하거든 저 달 가운데 계수나무를 꺾어오면 내가 법을 마땅히 설하여 너희로 하여금 듣게 하리라.' 그 사람들이 계수나무는 끊어오지 못하고 대신

팔에 베어 드린지라.

견고불이 이르시되 '너희가 이제 내게 몸을 받치니 너의 성명을 알고저 하노라.' 그 사람이 답하되 '내 성은 명이요 이름은 묘성이라 하나이다.'

견고불이 그제야 반야십육편을 일러 주더니 묘성이 듣고 즉시 천상에 무량광과천왕이 되었나니 이같은 법이 옛 부처님께 영험이 적진하거던 금일 모든 대중이 이 법을 듣고 어찌 의심하리요. 내 마음 가운데 육적을 잡아내고 부처될 마음을 닦으라 하시더라."

이때에 아난이 고하되 "마음 가운데 육적이 무엇이닛고?" 부처님이 말씀하시대 "제일은 남에게 먼저 부처되기를 탐하는 것이 적이니, 육적이라 하는 것은 눈으로 좋은 것을 보고 좋다고 하는 것이 도적이요, 귀로는 좋은 소리를 듣고 좋다 하니 이것도 도적이요, 혓바닥으로 맛을 보고 좋다 하니 그것도 도적이요, 몸으로 모든 못된 일을 행하는 것이 도적이요, 뜻으로 모든 탐심을 내어 행하는 것이 도적이라. 이 육적을 항복받아서 못된 일을 하지 않는 것이 육선법이니라."

동방에 한 세계 있으되 이름이 만기국이라. 그 나라에

부처님이 계시되 이름이 보명불이라. 항상 십육관경을 설법하시거늘 그 나라 백성은 머리는 하나이고 눈은 셋이요 수명은 일백삼십세라. 그 세계는 청유리세계어든 평생 음식은 모든 꽃을 먹고 입는 것은 악소단을 입고 그 나라에 좋은 보배가 많더라. 부모에게 효도하는 사람이 그 나라에 나느니라.

이때에 부처님이 이르시되 "내 몸 가운데 묘법을 장엄하고 법관을 높이 쓰고 손에는 칠보승채를 들고 천만억 제자를 위하여 설법하나니 너희 모든 대중은 마땅히 알지니라. 백천세상에서 지은 죄라도 한 번만 부처님을 생각하면 소멸하나니라. 청정한 지혜와 부처님의 힘을 얻어 평생에 악취 중에 떨어지지 아니하게 하리라."

이때에 성문연각이 부처님께 사로되 "우리들의 평생원이 성문연각 몸을 벗어버리고 보살이 되고저 하오니 부처님은 진실로 법을 이르소서."

부처님이 이르시되 "나의 법은 본래 평등한 법이라. 십육 성중을 꾸짖어 이르시되, 너희 십육성중은 마음이 가벼우며 뜻이 광대하지 못하여 성문연각을 벗어나기 어려우며 부처되지 못하리라. 그러나 내가 이제 삼승법으로 너의 다섯 가지 죄를 멸하리라" 하시고 "전에 칠천보살이 십육성중을 제도하려 하다가 제도치 못하였거늘 내 어찌 너의 뜻을 좇아 제도하리요" 하신대 십육성중이 자리에서 변화하여 팔만사천 용신을 불러 이르되 "너희는 나의 권속이어든 일만 가지 변화를 베풀지니라."

이때 팔만사천 용신이 들어오며 허공에 운무가 자욱하더니 팔만사천 용신이 모이거늘 부처님이 관음보살을 불러 이르시되 "저 십육성중의 변화를 잡으라" 하시니 관세음보살이 부처님의 금발우때로 감로수를 떠가지고 영각대에 올려놓으니 팔만사천 용신이 다 그 물에 빠져 변화를 못하더라. 성문연각이 부처님께 사죄하여 가로되 "소승법을 가졌기로 부처님의 이같은 지혜를 몰랐사오니 부처님의 힘을 입어 백천만억겁에 벗지 못할 죄를 면하게 하여지이다."

부처님이 이르시되 "대인은 무슨 혐의가 있는가? 그러면 대중과 함께 법을 들으라" 하시니 십육성중이 세 걸음을 물러나 부처님께 고하되 "성문연각은 십육성중이 되고 이때까지 성문의 몸을 면치 못하였사오니 어찌 지혜가 분명하리닛고?"

부처님이 다시 이르시되 "너희는 이제 잘 깊이 법을 들으

라. 죄업이 지중하니 모든 부처님께 참회하면 너희의 전세 일을 누설하리라. 너희 십육성중이 권국에 났을 때에 네가 지은 죄업이 지중하니 몸을 해쳐 피를 나게 한 죄와 부처님 몸에 피낸 죄와 이외에 악담과 두말한 죄와 이 네 가지 죄를 은닉하였거늘, 그 죄를 참회하고 지성으로 법들은 공덕으로 십육성중이 되었나니라." 모든 대중이 일시에 일어나 부처님께 합장예배하고 고하되 "부처님의 법이 일정한 고로 마음도 일정하시니 이같은 티없는 법으로 누설하시나이다" 하고 칭찬하기를 마지않더라.

이때에 부처님이 다시 말씀하시되 "너희가 중생을 제도할 마음으로 부처님께 공양하고 법을 공경히 들어야 너희의 죄를 멸하고 삼도고에 벗어나리라." 모든 대중에 한 보살이 있으되 이름이 보명보살이라. 부처님께 다시 고하되 "부처님은 큰 신통이 있으사 천만억 중생을 다 제도하사 정각에 오르게 하셨으니 어찌 그 공덕이 적다 하리요." 부처님이 이르시되 "오늘 법을 설하여 법 듣는 중생을 다 이름을 법명이라 하며 무량한 위덕이 구족하였으니 세 가지 밝은 법을 얻어가지고 그른 것을 버리며 네 가지 지혜를 얻어가지고 무량중생을 제도하리라. 모든 중생이 국토를 장엄하고 어진 법을 열 가지씩 얻으니 이 국토에 보배요 악도 중생은 어진 법을 얻어 보지 못하고 선도 중생은 어진 법을 얻으리라. 불법에 마음이 견고한 중생은 대승법을 들을 것이고 불법에 굳지 못한 중생은 소승법을 얻으리로다."

부처님이 법상에 앉으사 대승법을 설하시니 이 법 들은 사람을 이름하여 성만이라 하리라. 사천국토에 청정묘장엄 부처님이 계시되 법 듣기를 좋아하는 중생으로 더불어 법을 설하시니 중생이 다 청정국토에서 청정한 법을 얻었으니 보살의 후신이라.

이때에 천이백 아라한의 마음이 자재한 자는 환희하고 큰 제자로 더불어 가섭께 고하시되 "가섭은 숙세인연이 지중하여 나와 한 가지로 천년을 수도하였으니 삼천대천세계와 사주세계를 모름이 없더라. 마음을 간교히 지어 도를 닦는 자는 이제 어찌 부처님의 제자되었으리오. 간교한 마음과 제가 가장 무엇을 안다 하고 자랑하든지 속에는 못된 마음이 있고도 나는 다 안다 하고 내가 제일이다 하거나, 속에는 탐진사견이 많이 있으나 겉으로는 없는 체하며 이같이 하는 사람은 천만겁이라도 부처되기 어려울 뿐만 아니라 이제 무간지옥에 떨어져 무량한 고초를 받으리라.

아난은 비록 나이 적어도 백명 대중에 으뜸이로다" 하시고 다시 가섭을 불러 이르시되 "본래 청정한 법을 얻어서 널리 중생을 제도하였거늘 염불 많이 한 중생을 교화하였으니 이름하여 대세지보살이라 하리라."

부처님이 다시 이르시되 "이제 마땅히 법을 설하리라. 모든 대중들아, 이같이 청정한 법을 위로하여라. 이천억 모든 부처님이 다 이름을 이르시되 보명불이라. 오백 아라한으로 칠처구회를 정하고 팔대보살은 널리 중생을 제도하기로 정하고 이만연등불은 극락세계에 칠처구회를 정하고 삼십삼천왕은 모든 회에 위호하기를 정하고 지혜광대명불은 오백성중을 제도하기로 정하고 육천비구는 사만억 보살회로 보내니 이 또한 불법에 인연이라.

아난과 가섭과 부루나 우타니와 아로누타 겁빈나와 주다반탁가 등이 다 부처되어 이름을 보명이라 할지며 백만억 권속을 다 삼계무량한 고를 도탈시키리라."

이때에 한 보살이 있으되 이름이 신통역 보살이라. 부처님께 사뢰이 말씀하되 "정법은 몇 겁이요 상법은 몇 겁이라 하나이까?" 부처님이 말씀하시되 "정법은 가히 측량치 못하거니와 상법은 이십소겁이니라. 신통역보살은 세 가지 신통을 얻은 연고로 신통역보살이라 하였거니와 오백천자는 대자대비로 중생을 불쌍히 한 고로 오백천자 되었느니라. 자비는 부처될 근본이니 부디 자비를 버리지 말지니라.”

신통역보살이 다시 부처님께 고하시되 “세존이시여, 천만 억 나유타겁에 이미 칠만칠천보살을 수기주어 다 부처되게 하셨거니와 저도 이제 부처님께 수기 받아 부처되고저 하오 며 십만대중도 또한 다 청정한 마음을 나투어 부처님의 법을 존중하고 찬탄공양하여 악취 중에 가지 아니하고자 하나이다.” 부처님이 말씀하시되 “저 대통지승불은 일천이 백 제자와 더불어 이 회중에 오셨으니 어질고 어질도다. 일천이백 제자는 사나운 마음을 아직도 버리지 못하였으니 가히 성불하기 어렵도다. 너희가 부처되고저 하거든 다시 참된 마음으로 법을 들으라.”

이때에 오백 아라한이 부처님께 고하되 “저 일천오백 제자 들이 오늘 부처님께 수기를 얻사오면 즐겨하리로소이다” 하고, 아난이 불전에 나아가 머리와 얼굴을 숙이고 고하되 “과거에 부처님 수도하시던 말씀을 설하여 말세중생으로 하여금 본받아 다 수행하게 하소서.” 부처님이 지혜로써 다시 이르시되 “내가 공부할 그때에 관사존자에게 술 먹기를 금하였으나 존자 그 말을 듣지 아니하더니 관사존자가 죽었거늘 내가 광명삼매에 들어서 저 혼백 간 곳을 관찰하니 화도지옥에 들어갔거늘 그 죄를 생각하면 가히 망극한지라. 내가 그때에 부처님 앞에 나아가서 정성으로 수행득도하며 관사존자를 제도 하였느니라. 이때에 부처님이 이르시되 '묘법연화경은 삼계에 으뜸 경전이라. 이 경전을 수지독송 하여 한량없는 복을 지어 사만억 중생으로 더불어 사바세계 에 나서 어진 행업을 닦아 부처될지면 의의 빛난 광명을 보리라.'"

옛적에 이만억 사람이 한 지옥에 들어 있으니 그 지옥 이름은 동철지옥이라. 이만억 사람이 다 이 지옥에서 벗어 나기를 원하더니 법장보살이 마침 지옥을 지나다가 동철문 밖에 다다르니 이만억 사람이 법장보살을 붙잡고 울며 고하 되 "우리 이만억 사람이 이 동철지옥에 들었사오니 오늘 보살의 위신력으로 동철지옥을 면하고저 하나이다." 법장 보살이 이르시되 "내가 지옥을 지나는 것은 이천 제자가 이곳에 왔다 하기로 제도코저 왔더니 이제 나의 제자는 보지 못할지로다." 이만억 사람이 고하되 "보살의 제자 이천 사람이 우리 이만억 중에 함께 있나이다." 법장보살이 이르시되 "부처님이 천상에 계시니 내가 이제 바로 천상에 올라가서 부처님을 모시고 와서 너희를 건져내리라" 하고 천상으로 올라가서 부처님을 뵈옵고 사연을 고한대 부처님이 이르시되 "전에 산해혜자재통왕불도 동철지옥에 들었을 때에 내가 제도하였더니 이제 법장보살이 지옥에 가 이만 사람을 제도코저 하니 내가 이제 어찌 가기를 사양하리요" 하시더라.

이때에 법장보살이 부처님을 모시고 남방십만억 국토를 지나 무간지옥에 들어가 동철문 밖에 다다라 살펴보니 십대 명왕이 앉아 모든 죄인을 엄형으로 다스리는지라. 부처님이 그 경상을 보시고 마음이 스스로 비감하신지라. 이제 제구 도시대왕을 부르시니 도시대왕이 이르시되 "공사가 급하오니 능히 나아가지 못하겠나이다" 하거늘 부처님이 법장보살을 데리고 호지문 밖에 이르러 잠깐 주저하더니 승덕판관이 지나다가 부처님을 보고 놀라 부처님께 예배하고 고하대 "부처님은 삼계의 큰 스님이시고 사생의 자부이신데 어찌 지옥에 와 계시니까." 부처님이 이르시되 "내가 이곳에 온 것은 다름아니라 도시대왕을 잠깐 보고자 함이니 판관은 도시대왕을 보게 하라." 판관이 사뢰어 말씀하되 "부처님이 무간지옥에 왕림하사 도시대왕을 보시려 하오니 소관이 마땅히 들어가 고하리다" 하고 들어가 도시대왕께 고하되 "호명 부처님이 밖에 와서 대왕을 보고저 하나이다." 도시대왕이 즉시 나와 부처님을 뵈옵거늘

이때에 법장보살이 부처님께 고하시되 "이 왕이 도시대왕이올시다." 부처님이 이르되 "대왕은 이 나라에서 다사한 줄은 알거니와 우리가 이번에 와 대왕을 한 번 보고저 한대 거만함이 심하니 그것은 어찌하여 그러하오?" 도시대왕이 고하되 "호명보살이 주세불 되신 줄은 몰라삽더니 이제 나와 부처님을 뵈오니 황송하오이다. 소왕이 거만함이 아니오라 동철지옥을 차지하여 이만억 죄인을 다스리옵기로 부처님의 분부를 거역하였사오니 소왕의 도리 아니로소이다. 부처님은 무슨 연고로 이같이 험한 무간지옥에 와 계시나이까?" 부처님이 말씀하시되 "전에 사바세계에 이만 중생이 있더니 죄가 중하여 동철지옥에 들었다 하매 대왕이 그 지옥을 차지하였단 말을 듣고 이만 죄인을 데려가려고 왔노라." 도시대왕이 고하되 "부처님은 무간지옥에 이르사 이만억 죄인을 데려가려 하시면 소왕이 어찌 말씀을 거역하리까" 하고 즉시 사자를 불러 지옥문을 열고 이만 죄인을

불러내어 부처님께 붙어 보내니라.

　이때에 부처님이 이만억 죄인을 데리고 사바세계로 나오사 그 이만억 죄인으로 하여금 환생하게 하시고 천상으로 돌아오셨더니, 그 이만억 사람이 다 환도인생하였더니 지금 한 시에 출가하여 한 산에 들어가 공부하여 이제 이만억 보살이 되었으니 이제 부처님의 은혜를 무엇으로 갚아오리까.

　부처님이 말씀하시되 "너희가 이같이 된 것은 나의 은혜가 아니라 법장보살의 은혜니라." 부처님이 다시 이르시되 "모든 가운데 지혜보살이 전세에 나와 함께 공부하던 사람이라 저 보살은 어진 남자라 하나니 지혜보살은 전세에 부모와 일가친척을 다 제도하여 불국으로 인도하여 시방세계 일을 무불통지하니 그 보살의 지혜 광대하고 정진이 원만하여 사주세계 모르는 일이 없느니라. 금일 회중이 다 지혜보살을 위하여 공경 존중할지니라."

　이때에 아난이 부처님께 고하시되 "지혜보살은 인물이 추하고 의복이 남루하니 어찌하여 그렇습니까?"

　부처님이 이르시되 "지혜보살은 부모동생이 무간지옥에 들었기로 그를 건져내려 하여 일생 지옥에 가서 있는 고로 고생이 자심하여 얼굴이 파리하고 의복이 남루하니라." 아난이 그 말씀을 듣고 이르되 "지혜보살은 어질고 어질도 다. 그런 고생을 하고 부모동생을 제도하였으니 어찌 기특 하지 아니하오리까."

부처님이 다시 이르시되 "금일 도량 모든 대중은 정성이 지극한 저 지혜보살과 같이 부모동생과 모든 지옥중생을 무간지옥에서 건져내어 불법중으로 인도하여 보리심을 얻 게 할지니라" 하시고, 또 이르시되 "이 지혜보살은 전세에 법화경을 수지 독송하더니 그 공덕으로 사무국왕이 되었느 니라. 그 후에 십대제자 되어 사백년이 지나서 부처되었으 니 법화경의 신력과 공덕이 일러 어떻다하랴.

또 다시 이르시되 "나의 법을 듣고 공경 찬탄하는 자는 내가 마땅히 부처될 수기를 주리라" 하시더라.

이때에 부처님이 한량없는 법문을 설하시되 "모든 선남자 선여인아, 너희들이 항상 법화경을 수지 독송하면 한량없는 공덕 지혜를 얻으리라" 하더라.

때에 회중에 한 보살이 있으니 이름이 보화보살이라. 아난 에게 이르시되 "아난아, 나도 법화경을 읽은 공덕으로 보화 보살이 되었으니 내가 이제 모든 선남자 선여인과 및 모든 천룡과 모든 야차 건달바 아수라 가루라 긴나라 마후라가 인비인 등 중생을 위하여 항상 법화경을 설하려 하노라.”

전에 한 나라가 있으니 이름이 장엄수량이라. 그 나라에 한 여자가 있으니 이름이 보현이라. 일생에 법화경 조성하기를 원하나 가세가 적빈하여 법화경을 조성치 못하고 매양 한탄하더니 방아품 팔기와 남의 집에 고공을 살아서 푼푼이 모아가지고 겨우 법화경 초권 한 권을 조성하고 명을 마쳤더니 후에 그 나라 정승의 아들이 되어 총명과 지혜가 사람들을 뛰어넘더니 나이 이십삼세에 벼슬이 일품에 이른지라 명망이 사해에 떨치더라.

그가 항상 불법을 숭배하며 부처님을 공경 찬탄하고 일심으로 법화경을 독송하더니 하루는 초당에서 자심삼매에 들었더니 홀연히 전세의 일을 깨치고 부모께 하직하고 깊은 산중에 들어가서 초옥을 짓고 법화경을 독송하더라.

이때에 한 보살이 구름을 멍에하여 허공에서 외쳐 가로되 “그대는 부모와 처자며 노비권속을 버리고 이같은 깊은 산중에 들어와 심성을 수련하며 또한 법화경 독송하기를 힘쓰나니 그 정성은 비유할 수 없으나 법화경을 이미 독송하였거늘 그 공덕도 한량이 없을지나 법화경을 쓰거나 사람으로 하여금 쓰게 하여 세상에 유포하면 그 공덕은 백천억겁이라도 무너지지 아니할 것이며 구경에 성불하여 한량없는 중생을 제도할지니라."

예전에 또한 태자가 있으니 이름이 나후라라. 항상 선지식을 만나기 위하여 의복과 음식으로써 빈병걸인(가난하고 병들어 구걸하는 사람)과 모든 사람에게 보시하더니, 이때에 제석보살이 태자 보시하기 즐김을 보시고 몸을 변하여 더럽고 추한 모양을 지어가지고 태자 앞에 나아가 말하되 "태자는 보시하기를 힘쓰사 빈병걸인을 구제하시고 또한 병자를 잘 구제하신다 하옵기로 왔사오니 더럽다 마시고 이 병신 몸을 구제하여 주소서" 한대

이때에 태자가 말씀하시되 "저런 병신을 어찌하면 구제하랴." 제석이 말씀하되 "이 병은 백천 가지 약이 다 효력이 없고 오직 태자의 살을 먹으면 낫겠사오니 살을 닷근만 빌려주소서."

태자 말씀하되 "내 몸의 살 닷근 주기는 어렵지 아니하나 살 닷근을 베내면 내가 죽을지라. 법을 구하지 못하고 헛되이 죽는 것이 원통하도다."

제석이 말씀하되 "내게 한 법이 있으나 태자가 듣고 살을

아니 줄까 의심하노이다."

태자 말씀하되 "그럴진댄 내가 저 높은 데 올라가 있다가 법을 듣고 곧 떨어지리니 살 닷근 말고 이 몸을 다라도 가져다 먹고 병을 낫게 하라" 하고 곧 높은 데 올라간지라. 이때에 제석이 법을 이르대 "모든 행하는 것이 무상하거늘 이것이 곧 생멸하는 법이니라." 태자 이 법문을 듣고 높은 데로부터 떨어지거늘, 이때에 제석이 문득 변하여 본상을 나투어 태자를 공중에서 받아 원각대에 모시고 "선재라, 착하도다" 하고 인하여 무진법문을 설하여 태자로 하여금 무상도를 얻어 무량중생을 제도케 하였나니, 사람이 한 번 불법을 믿어 공부하거든 나후라태자와 같이 할지니라.

저때에 부처님께서 약왕보살과 및 모든 대중으로 더불어 설법하시되 "내가 이제 열반할 때가 멀지 아니하였으니 열반 후에 만약 삼승법을 얻고자 할진댄 영겁에 구하여 얻기 어려우리니 내가 이 세계에 주하여 있을 때에 부지런히 정진수행하여 아뇩다라 삼먁 삼보리를 얻어 불과를 증득하여 일체 천룡 야차 건달바 아수라 가루라 마후라가 인비인 등과 및 모든 비구 비구니 우바새 우바니 등 중생을 다 제도할지니라."

이때에 부처님이 약왕보살에게 이르시되 "약왕이어, 천룡 야차 건달바 아수라 가루라 마후라가 인비인 등 모든 대중으로 더불어 설하리라. 내가 이제 열반 후에 혹 삼승법을 얻고자 하여도 세상에서는 얻지 못하리라. 내가 육천비구 등으로 하여금 사주세계에서 한량없는 법을 통달케 하고 십만방편으로 항하사 같은 제자를 다 무량세계로 들여보내리라.

내가 오늘날 회중에 중생을 제도치 못하면 다시 어느 회상에서 제도하리요. 시방세계에 일을 통달하여도 부처되기 어렵다 하니 일만 가지 방편인들 본심을 얻지 못하면 어찌 부처되리요. 모든 대중이 불도를 구하는 자여, 불전의 법화경을 청하여 어찌 부처님의 은공이 없다 하리요. 십만 권속이라도 다 이 법을 위로하며 이 법을 듣고 어진 도를 깨닫지 못하면 비록 사람의 얼굴을 썼으나 짐승만도 못하리라."

부처님이 대인상 육계광명을 놓으시니 천지만물에 조화를 다 의논하여 읽으니 십만억 대중이 다 들으라 하시니 약왕보살이 회중에 있다가

부처님께 고하되 "전일에 이만 연등불도 법화경에 수기받

아 연등불이 되었으니 부처님의 은혜 지중치 아니하리요. 묘법연화경은 십삼천세계에 으뜸되는 경전이니 금일 모든 대중이 이 법을 듣고 만일 오늘 부처될 마음을 얻지 못하면 어느 때에 다시 얻어보리요. 십만억 제자 등이 금일 모든 회에 가지가지 인연으로 공양도 하며 가지가지로 보시도 하며 모든 의복 음식으로 보시하는 자는 평생 악취 중에 떨어지지 아니하리라. 옛 부처님이 이르시되 당번과 가지가지 공양을 시주하는 자는 부처되지 아니할 이 없더라."

부처님이 대광명을 놓으시고 다시 이르시되 "불공하기와 착한 도 닦기와 일체 사람을 어여삐 여기기와 이같은 공덕으로 다 부처되리라."

약왕보살이 부처님께 고하되 "저의 전세 일을 일러주소서. 무슨 착한 도를 닦고서 약왕보살이 되었나니까?"

부처님이 답하시되 "약왕보살아, 너의 전세 일을 이를 것이니 자세히 들으라. 너는 전세에 오경국 사람이니 십삼 세에 대원왕으로 즉위하여 평생 궁녀를 데리고 불법을 숭상하더니, 하루는 만수강에 배를 타고 연등의 나루를 건너가더니 남경에 한 사람을 만나 묻되 '그대는 어디로 가나뇨' 하니 그 사람이 답하되 '나는 연국에 한 왕이 불법을 숭상하

기로 친견하러 가나니다.'

왕이 답왈 '연국에 불법 숭상하기를 위엄하는 왕은 나뿐인데 그대는 누구인가?'

그 사람이 답하되 '나는 서천에 있는 동진보살이로소이다.'

왕이 문왈 '서천 불법 숭상하는 왕을 보러 오신다 하니 보살은 너무 감격함이니다' 하더라. 동진보살이 고하되 '대왕은 어찌 이런 말씀 하시나이까. 대왕이 비록 연국왕이 되시나, 대왕은 전세의 보살 후신이니 이제 마땅히 나를 따라 서천으로 가십시다' 하니 왕이 즉시 동진보살을 따라 서천에 이르니 '모든 부처님을 친견하고 오늘 회중에 약왕보살이 되었나니다' 하시고, 또한 이르시되 '그런 고로 어찌 불법이 중대하지 아니하리요' 하시고, 또 다시 이르시되 '내가 관음보살 전세 일을 말할 것이니 자세히 들으라. 관음보살은 전세에 법성국 여자로서 부모를 잃고 외로운 몸이 되어 사방으로 개걸하여 다니더니 이름은 정토라. 한 곳을 지나더니 법성국 광성에 한 재상이 있으되 벼슬을 살매 노비가 부족하거늘 하루는 걸인이 문밖에 와 밥을 빌어먹거늘 그 재상이 불쌍히 여겨 그 걸인에게 묻되 「나이 몇이며 이름은 무엇이라 하는가」 하거늘, 걸인이 답하되 「저는 이름이 정토이옵니다. 나이는 일곱살이오며 세 살에 부모님이 돌아가시매 의지할 데 없어 사방으로 빌어먹나이다.」

그 재상이 이르되 「너의 정세가 그러할 것 같으면 가장 불쌍하다. 나의 사환이 부족하니 내 집에서 물심부름이나 함이 어떠하냐?」 정토가 대답왈 「일신을 의지할 곳이 없사와 주야 서럽더니 오늘 말씀이 이와 같사오니 대단히 감사하옵니다. 어찌 거행하지 아니하오리이까」 다시 그 재상에게 묻되 「상공의 성함이나 알고 있겠습니다.」

그 재상이 답하되 「나는 이 나라의 승상이요 성은 장씨로다」 하니 정토가 치사하고 인하여 장승상 집에 있어서 만사를 다 시키는 대로 시행하더니 이때는 천하태평하고 그 나라에 근심되는 일이 없더니 국왕이 행예땅에 거동할새, 승상과 부인이 구경나가고 정토와 무통이라 하는 아이가 집을 지키더니 무통이 정토를 시기하여 승상 계신 바깥사랑에 둔 용각홀과 요강을 가져다 정토방에 감추고 있더니, 날이 저문 후 승상 부부 돌아와 장자를 열고 보니 용각홀이 없거늘 괴이 여겨 내당에 들어가 부인에게 물으니 부인이 또한 알지 못한다 하거늘, 승상이 정토를 불러 조용히 물으니 정토 답왈 「소인은 무통과 함께 종일 집을 떠난 바 없삽더니 이제 두 가지 기물이 없다 하시니 가히 알지 못할 일이옵니다.」 방색하니 승상이 노하여 무통과 정토를 내쫓거늘, 두 아이 물러나와 서로 원망하더니 무통이 그 밤에 정토 잠든 후 내당에 들어가 부인께 고하되「그 일이 가장 괴이하니 정토의 방을 뒤져 보십시오」, 부인이 이르되「내가 어찌 가서 수탐하겠느냐. 네가 뒤져 보라」 하니 무통이 정토의 방을 뒤지는 체하고 저 두었던 곳에 가서 두 가지를 가지고 들어가 부인께 드리니 부인이「정토를 그대로 두지 못하리라」 하더니라.

　부인이 승상을 청하여 잃어버렸던 두 가지를 뵈이고 수말을 고한대 승상이 이르되「저가 칠세에 내 집에 들어와 십오세 되었으니 저의 잔뼈가 굵으며 그러하거늘 그런 악행을 하니 가히 죽음직하다」 하고 무통으로 하여금 정토를 부르라 하니, 무통이 나와 정토에게 이르되「너는 저런 몹쓸 노릇을 하여 나에게까지 죄를 미치게 하니 너는 누구를 한탄하리요. 승상이 부르시니 빨리 오라」 하니, 정토는 능히 폐치 못하여 무통을 따라 들어오니 승상이 크게 노하여 꾸짖어「너는 칠세에 내 집에 들어와 잔뼈가 자랐거늘 너는 은인을 배반하니 살아 무엇에 쓰리요」 하고 즉시 마구간에 가두고 밥을 주지 아니하고 굶기더니, 하루는 꿈에 한 노승이 정토에게 이르되「네가 이제 죽기를 면코자 하거든 서방아미타불을 주야 칭송하면 죽기를 면하리라」하거늘 정토가 망극 중에 괴이 여겨 주야 아미타불을 외우더니, 하루는 승상이 한 꿈이 있거늘 한 동자 와서 이르되「승상이시여, 정토는 애매한 죄를 입었으니 마땅히 죄를 사해 주소서. 만일 승상이 그 말을 믿지 아니하면 우리 천왕이 승상을 죽일 것이니 날이 밝거든 내어 놓으십시요」하니 승상이 꿈을 깨어 괴이하여도 종시 정토를 내어 놓지 아니하니, 정토가 여러 날을 굶어 목숨이 거의 다하게 되었더니 또한 승상 꿈에 어떠한 대장이 구름을 타고 들어와 장승상 이름을 불러 이르되「나는 야마천궁에 있는 호세천왕이러니 네가 어진 사람을 죽이려 하매 내가 내려왔으니 너는 바삐 나와 내 칼을 받으라」하니 승상이 놀라 겨우 정신을 차려 빌되「오늘만 참아주시면 밝은 날 정토를 내어 놓겠습니다」하니 천왕이 응낙하고 돌아가거늘 깨어보니 한 꿈이라. 밝기를 기다려 정토 갇힌 마구간 문을 열고 이르되「네가 무슨 행업을 닦아서 간밤에 몽사가 이같고 이같으냐」하니 정토가 말하되「제가 이곳에 갇혀 이미 할 일 없기로 다만 아미타불을 불렀습니다」 하더라.

승상이 괴이 여겨 즉시 정토를 내어 놓고 그날부터 아미타불 외우기를 숭상하더니 정토는 관세음보살이 되고 그 승상은 건달바왕이 되어 이 회중에 와서 불법이 이같이 영험하니 어찌되다 하리요. 말세라도 불법을 숭상하는 자는 어려운 일이 없으리라.'

또한 다시 이르시되 '팔십억 세상에 이같이 빛난 법으로 주생을 제도케 하소서. 과거 무량한 부처님이라도 이같은 대법을 듣고 부처되었으니 금일 모든 대중에 선남자 선여인이 어떠한 경을 듣고 칭찬하나뇨. 가히 부처될 마음을 닦아 부처되어라.

옛적에 묘색신불도 정법을 얻어 듣고 부처되었나니 이 앞 육십소겁 중생이 불법을 얻어보려 하나 그때는 불법이 없을 것이니 이제 불법 있을 때에 지극한 정성심으로 숭상하여라.

만일 그렇지 아니하면 장래 부처될 복을 어찌 얻으리요. 백만억 제자들이 이 법을 의심 말고 행하여라. 어찌 큰길 가기를 의심하리요. 법 들으면 복 얻기를 어찌 의심하리요. 부처될 마음을 가지고도 행하지 아니하니 선남자 선여인들아, 이 법을 듣느냐? 만일 듣거든 내 말 같이 시행하여 보아라.'"

약왕보살이 부처님께 고하시되 "부처님은 삼계에 큰 스승이시고 사생에 자비스러운 아버지시라. 십삼천 세계의 일을 어찌 조그만치나 의심하리요. 우리 가운데 부처될 마음을 찾기가 산중에 산삼 찾기와 황해물 가운데 여의주 찾기 같으니 어찌 부처님의 신력이 적다 하오리까."

부처님이 다시 이르시되 "이만연등불 처소에 수기받아 팔만사천 비구중으로 더불어 약왕보살이 되었으니 약왕보살은 세간에 으뜸되는 보살이로다. 세세생생에 얻기 어려운 보살의 몸이요 법문은 만억년에도 다시 얻지 못할 법이니 극락세계 구품대상을 구경하고 삼승회에 돌아가 함께 이 법화경 듣기를 원할지니라. 만일 내 원력과 같이 시행치 아니하면 부처되기 가히 어려우리라." 약왕보살이 부처님께 고하되 "부처님, 오늘 우리들에게 부처님의 지혜를 이르소서. 부처님의 광대한 지혜를 어찌 아끼오리까."

부처님이 이르시되 "약왕보살은 어질고 어진 남자로다. 내가 어찌 법 설하기를 사양하리요. 내가 전세 법성산에서 법화경을 이를 때에 여러 해 묵은 여우가 산에 다니며 울다가 법화경 읽는 소리를 듣고 내 앞에 와서 고하되 '부처님은 법성산에서 법화경을 읽으시니 제가 여우의 몸 받은 지 이백년이 되어 더러운 몸을 벗지 못하였으니 이제 부처님 위신력으로 이 더러운 몸을 벗고 인간에 나게 하여 주시옵소서."

부처님이 이르시되 "네가 오늘 법화경을 듣고자 하거든 네가 일백 년을 저 모양으로 있으면 다른 요술이 있을 것이니 요술을 하고 오면 네가 법을 이루리라."

여우가 말하되 "저는 별로 요술이 없으나 변하여 여인이 되오리다" 하고 물러가더니 이윽고 여자 되어 와서 뜰 아래 꿇어앉거늘 부처님이 법화경 수기품을 읽으시니 여우가 다 듣고 이르되 "저는 전세에 공부하여 신선이 되었다가 사천년 전에 지하에 떨어져 이 몸이 되었었더니 오늘 부처님 법화경 설하심을 듣고 불국으로 환생하올 것이니 부처님 은혜는 백골난망이로소이다" 하고 물러가더라. 이제 천수 보살이 되어 이 회중에 왔으니 이는 또한 법화경 들은 공덕이니라.

묘법연화경

묘법연화경 서품 제일

이같음을 내가 들었사오니, 한때에 부처님께서 왕사성 기사굴 산중에 계실새, 대비구의 무리 만이천인과 함께 하시니다 아라한이라. 모든 누(번뇌)가 이미 다하여 다시 번뇌가 없고, 자기 이익을 얻기에 이르러서는 모든 루에 결박함이 다하여 마음이 자재함을 얻었으니, 그 이름은 아야교진여와 마하가섭과 우루빈나가섭과 가야가섭과 나제가섭과 사리불과 대목건련과 마하가전연과 아누루타와 교범바제와 리바다와 필능가바차와 박구라와 마하구치라와 난타와 손타라난타와 부루나미다라니자와 수보리와 아난과 라후라 이같은 뭇 사람이 아는 바 대 아라한 등이며, 또 유학인(아직 번뇌가 남아 배울 것이 있는 이)과 무학인(번뇌가 없어 이제 배울 것이 없는 이)이 이천인이 있으며, 마하바사바제 비구니도 권속 육천인과 함께 하고 나후라의 어머니 야수다라 비구니도 권속으로 함께 하시니라.

보살 마하살 팔만인이 다 아뇩다라 삼먁 삼보리에 퇴전치 아니하여 다 다라니를 얻고 설하기 즐기는 구변의 재주로 불퇴전하는 법륜을 굴리고, 무량 백천 제불을 공양하고 제불 처소에서 모든 덕의 근본을 심어 제불의 칭찬을 입고, 자비심으로 수신하여 부처님 지혜에 잘 들어가고 피안에 이르러 이름이 무량세계에 널리 들리어 능히 무수한 백천 중생을 구제하시니, 그 이름은 문수사리보살과 관세음보살과 득대세보살과 상정진보살과 불휴식보살과 보장보살과 약왕보살과 용시보살과 보월보살과 월광보살과 만월보살과 대력보살과 무량력보살과 월삼계보살과 발타바라보살과 미륵보살과 보적보살과 도사보살과 이 같으신 보살 마하살 팔만인이 함께 하시더라.

그때에 석제환인이 권속 이만천자와 함께 하시고, 명월천자와 보향천자와 보광천자와 사대천왕이 권속 만천자와 함께 하시고, 자재천자와 대자재천자도 권속 삼만천자와 함께 하시고, 사바세계 주범천왕 되는 시기대범 등도 권속 만이천천자와 함께 하시고, 팔용왕이 있으되 난타용왕 발난타용왕 사가라용왕 화수길용왕 덕차가용왕 아나바달다용왕 마나사용왕 우발나용왕 등이니 각기 약간 백천 권속과 함께 하고, 네 긴나라왕이 있으되 법긴나라왕 묘법긴나라왕 대법긴나라왕 지법긴나라왕이니 각기 약간 백천 권속과 함께 하고, 네 건달바왕이 있으되 악건달바왕 악음건달바왕 미건달바왕 미음건달바왕이니 각기 약간 백천 권속으로 함께 하고, 네 아수라왕이 있으되 바치 아수라왕 거라건타 아수라왕 비마질다라아수라왕 라후아수라왕이니 각기 약간 백천 권속으로 함께 하고, 네 가루라왕이 있으되 대위덕 가루라왕 대신가루라왕 대만가루라왕 여의가루라왕이니 각기 약간 백천 권속으로 함께 하고, 위제희의 아들 아사세 왕도 약간 백천 권속으로 함께 하여 부처님의 발에 경예하고 한편으로 물러나 앉으니라. 그때에 세존이 사중에게 둘러싸여 공양공경과 존중찬탄을 받으시고 제보살을 위하여 교보살법 불소호념(보살을 가르치는 법으로 모든 부처님이 보호하고 생각함)인 무량의(무량의는 그때 설하신 경문 이름이니, 그 불법의 의취가 무량하게 깊다는 말)라 하는 대승경(최상의 경전)을 설하시니라.

부처님께서 이 경을 설하여 마치시고 가부를 맺어 앉으사 무량의처 삼매에 드사(삼매에 드는 것은 참선 입정하여 잠자듯 함을 말함) 몸과 마음이 움직이지 아니하시니, 이때에 하늘에서 만다라꽃과 마하만다라꽃과 만수사꽃과 마하만수사꽃이 비오듯 부처님과 대중 위에 흩날리고 보불세계가 육종으로 진동하니라(육종진동: 땅이 ①움직이고, ②올라오고, ③솟아뜨고, ④적게 소리나고, ⑤크게 소리나고, ⑥부딪치는 것을 말함).
그때 회중의 비구 비구니 우바새 우바이 천 룡 야차 건달바 아수라 가루라 긴나라 마후라가 인비인과 모든 소왕과 전륜성왕 등 대중이 미증유(일찍이 있어본 적이 없음)를 얻으매 환희 합장하고 일심으로 부처님을 보더라.

그때에 부처님께서 미간백호상 광명을 놓으사 동방 만팔천 세계를 비추시니 아래로는 아비지옥이며 위로는 아가리타천까지 그 세계 육취중생이 다 보이고 또 그 세계의 현재 제불도 보이며, 제불이 경법을 설하심도 들리고, 모든 비구 비구니 우바새 우바이가 수행하여 득도한 자도 보이며, 모든 보살이 가지가지 인연과 가지가지 신해와 가지가지 형상으로 보살도를 행하심도 보이며, 모든 부처님의 반열반 하심도 보이며, 반열반 하신 후에 사리로 칠보탑 조성함도 보이더라. 그때에 미륵보살이 생각하오대 '이제 세존이 신비로운 변화의 상서를 보이시니 무슨 인연으로 이러한 상서가 있느뇨? 이제 세존이 삼매에 드사 불가사의의 희유한 일을 나투시니 마땅히 누구에게 물으며 누가 능히 대답할 자이뇨?' 다시 생각하오대 '문수사리 법왕자가 이미 일찍이 과거 무량제불을 친근 공양하였으니 응당 이러한 희유의 상서를 보았을지니 내가 이제 마땅히 물으리라.' 그때에 비구 비구니 우바새 우바이와 천룡 귀신 등도 이렇듯이 생각하더라. 미륵보살이 자기 의심도 해결코자 하고 사중과 모든 천룡 귀신 등의 마음을 아시고 문수보살께 묻자오대 "무슨 인연으로 이 상서가 있어 신통지상으로 대광명을 놓으사 동방 만팔천 국토를 비치고 그 불토 장엄함이 다 보이느뇨?"

　그때 문수사리가 미륵보살과 모든 대사에게 말씀하시되 "선남자들이여, 나의 생각 같을진대, 이제 세존께서 대법을 설하시고 대법의 비를 내리시고 대법의 고동을 불으시고 대법의 북을 치시고 대법의 뜻을 연설코자 하심이로다. 내가 일찍이 과거 제불에게 이러한 상서를 보았사오며, 이 광명을 놓으신 후에는 곧 대법을 설하셨나니 이러하므로 마땅히 알지어다. 이제 세존께서 광명을 보이시니 또한 중생으로 하여금 일체 세간의 믿기 어려운 법을 듣고 알게 하시려 짐짓 이러한 상서를 보이심이로다. 모든 선남자여,

과거 무량무변 불가사의 아승지겁에 부처님이 계시되 이름은 일월등명 여래 응공 정변지 명행족 선서 세간해 무상사 조어장부 천인사 불 세존이시라.(여래는 진리를 온전히 깨달아 체득함, 응공은 공양을 받을 만함, 정변지는 두루 바르게 앎, 명행족은 앎과 행동이 온전히 구족함, 선서는 일체 미혹에 빠지지 않음, 세간해는 세간만법을 다 깨쳐 앎, 무상사는 무등등을 증득함, 조어장부는 사람을 조복하고 제어함이 뛰어남, 천인사는 삼계의 스승임, 불은 자기가 깨치고 다른 사람을 깨치게 함, 세존은 이 열 가지 이름을 구족하여 세상에서 가장 높은 이가 되심) 정법을 연설하실새 처음도 좋고 중간도 좋고 뒤에도 좋음에 그 뜻이 심원하고 그 말이 교묘하여 순일무잡하며 청정한 범행의 상이 구족한지라. 성문 되기를 구하는 자를 위하여는 사제법(고집멸도. 뒤 화성유품에서 다시 말함)을 설하사 생로병사를 면하고 구경 열반케 하시며, 벽지불 되기를 구하는 자를 위하여는 십이인연법(뒤 화성유품에서 자세히 말함)을 설하시며, 보살을 위하여는 육바라밀(바라밀은 고통의 바다를 벗어나 저편 언덕, 즉 피안에 이른다는 말로 보살의 수행을 뜻한다. 육바라밀은 ①보시니 주기를 즐김이요, ②지계니 계행을 지킴이요. ③인욕이니 참지 못할 일을 참음이요, ④정진이니 부지런히 공부함이요, ⑤선정이니 마음을 고요히 함이요, ⑥지혜이니 지견에 듦이다)을 득하여 일체종지(성불하는 지혜)를 성취케 하시니라. 다음에 또 부처님이 계시되 또한 이름이 일월등명이오, 그 다음에 또 부처님이 계시되 또한 이름이 일월등명이오, 이같이 이만 부처님이 다같이 이름을 일월등명이라 하고 도성을 파라타라 하니, 미륵이여 마땅히 알지어다. 처음 부처님과 뒤 부처님이 다 십호를 구족하시고 설하신 법이 처음도 좋고 중간도 좋고 뒤에도 좋더니라. 최후 부처님 출가 전에 팔왕자를 두었으니 이름은 유의, 선의, 무량의, 보의, 중의, 제의의, 향의, 법의니라. 이 팔왕자가 위엄과 덕이 자재하여 각각 사천하를 영술하였더니 부친이 출가하사 아뇩다라 삼먁 삼보리 득하심을 듣고 다 왕위를 버리고 또한 따라서 출가하여 대승의 뜻을 발하고 항상 범행을 닦으사, 다 법사되어 이미 천만불 처소에서 모든 선근을 심으시니라. 이때에 일월등명불이 교보살법 불소호념인 무량의라 하는 대승경을 설하사 마치시고 곧 대중 가운데서 결가부좌하사 무량의처 삼매에 드사 몸과 마음이 움직이지 아니하시니, 이때 하늘에서 만다라꽃과 마하만다라꽃과 만수사꽃과 마하만수사꽃을 부처님과 대중 위에 비와 같이 흩뿌리고 보불세계가 육종으로 진동하니

라. 그때 회중에 비구 비구니 우바새 우바이와 천룡 야차 건달바 아수라 가루라 긴나라 마후라가 인비인과 모든 소왕 전륜성왕 등 모든 대중이 미증유를 득하고 환희 합장하여 일심으로 부처님을 관하더니, 그때 여래께서 미간백호상 광명을 놓으사 지금 보이는 바와 같이 동방 만팔천 국토를 비치니라.

미륵이여, 마땅히 알지어다. 그때 회중에 이십억 보살이 있어 법을 듣다가 이 광명의 인연을 알고저 하더니, 그때에 보살이 있으되 이름은 묘광이니 팔백 제자를 두었더라. 이때 일월등명불이 삼매로부터 일어나서 묘광보살을 인하여 교보살법 불소호념인 묘법연화라 하는 대승경을 설하실 때 육십 소겁을 자리에서 일어나지 아니하시고, 회중도 한 곳에 앉아 육십 소겁을 움직이지 아니하고 법을 듣되 일식경과 같이 알고 한 사람도 해태치 아니하니라. 일월등명불이 육십 소겁에 경을 설하여 마치시매 곧 범왕과 마왕과 사문과 바라문과 천인 아수라 무리 가운데서 말씀하시되 '여래가 금일 밤중에 마땅히 무여열반에 들겠노라.'

때에 보살이 있으되 이름은 덕장이더니 일월등명불이 곧 수기하실세 모든 비구에게 고하시되 '이 덕장보살이 다음에 부처되어 호는 정신 다타아가도(여래) 아라하(응공) 삼막 삼불타(정변정각)라' 하시고 문득 그 밤중에 무여열반에 드시니라. 부처님 멸도하신 후에 묘광보살이 묘법연화경을 가져 팔십 소겁이 차도록 사람을 위하여 연설하실세, 일월 등명불의 여덟 아들이 다 묘광을 스승으로 섬기거늘 묘광이 교화하여 그 아뇩다라 삼막 삼보리를 견고케 하신대, 모든 왕자가 무량 백천만억불을 공양하야 마침에 다 불도를 성취한 바 그 최후에 성불한 이는 이름이 연등불이시더라. 팔백 제자 중에 한 사람이 있으되 호는 구명이니 소승법을 좋아하고 여러 경문을 독송하여도 잊어버린 바가 많으나 모든 착한 근본 인연을 심은 고로 무량백천만억제불을 만나 공양 공경하며 존중 찬탄하니라. 미륵이여, 마땅히 알지어다. 그때 묘광보살은 다른 사람이 아니라 곧 내가 그요, 구명보살은 당신이 그이라. 이제 또한 이 상서가 전세와 다름없음을 보니 이러한 연고로 내가 생각건대 금일에 여래가 마땅히 교보살법 불소호념인 묘법연화라 하는 대승경을 설하리라 하노라."

묘법연화경 방편품 제이

그때 세존께서 삼매에서 편안하고 상서롭게 일어나시와 사리불에게 말씀하시되 "제불의 지혜가 심히 깊어 한량이 없으매 그 지혜문을 해득키도 어렵고 들어가기도 어려워 일체 성문 벽지불이 능히 알지 못할 바이니라. 무슨 까닭이냐? 부처님이 일찍이 백천만억 무수제불께 친근하여 제불의 한량없는 도법을 다 행하되 용맹정진하여 명칭이 널리 들리고 가장 깊은 미증유의 법을 성취하거니와 마땅한 대로 설한 바 이 이치를 해득키 어려우니라. 사리불아, 내가 성불한 후로 가지가지 인연과 가지가지 비유로 널리 연설하야 수없는 방편으로 중생을 인도하여 모든 집착을 여의게 하였으니, 어찌된 까닭인가? 여래의 방편바라밀과 지견바라밀이 다 이미 구족함이라.(방편바라밀은 권법으로 설하신 지혜요 지견바라밀은 실상으로 설하신 지혜다) 사리불아, 여래의 지견이 광대하고 심원하여 사무량심과 사무애변과 십력과 사무

214

애와 선정과 모든 해탈법과 모든 삼매문에 깊이 들기를 끝없이 하여 일체 미증유의 법을 성취하니라. 사리불아, 여래가 능히 종종분별로 교묘히 모든 법을 설하시되 언사가 부드럽고 연하여 모든 사람의 마음을 기쁘게 하시나니라. 사리불아, 다시 말하지 말지니라. 무엇 때문이뇨? 부처님이 성취한 바는 제일 희유하고 해득하기 어려운 법이라 오직 부처와 부처라야 모든 법의 실상을 능히 궁구하느니라. 이른바 모든 법은 이같은 상과 이같은 성과 이같은 체와 이같은 힘과 이같은 작과 이같은 인과 이같은 연과 이같은 과와 이같은 보와 이같은 본말구경 등이니라."

그때 대중 가운데 모든 성문과, 누(번뇌)를 다한 아라한 아약교진여 등 천이백인과, 성문벽지불의 마음을 발한 비구 비구니 우바새 우바이가 각각 생각하되 '지금 세존이 어찌한 연고로 은근히 방편을 칭찬하사 이러한 말씀을 하시느뇨. 부처님의 얻으신 법이 심히 깊어 해득키 어려운지라 말씀하심이 있어도 이치를 알기 어려워 일체 성문과 벽지불이 미처 가지 못할 바이로다. 부처님이 한 가지 해탈할 뜻을 설하심에 우리들도 이 법을 얻어 열반에 이르겠으나 이제 이러한 이치를 알지 못하겠도다.' 그때 사리불이 사중의 의심 있음도 알고 자기도 명백하지 않으므로 부처님께 사뢰되 "세존이시여, 어찌한 인연으로 은근히 제불의 제일방편으로 심심미묘하여 해득키 어려운 법을 칭찬하시온지요. 제가 전부터 부처님의 이러한 말씀을 듣지 못하온지라 이제 사중이 다 의심을 두오니 오직 원하옵건대 세존은 이 일을 펴서 연설하소서. 세존이시여, 어찌한 연고로 은근히 심심미묘하여 해득키 어려운 법을 칭탄하시나이까?" 그때 부처님께서 사리불에게 이르시매 "그치라. 그치라. 다시 말할 것이 아니니라. 만약 말할진대 일체 세간의 제천과 사람들이 다 마땅히 놀라 의심하리라." 사리불이 다시 사뢰되 "세존이시여, 오직 원하옵노니 설해주소서. 어찌한 연고이니까. 이 회중의 무수한 백천만억 아승지 중생이 제불의 모든 근본이 용맹하고 지혜로움을 보았사오니 부처님의 말씀을 듣사오면 능히 공경하여 믿사오리니다."

부처님께서 다시 사리불을 그치게 하시되 "만약 이 일을 설할지면 일체 세간의 천인 아수라가 다 마땅히 놀라 의심할 것이요, 증상만의 비구들은 장차 큰 구렁에 떨어질 것이라." 그때 사리불이 다시 부처님께 사뢰되 "세존이시여, 원컨대 설하소서. 원컨대 설하여 주소서. 이제 이 회중에 저희와 같은 백천만억이 세세생생에 부처님께 교화를 받았사오니 이러한 사람들이 반드시 능히 공경하여 믿사와 긴-밤을 편케 지내어 요익되는 바가 많으니이다."

그때에 세존이 사리불에게 말씀하시되 "네가 이미 은근히 세 번이나 청하였으니 어찌 말하지 아니하랴. 너는 이제 자세히 들어 잘 생각하라. 내가 마땅히 너를 위하여 분별하리라." 이 말씀 하실 때에 회중에 비구 비구니 우바새 우바이 오천인 등이 있다가 곧 자리에서 일어나 부처님께 경예하고 물러가니 어찌한 연고요. 저 무리는 죄근이 심중한 증상만인으로 얻지 못하고도 얻은 체하고, 증득치 못하고도 증득한 체하나니 이같은 과실이 있는지라. 이러함으로 머물지 못함이어늘 세존도 묵연하시고 제지하지 아니 하시더라.

그때에 부처님께서 사리불에게 말씀하시되 "이제 우리 회중에 지엽들은 다시 없고 순전히 정실만 있도다. 사리불아, 그러한 증상만인들은 물러가도 좋은지라. 너는 이제 잘 들으라. 마땅히 너를 위하여 설하리라." 사리불이 부처님께 사뢰어 말씀하오대 "그리하오리다. 세존이시여, 원하옵건대 즐거이 듣고저 하나이다." 부처님께서 사리불에게 일러 말씀하시되 "이러한 묘법은 제불여래가 때가 되어 설하사, 우담바라화가 때가 되어 한 번 나타남과 같으니라. 사리불아, 너희들이 마땅히 부처의 설하는 바 말씀이 허망 치 않음을 믿을지니라. 사리불아, 제불이 마땅함을 따라 설법하시므로 이치를 해득하기 어려우니라. 어찌한 연고 뇨. 내가 무수한 방편과 종종한 인연과 비유하는 언사로 모든 법을 연설하노니, 이 법은 사량과 분별로는 능히 해득 할 바가 아니요 오직 제불이라야 능히 아시느니라. 어찌된 까닭이뇨. 제불세존이 다만 한 가지 큰 인연으로 세상에 출현하시기 때문이니라. 사리불아, 어찌하여 제불세존이 다만 한 가지 큰 인연으로 세상에 출현하신다 하느뇨. 제불 세존이 중생으로 하여금 부처님의 지견이 열리어 청정함을 얻게 하려고 세상에 출현하심이요, 중생에게 부처님의 지견 을 보이려고 세상에 출현하심이요, 중생으로 하여금 부처님 의 지견을 깨닫게 하려고 세상에 출현하심이요, 중생으로 하여금 부처님의 지견도에 들게 하려고 세상에 출현하심이 니라. 사리불아, 이것이 제불여래가 일대사 인연으로 세상 에 출현하심이니라."

부처님께서 사리불에게 말씀하시되 "제불여래가 보살을 교화하심에 모든 지은 바가 항상 일대사 되니, 부처님의 지견을 중생에게 보여 깨치게 하심이니라. 사리불아, 여래는 다만 일불승으로 중생을 위하여 설법하심이오 다른 승이 두 가지나 세 가지(이승이나 삼승)가 없느니라. 사리불아, 일체 시방제불의 법도 다 이와 같으니라. 사리불아, 과거제불이 무량 무수 방편과 종종 인연과비유언사로 중생을 위하여 제법을 연설하시니 이 법은 다 일불승이 되는고로 저 모든 중생이 그 법을 듣고 구경에는 다 일체 종지를 얻느니라. 사리불아, 미래제불이 출세하셔도 무량 무수 방편과 종종 인연과 비유언사로 중생을 위하여 모든 법을 연설하실지면 그 법이 다 일불승이 되는고로 모든 중생이 그 법문을 듣고 구경에는 다 일체 종지를 얻으리라. 사리불아, 현재 시방 무량 백천만억 불토 중에 제불세존이 중생에게 요익하고 안락하게 한 바가 많으니 이 모든 부처님도 무량 무수 방편과 종종 인연과 비유언사로 제법을 연설하시나니 이 법이 다 일불승이 되는고로 모든 중생이 이 법문을 듣고 구경에는 다 일체 종지를 얻느니라. 사리불아, 이 모든 부처님이 다만 보살을 교화하사 부처님의 지견으로 중생에게 보이고저 하심이요, 부처님의 지견으로 중생을 깨치고저 하심이요, 중생으로 하여금 부처님의 지견에 들게 하심이니

라. 사리불아, 나도 이제 이와 같이 모든 중생이 종종의 바람이 마음에 깊이 집착한 줄 알고 그 본성대로 종종 인연과 비유언사와 방편력으로 설법하노니, 사리불아, 이렇게 함이 다 일불승인 일체 종지를 얻게 함이니라. 사리불아, 시방세계 중에 이승이 없거늘 하물며 삼승이 있으랴. 사리불아, 제불이 오탁악세에 나셨으니 이른바 겁탁 번뇌탁, 중생탁, 견탁, 명탁이니 사리불아, 겁탁은 어지러운 시대에 중생의 죄업이 중하여 인색하고 간탐함과 질투함이 모든 착하지 못한 근기를 이루는 고로 제불이 방편력으로써 일불승을 분별하여 셋이라 하셨더니라. 사리불아, 만약 나의 제자 중에 이러한 벽지불이라 자칭하는 자가 제불여래의 보살 교화하신 일을 듣지도 못하고 알지도 못하면 이는 불제자도 아니요 아라한도 아니요 벽지불도 아니니라. 또 사리불아, 이 모든 비구 비구니가 스스로 이르되 '이미 아라한을 득하였은즉 이는 최후의 몸이라 구경에 열반하리라' 하여 다시 아뇩다라 삼먁 삼보리를 구할 뜻이 없으면 마땅히 알지라. 이러한 무리는 다 증상만인이라. 어찌된 일이뇨. 만약 비구가 진실로 아라한을 득하고서 이 법을 믿지 아니하는 이치는 없기 때문이니라. 부처님 멸도하신 후 현전에

부처님이 없으면 제외하나니 어찌한 까닭이뇨. 부처님 멸도 하신 후에 이러한 경전을 수지독송하여 이치를 해득한 자를 얻기 어렵기 때문이니라. 만약 다른 부처님을 만나면 이 법 중에 문득 해결 요연함을 얻으리라. 사리불아, 너희들이 마땅히 부처님의 말씀을 신해하고 수지할지니, 제불여래의 말씀은 허망함이 없으시고 다른 승도 없으사 다만 일불승이 시니라."

묘법연화경 비유품 제삼

그때에 사리불이 용약환희하야 즉시 일어나 합장하고 존안을 우러러보며 부처님께 사뢰오대 "지금 세존께 이러한 법다운 음성을 듣잡고 미증유를 득함을 마음에 즐거워 용약하나이다. 어찌함이니까? 제가 전세에 부처님으로부터 이러한 법문을 듣기는 하였사오니, 제보살이 부처되리라고 수기받는 것을 보았으나 저희들은 거기에 참여치 못하였으므로 여래의 무량지견에 벗어나옴을 심히 슬퍼하였나이다. 세존이시여, 제가 항상 홀로 산림에 처하여 나무 아래 앉거나 거닐거나 매양 생각하오대 '우리들도 법성은 같거늘 어찌하여 여래께서 소승법으로 제도하시는가. 필시 우리들의 허물이요 세존이 그러하심은 아니시라' 하였나이다. 어찌함이니까? 만약 저희들이 인한 바 말씀하심을 기다려 아뇩다라 삼먁 삼보리를 성취할지면 필연코 대승법으로 도탈(해탈)을 얻었을지나, 저희들이 방편으로 마땅함을 따라 설하신 바를 해득치 못하고 불법을 처음 듣고 만나는 대로 곧 믿고 받아들여 증득한 줄로 생각하였나이다. 세존이시여, 제가 전부터 종일종야토록 매양 스스로 책망하였삽더니 이제 부처님께 듣지 못하던 미증유의 법문을 듣잡고 모든 의심과 뉘우침을 끊어버리고 몸과 뜻이 태연하여 쾌히 안온함을 얻었사오니, 오늘에야 참으로 부처님의 아들이며 부처님의 입으로부터 나온 듯 법으로부터 화생하온 듯 부처님의 법문을 얻은 줄 알겠삽나이다."

그때 부처님께서 사리불에게 말씀하시되 "내가 이제 천인 사문 바라문 등 대중 가운데서 설하노니, 내가 일찍이 이만 억불 처소에서 위없는 도를 위한 고로 항상 너를 교화하였고, 너도 길고 긴 밤에 나를 좇아 수학할 때 내가 방편으로 너를 인도한 고로 나의 법 가운데 출생하였나니라. 사리불아, 내가 전에 너에게 '불도에 뜻을 두고 원하라' 하였더니 네가 이제 다 잊어버리고 문득 스스로 이르대 '이미 멸도를 득하였노라' 하니, 내가 이제 너로 하여금 본원으로 행한 바 도를 기억하게 하고자 모든 성문을 위하여 보살을 가르치는 법이며 부처님이 호념하신 묘법연화라 하는 대승경을 설하노라. 사리불아, 네가 미래세에 무량무변 불가사의

겁을 지내며 약간 천만억불을 공양하고 정법을 받들어 가져 보살의 행할 바 도를 구족히 하면 마땅히 부처되어 호를 화광여래 응공 정변지 명행족 선서 세간해 무상사 조어장부 천인사 불 세존이라 하리라. 그 나라 이름은 리구이니 그 땅은 고르고 반듯하고 청정 장엄하고 안온하고 풍요롭고 즐거워 천인이 치성하며, 유리로 된 땅에 여덟 갈래 교차한 길이 황금사슬로 땅의 경계를 나누고 길가에 심은 나무에 꽃과 과실이 항상 있는지라. 화광여래도 삼승으로 중생을 교화하리니 사리불아, 그때는 악한 세상은 아닐지라도 본원이 있는 고로 삼승법을 설함이오, 그 겁 이름은 대보장엄이니 어찌하여 대보장엄이라 하느뇨. 그 나라에서는 보살로 큰 보배를 삼는 연고이니라. 저 모든 보살이 무량무변 불가사의여서 산술과 비유로는 능히 미칠 바가 아니요, 부처님의 지혜와 힘이 아니면 능히 알 수 없느니라. 만일 걷고저 할 때는 보배꽃이 발을 받드나니 이 모든 보살은 초발심이 아니라 다 오래 덕의 근본을 심어 무량 백천만억 부처님 처소에서 범행을 깨끗이 닦아 모든 부처님이 칭찬하신 바가 되고, 항상 부처님의 지혜를 닦아 대신통을 구족하고 일체 법문을 잘 알아 참되고 정직하여 간사함이 없고, 뜻과 생각이 견고하여 이러한 보살이 그 나라에 충만하니라. 사리불아, 화광불의 수명은 십이소겁이니 왕자되어 성불하기 전은 계산치 아니한 것이며, 그 나라 인민의 수명은 팔십소겁이니라. 화광여래가 십이소겁을 지내고 견만보살에게 수기할 제, 모든 비구에게 말씀하시되 '이 견만보살이 다음에 마땅히 성불하여 이름을 화족안행 다타아가도 삼먁 삼불타라 할지요 그 국토도 이와 같다' 하리라. 사리불아, 이 화광불이 멸도한 후에 정법이 세상에 머물기는 삼십이소겁이요, 상법이 세상에 머물기도 삼십이소겁이니라.

그때 비구 비구니 우바새 우바이 천룡 야차 건달바 아수라 가루라 긴나라 마후라가 등 대중이 사리불이 부처님 앞에서 아뇩다라 삼먁 삼보리 수기함을 보고 마음에 크게 환희하여 용약무량하고 각각 몸에 입은 바 웃옷을 벗어 부처님께 공양하고, 석제환인과 범천왕 등은 무수천자와 더불어 천상의 좋은 의복과 만다라꽃과 마하만다라꽃 등으로 부처님께 공양하니, 흩트린 바 의복은 허공중에 떠돌아다니고 하늘풍악 백천만종이 허공중에서 일시에 동작하고 갖가지 색의 천화가 비오듯 하더니, 허공중에서 말씀하되 '부처님께서 이전에 바라나에서 처음으로 법륜을 굴리시더니 이제 다시 위없는 가장 큰 법륜을 굴리신다' 하더라."

　그때 사리불이 부처님께 사뢰대 "저는 이제 다시 의심과 뉘우침이 없이 친히 부처님 앞에서 수기하였거니와 이 회중에 마음이 자재한 자 천이백인이 전에 학지(아직 배울 것이 남아 있는 경지)에 있을 때에 부처님께서 항상 가르치시되 '나의 법이 능히 생로병사를 여의고 구경에 열반하리라' 하시옵기로, 이 배우고 배우지 못한 사람 등도 각각 나라고 하는 견해와 있다 없다 하는 견해를 여의고 열반을 얻으리라 하시옵더니, 이제 세존 앞에서 듣지 못하던 바를 듣잡고 다 의혹에 빠졌삽나이다. 선재이옵니다 세존이시여, 원하옵건대 사중을 위하여 그 인연을 설하사 의혹을 풀게 하소서." 그때 부처님께서 사리불에게 말씀하시되 "내가 아까 제불세존이 종종인연과 비유언사로 방편 설법하심이 다 아뇩다라 삼먁 삼보리를 위하심이라고 말하지 아니하였느냐. 이 모든 설하신 바가 다 보살을 교화하고저 하심이니라. 그러하나 이제 마땅히 비유로써 이 뜻을 말하리니 모든 지혜 있는 자는 비유로 해득하라. 사리불아, 만약 나라 도성 중에 큰 장자가 있으되 나이는 쇠하였으나 재산이 한량이 없어 전답과 집과 노복이 많이 있고, 그 집이 광대하되 문은 하나뿐이요 사람이 많아 일백 이백 내지 오백인이 그 안에 있던 바, 마루와 누각이 썩어 찌들고 담과 벽이 퇴락하여 기둥뿌리가 주저앉고 도리와 대들보가 기울고 쏠리어 모든 위란을 갖추었더니, 홀연히 불이 일어 사택을 사르는지라. 장자의 아들 십여 명이 이 집 속에 있더니 장자가 이 큰불이 사면으로 일어남을 보고 크게 놀라고 두려워하여 생각하되 '나는 비록 능히 불타는 문을 편안히 나왔으나 아들들은 불타는 집 속에서 유희하기만 즐기고, 불이 몸에 핍박하면 고통이 몸에 닥칠 줄을 알지 못하며 놀라고 두렵지도 아니하고 환란을 싫어하지 아니하여 나올 뜻이 없구나.' 사리불아, 이 장자가 생각하오대 '나는 몸과 손에 힘이 있으니 마땅히 의복이나 궤짝으로써 집에서 내오리라.' 다시 생각하오대 '이 집에 문이 다만 하나뿐인데 또한 좁고 적은지라. 아이들이 아직 어려서 아는 바가 없고 노는 것만 생각하니, 만약 떨어뜨리면 불에 탈 것이다. 내가 응당 이 일이 무섭고 두려운 것을 말해주어 이 집이 이미 타고 있으니 마땅히 빨리 나오게 하여 불에 타지 않게 하리라' 하고 모든 아이들에게 말하되 '너희들은 속히 나오라.' 아비는 비록 불쌍히 여겨 좋은 말로 달래나 아들들은 유희하기만 즐기며 믿고 받아들이지 아니하고 놀라고 두려워하지도 아니하여 조금도 나올 마음이 없을 뿐 아니라, 또한 무엇이 불인지 무엇이 집인지 어찌하여 불이 낫다 하는지 알지 못하고 다만 동서로 달리며 아비를 보기만 할 뿐이로다. 그때 장자가 곧 생각하오대 '이 집이 벌써 큰불에 타는 바 되었으니 나와 저 아들들이 이때에 나가지 아니하면 반드시 불에 탈지니 내가 마땅히 방편을 베풀어 자식들로 하여금 환란을 면케 하리라.' 아비가 일찍이 아들들이 좋아하는 여러 가지 진기한 장난감과 기이한 물건들을 아는지라, 아이들 마음에 반드시 좋아할 것이로다. 이에 말하되 '너희들이 좋아하는 장난감은 드물어 얻기 어려우니 너희가 지금 취하지 아니하면 후일에 반드시 어리석음을 후회하리라. 이러한 갖가지 양거 녹거 우거가 이제 문밖에 있어 가히 유희할 만하니 너희들은 이 불난 집에서 속히 나오너라. 너희들이 원하는 대로 다 주리라.' 그때 아들들이 아비의 말씀하는 바를 들으매, 진기한 장난감들이 자기들 원하는 것에 적당한 고로 서로 달음질하여 불붙는 집에서 다 나오니라. 이때에 장자가 아들들이 안온히 나와 다 네거리 큰 길바닥에 앉는지라 다시 염려될 바가 없음을 보고 마음이 태연하여 환희용약하더라. 때에 아들들이 각각 아버지께 사뢰되 '아까 허락하신 양거 녹거 우거를 원컨대 즉시 주소서.' 사리불아, 그때에 장자가 아들들에게 각각 큰 수레 하나씩을 주었으니 그 수레가 높고 넓어 모든 보배로 장엄하고 난간을 두르고 사면에 방울을 달고 위에는 포장을 덮고 둘렀으며, 갖가지 보배로 꾸미고 또한 보배 줄로 이리저리 얽고 오색 구슬 매듭을 드리우고 고운 방석을 겹겹이 깔고 좋은 의자를 놓고 흰 소로 멍에한 바 살찌고 정결하여 형채가 아름답고 힘이 많아 걸음이 편안하고 바르며 빠르기는 바람 같고, 또 많은 비복들이 모시고 보호하였더라. 어찌함이요. 이 장자가 재물이 한량없어 여러 창고에 가득히 찬지라, 생각하되 '나의 재물이 무궁하니 응당 변변치 않는 적은 수레로 자식들에게 주지 아니하리라. 지금 저 어린아이들이 모든 나의 아들이거늘 사랑하기를 편벽됨이 없으리라. 내가 이와 같이 칠보로 된 큰 수레가 있으되 그 수가 한량없으니 마땅히 평등한 마음으로 고르게 나누어주고 응당 차별하지 아니할지라. 어찌함이요. 나의 이 물건들은 전 인민에게 다 주어도 없어지지 않거늘 하물며 아들이겠느냐.' 이때에 아들들이 각각 큰 수레를 탔으니, 일찍이 있지 아니한 것을 얻은 것이지만 본래의 소망은 아니더라. 사리불아, 너는 어떻다 생각하느뇨? 이 장자가 평등하게 모든 아들에게 보배수레를 준 것이 허망(거짓되고 망령됨)한 것이냐?" 사리불이 말하되 "아닙니다 세존이시여, 이 장자가 다만 모든 자식으로 하여금 화난을 면하여 그 신명을 온전케 함이온즉 허망함이 아니옵니다. 어찌함이니까. 만약 신명만 온전하여도 진기한 장난감을 얻음이 되거늘 하물며 또한 방편으로 불붙는 집에서 구하여냄이리까. 세존이시여, 만약 이 장자가 가장 적은 수레 하나조차 아니 주어도 오히려 허망치 않사오니 어찌함이닛고? 장자가 먼저 생각하되 '내가 방편으로 모든 아들을 나오게 하리라' 하였사오니 이러함으로 허망함이 없거늘 하물며 각각 큰 수레를 주었음이오리까." 부처님께서 사리불에게 말씀하시되 "착하고 착하다. 너의 말한 바와 같으니라. 사리불아, 여래도 이와 같아서 일체 세간의 아버지가 된지라. 모든 두려움과 쇠함과 번뇌함과 우환과 무명이 가리어 캄캄함을 길이 소멸하여 나머지가 없게 하느니라. 또 무량한 지견과 두려움 없는 힘을 성취하고 대신통력과 지혜력이 있고 방편과 지혜바라밀과 대자대비를 구족하여 항상 해태함이 없고 좋은 일을 구하여 일체중생을 이익되게 하느니라. 이에 썩고 삭은 불붙는 집 같은 삼계에 출현하여 중생의 생로병사와 우비고뇌(근심 슬픔 괴로움 번민)와 우치암폐(어리석음의 어둠에 덮임)와 삼독(탐진치)의 불을 제도하기 위하여, 교화하여 아뇩다라 삼먁 삼보리를 얻게 하느니라. 내가 중생을 보니 생로병사와 우비고뇌에 타서 삶아지는 바가 되며, 또한 오욕(눈, 귀, 코, 혀, 몸의 다섯 가지 감각기관에 대응하여 발생하는 욕망)과 재물과 이익 때문에 가지가지 고초를 받으며, 또 탐착과 추구로 현생에 모든 고를 받다가 후생에 지옥 아귀 축생의 보를 받고, 만약 천상에 나든지 인간에 있을지라도 빈궁하여 부족한 고와 애별리고(사랑하는 사람과 이별하는 고통)와 원증회고(미워하는 사람과 만나는 고통)와 이러한 여러 가지 고이나니, 중생이 그 가운데 빠져 환희하며 유희하여 깨닫지 못하고 알지 못하며 놀라지 않고 두려워하지 않으며 또한 싫어하지도 않고 해탈을 구하지도 아니하며 삼계화택에서 동서치주(동서로 이리저리 뛰어다님)하여 비록 큰 고를 만나나 근심도 아니하나니, 사리불아, 부처님이 이를 보시고 문득 생각하오대 '내가 사생의 자부가 되었으니 마땅히 그 고와 난을 제도하고 무량무변한 부처님의 지혜력을 주어 그들로 하여금 유희케 하리라' 하시고 또 생각하오대 '만약 내가 다만 신통력과 지혜력으로 방편을 버리고 모든 중생을 위하여 여래의 지견력과 무소외를 찬탄만 할지면 중생을 능히 제도치 못할지니 어찌함이요. 이 모든 중생이 생로병사 우비고뇌를 면치 못하여 삼계화택에 태운 바가 되나니 어찌 능히 부처님의 지혜를 해득하리오.' 사리불아, 장자가 비록 몸과 손에 힘이 있어도 쓰지 아니하고 은근한 방편으로 모든 아들을 화택에서 구하여 낸 연후에 각각 보배수레를 준 것과 같아서, 여래도 이와 같이 힘과 무소외가 있어도 쓰지 아니하고 다만 지혜방편으로 삼계화택에서 중생을 제도할세, 삼승이 되는 성문승 벽지불승 불승을 설하시고 이렇듯이 말씀하시되 '너희들은 삼계화택에 머물러 있기를 즐기지 말며 추하고 해진 색 성 향 미 촉을 탐하지 말라. 만약 탐착하다가 애정이 생기면 불에 태운 바 되리라. 너희가 속히 삼계로부터 나오면 마땅히 성문승 벽지불승 불승을 얻으리라. 내가 이 일이 마침내 허망치 아니함을 담보하리니 너희들은 다만 부지런히 닦으며 정진할지니라.' 여래께서 이러한 방편으로 중생을 달래어 전진케 하고 다시 말씀하시되 '너희들은 마땅히 알지어다. 이 삼승법이 다 성인이 칭탄하신 바이라 자유로 매인 데 없고 의지하여 구하는 바가 없나니, 이 삼승을 타면 무루(번뇌가 다함), 오근(다섯 뿌리), 오력(다섯 힘), 칠각(일곱 가지 깨달음), 팔정도(여덟 가지 바른 길), 사선(네 참선), 구차제정(선정의 아홉 단계), 팔해탈(여덟 해탈), 삼매 등으로써 스스로 즐겁고 문득 무량한 안온 쾌락을 얻으리라. 사리불아, 만약 중생이 안으로 지혜성품이 있어 불세존께 묘법을 듣고 신수(믿고 받아들임)하야 은근히 정진하여 삼계로부터 속히 뛰어나와 스스로 열반을 구하고저 하면 이를 성문승이라 하나니, 저 모든 아들이 양 수레를 취하러 화택(불타는 집)에서 나옴과 같으니라. 만약 중생이 세존께 법을 듣고 신수하여 은근히 정진하여 자연한 지혜를 구하여 홀로 깨닫기를 즐기며 고요함을 좋아하고 모든 법의 인연을 깊이 알게 되면 이를 벽지불승이라 하나니, 저 모든 아들이 사슴 수레를 취하러 화택에서 나옴과 같으니라. 만약 중생이 부처님께 법문을 듣고 신수하여 부지런히 닦으며 정진하여 일체지혜와 불지혜, 자연한 지혜와 스승없이 아는 지혜와 여래의 지견과 십력(열 가지 힘)과 사무소외(네 가지 두려움 없음)를 구하여 무량중생을 불쌍히 여기고 안락케 하며, 사람과 하늘을 이익케 하여 일체를 도탈하면 이를 대승이라 하며, 보살은 이러한 승을 구하므로 마하살이라 하나니, 저 모든 아들이 우거(소 수레)를 취하러 화택에서 나옴과 같으니라.

　사리불아, 저 장자가 모든 아들이 편안히 화택에서 나와 두려움이 없는 곳에 있음을 보고 스스로 재물과 부가 무량함을 생각하고 평등하게 큰 수레를 모든 아들에게 준 것과 같아서, 여래께서도 이와 같이 일체중생의 자비한 아버지가 된지라. 만약 무량 억천 중생이 부처님 법문으로 삼계고해와 두렵고 험한 길을 나와 열반락을 얻을지면, 여래가 그때에 문득 생각하오대 '내가 무량무변한 지혜력과 무소외 등의 모든 부처님 법장이 있는 바, 이 모든 중생이 다 나의 사랑하는 아들이니 평등하게 대승법을 주어 홀로 멸도하지 않게 하고 다 여래의 멸도로써 멸도하게 하리라.' 이 모든 중생이 삼계를 벗어나는 자는 다 제불의 선정과 해탈 등의 마음을 즐겁게 하는 기구를 주되 다 한 모양과 한 종자로 성인의 칭탄하시는 바이니 능히 깨끗하고 묘한 제일의 즐거움을 내느니라. 사리불아, 저 장자가 처음에는 세 가지 수레로 모든 아들을 유인하여 낸 후에 보배로 장엄한 큰 수레를 주어 안온하기 제일이라. 그러나 저 장자가 허망(거

짓되고 망령됨)한 허물이 없는 것과 같이 여래도 이와 같이
허망함이 없느니라. 처음에는 삼승을 설하여 중생을 인도한
연후에 대승으로 도탈시키나니, 어찌된 까닭인가. 여래가
무량한 지혜와 힘과 무소외와 모든 법을 쌓아둠이 있어
능히 대승법으로 일체중생을 다 주고도 오히려 남을 것이기
때문이니라. 사리불아, 이러한 인연으로 마땅히 모든 부처
님이 방편력으로 짐짓 일불승에서 분별하여 셋이라 설한
줄 알지니라."

묘법연화경 신해품 제사

그때에 혜명수보리와 마하가전연과 마하가섭과 마하목건 련이 부처님의 처소에서 미증유의 법문을 듣고, 또 세존께 서 사리불에게 수기하심을 보고 희유한 마음을 발하여 환희 용약하야 곧 자리에서 일어나 의복을 가지런히 하여 편단우 견(가사를 왼쪽 어깨에 걸치고 오른쪽 어깨는 드러나게 입는 것)하고 오른 무릎을 땅에 꿇고 일심으로 합장하여 허리를 구부려 공경하고 존안을 첨앙하며 부처님께 사뢰되 "저희들이 대중 가운데 상수이고 나이 또한 후매(늙음)하므로 스스로 열반을 이미 얻었은즉 감임할 바가 없다(감임은 견디는 마음. 즉 대승에 감임할 바가 없다는 말) 하여 다시 나아가 아뇩다라 삼먁 삼보리 를 구하지 아니하였나이다. 세존이시어, 옛적에 설법하심 이 이미 오래 되온 바, 저희들이 그때에 자리에 있으되 신체가 피곤하고 해태하여 공이라 하는 법이 형상도 없고 지은 바도 없음만 생각하옵고, 보살법이 희유신통하여 불국토를 깨끗이 하고 중생을 성취시킨다 함에는 마음에 기쁘고 즐겁지 아니하였나이다. 어찌함이니까. 세존께서는 저희들로 하여금 삼계에서 벗어나서 열반을 얻도록 하시나 저희들이 이제 나이 후매하므로 부처님께서 보살 교화하시는 아뇩다라 삼먁 삼보리에 한 생각도 좋아하고 즐기는 마음을 내지 아니하였삽더니, 저희들이 이제 부처님 앞에서 성문에게도 수기하심을 들었사오니 마음에 크게 환희하여 일찍이 없었던 일을 얻음이며, 뜻밖에 지금 홀연히 희유한 법을 듣사오니 심히 경사스럽고 다행으로 대선리(크게 좋고 이로움)를 얻음이니, 무량한 진보를 구하지 않았으나 저절로 얻음이옵니다. 세존이시여, 저희들이 이제 좋은 말씀으로 비유하야 이 뜻을 밝히오리다. 비유컨대 한 사람이 어렸을 때에 부모를 떠나서 도망하여 타국에 오래 머물기를 십년 이십년 오십년까지 하온바, 나이 이미 장성함에 더욱 곤궁하여 사방으로 돌아다니며 의식을 구하다가 점점 유행하여 본국을 향할 때, 그 부모는 그동안에 아들을 찾다가 찾지 못하고 한 도성에 머물러 있더니, 그 집은 큰 부자여서 재물과 보배가 한량이 없어 금은 유리 산호 호박 파리 진주 등이 창고에 가득히 찼고, 노복과 빈객과 코끼리 말 수레소 양이 무수하며, 출입식리(금전 혹은 이자돈이 들고 나는 것이니 무역이나 금융업을 말함)가 타국까지 미치고 장사하는 사람도 심히 많았나이다. 때에 빈궁한 아들이 마을을 떠돌다 도성으로 점점 부모 있는 곳에 이르렀나이다. 부모가 아들을 이별한지 오십년에 타인을 향하여 말하지 아니하나 스스로 생각하되 '내가 이제 늙어가는 바 재물은 많으나 자식이 없으니 하루아침에 죽어지면 이 재물을 맡길 때가 없는지라. 만약 아들을 찾을진댄 편안하고 즐거워 다시 걱정이 없겠다' 하였나이다. 세존이시여, 그때 곤궁한 아들이 이집 저집에서 머슴살이를 하다가 부모의 집에 이르러 문 옆에 비켜서서 멀찍이 바라본즉, 그 부모가 사자교의에 걸터앉아 보배궤짝으로 발받침을 하였는데, 모든 바라문 찰리(귀족) 거사들이 다 공경히 모시고 있고, 그 값이 천만이나 되는 진주영락으로 몸을 장엄하고, 시종들이 흰 총채를 집고 좌우로 시립하고, 보배휘장 속에 비단기를 달고, 향수로 땅에 뿌리며, 좋은 꽃을 흩날리고, 보물을 진열하여 출입하는 사람이 구경케 하며, 이같은 가지가지 보배로 장엄하여 위덕이 특히 존중하였나이다. 곤궁한 아들이 부모의 큰 세력 있음을 보고 두려움을 품고 여기 온 것을 뉘우치며 그윽히 생각하되 '아마도 국왕이로다. 과연 국왕일지면 나 같은 머슴살이로 벌이할 처소는 아니니, 빈촌에 가서 내 힘을 써서 옷과 음식을 용히 얻는 것만 같지 못하도다. 만약 여기서 머뭇거리다가는 나를 핍박하여 강제로 사역하리로다' 하고 빨리 달아났나이다. 때에 장자가 사자교의에서 아들을 보더니 문득 알아보고 마음에 크게 환희하여 생각하오대 '나의 재물을 이제는 맡길 바가 있도다. 내가 아들을 염려하고 생각하여도 찾을 도리가 없더니 홀연 스스로 왔으니 심히 내 소원에 맞는다' 하고 곁의 사람을 시키어 데려오라 한대, 그때 사자가 급히 따라가 붙들거늘 아들이 놀라 고성으로 원망하여 가로대 '나는 죄가 없거늘 어찌하여 잡습니까.' 사자가 더욱 굳게 끌거늘 아들이 생각하오대 '무죄이되 잡히어 갇히면 반드시 죽을지로다' 하여 더욱 두려워 기절하여 땅에 넘어졌나이다. 장자가 멀리서 바라보고 사자에게 분부하되 '그 사람은 필요하지 않나니 강제로 데려오지 말고, 냉수를 얼굴에 뿌리어 정신을 차리게 하고 다시 더불어 말하지 말지니라.' 어찌함이뇨. 장자가 그 아들의 뜻이 하열하여 이러한 부귀를 두려워할 줄 미리 알고 방편으로 다른 사람에게는 저가 나의 아들이라 말하지 아니함입니다.

사자가 말하되 '내가 이제 너를 놓아 보내노니 네 마음대로 가라' 하거늘 궁한 아들이 미증유한 환희함을 얻고 땅에서 일어나 빈촌으로 가서 옷과 음식을 구하였나이다. 그때 장자가 그 아들을 방편으로 유인하고저 얼굴이 초췌하고 위덕이 없는 자 두 사람을 비밀히 보내되 '너희가 그 사람에게 가서 조용히 말하되 품팔이 할 곳이 있는 바 품삯이 갑절이나 된다 하여 그 사람이 만약 가겠다 하거든 데리고 와서 일을 시키되, 무엇을 시키려 하느냐 하거든 거름을 칠 터인데 우리도 함께 치겠다' 하라 하더이다. 두 사자가 그 사람을 찾아가서 자세히 말하니, 그때 궁한 사람이 품삯을 미리 받고야 거름을 칠세, 그 장자가 아들을 보고 불쌍히 여기고도 괴이히 여기더이다. 다음날에 창틈으로 멀리 바라보니 아들의 몸이 수척하고 거름물이 몸에 묻어 깨끗하지 아니하거늘, 자기가 영락과 윗도리 사치한 의복을 벗어버리고 다시 거칠고 낡고 때 묻은 옷을 입고 몸에 티끌과 흙투성이를 하고 오른손에 괭이를 들고 무엇을 겁내는 형상으로 가장하고 모든 품꾼에게 말하되 '너희들은 일을 부지런히 하고 해태하여 쉬지 말라' 하여 방편으로 그 아들에게 가까이 함을 얻었더이다. 그 후에 다시 말하되 '어이 이 사람아,

그대는 날마다 여기서 일하고 다른 데 가지 말게나. 마땅히 너의 품삯을 더 줄 것이오, 그대가 혹시 먹고자 하는 것이 있으면 밥과 국수와 소금과 식초와 그릇들이 있으니 어려워 말 것이며, 또는 늙은 하인도 있은즉 요청하면 마땅히 잘 공급할 터이니 부디 안심하고 잘 지내게. 내가 그대의 아비나 다름없으니 다시는 걱정하지 말게나. 어찌함이뇨. 나는 나이 늙고 그대는 젊은데, 그대가 일할 때에 기만도 아니하고 게으르지도 아니하고 성냄과 원망도 없어 다른 품꾼들같은 악한 일이 도무지 없으니 지금 이후는 나의 아들과 같이 알리라' 하고, 즉시 장자가 그를 위하여 이름을 고쳐주고 아들이라 부르더이다. 그때 그 아들이 이렇듯이 됨을 좋아는 하나, 오히려 머슴살이하는 천인이라 자칭하고 이러한지 이십년 동안 거름만 치게 된지라, 이후부터는 마음에 서로 믿어 출입은 무난히 하나 오히려 자기 처소에만 있더이다. 세존이시여, 그때 장자가 병이 들매 미구에 죽을 줄 알고 그 아들에게 말씀하되 '나는 지금 금은진보가 많이 있어 창고가 넘치니, 그중에 얼마를 주고받고 할 것인지 네가 다 알아서 하라. 나의 마음이 이러하니 너는 나의 뜻을 받으라. 어찌함이뇨. 이제 나와 네가 조금도 다르지 아니하니, 마땅히 마음을 써서 손실이 없게 할지니라.' 그때에 이 궁한 아들이 곧 교칙을 받고 금은진보 모든 창고에 있는 물품을 차지하고도 밥 한 그릇이라도 바라서 취할 생각이 없이 제 처소로 전과 같이 있어 하열한 마음 능히 버리지 못하였나이다. 얼마쯤 지나 아비는 아들의 뜻이 점점 통태(사리에 밝고 분명함)하여 큰 뜻을 성취하고 예전 마음을 뉘우침을 알고 죽을 때에 임하여 아들에게 명하여 친족과 국왕 대신 찰리 거사를 모두어 말하되 '여러분은 마땅히 알지어다. 이가 즉 나의 소생 아들인 바 모 성중에서 도망하여 고단하고 고생한 지가 오십여년이라. 그 본이름은 아무개요 나의 이름은 아무개이라. 전에 여기까지 찾아왔더니 홀연히 만난지라 이제 내가 소유한 모든 재물은 다 아들의 차지요, 그 전일 출납한 바는 아들의 아는 바이라' 한대, 세존이시여, 이때 궁한 아들이 아비의 이 말씀을 듣고 미증유한 환희를 얻고 생각하오대 '내가 본래 희구한 바가 없었더니 이제 이러한 보배와 창고가 자연히 이르렀도다' 하였나이다. 세존이시여, 대부장자는 곧 여래시고 저희들은 다 부처님의 아들 같삽기로 여래께서 항상 저희를 아들이라 설하시니다. 세존이시여, 저희들이 세 가지 고가 있는 고로 생사 중에 모든 극심한 번뇌를 받아 미혹하고 무지하여 적은 법(소승법)만 즐기고 집착하였나이다. 전일에 세존께서 저희들로 하여금 모든 법을 희론함이 없이 하라 하심이 궁한 아들에게 거름을 치라 함과 같사와, 저희들이 그 중에 부지런히 정진하여 열반까지 이르름이 궁자의 하루 품삯 받음과 같사온지라, 이미 이를 얻고 마음에 크게 환희하여 스스로 족하여 문득 이르되 '불법 가운데 부지런히 정진한 고로 얻은 바가 많았다' 하나, 세존께서 저희들의 마음이 가리어 작은 법(소승법)만 즐기는 줄 먼저 아시고 곧 버려두시와 여래의 보배창고가 있는 줄을 분별하여 설하지 아니하심이로소이다. 세존께서 방편력으로써 여래의 지혜를 설하시오나 저희들은 부처님의 열반에서 하루 품삯분만 받음이온대 그것을 크게 받음이라 하여 대승법은 구할 뜻도 없었나이다. 저희들이 또 여래의 지혜로 인하여 모든 보살을 위하여 열어뵈이고 연설하였사오나 스스로는 여기에 뜻과 원이 없었사오니 어찌함이니이까. 부처님께서 저희들이 작은 법만 즐김을 아시고 방편력으로 저희가 하는 대로 두셨사오나 저희는 참으로 부처님의 아들인 줄 알지 못하였나이다. 이제야 비로소 저희들이 부처님이 지혜를 아끼지 아니하심을 알았나이다. 어찌함이니까. 저희들이 전에부터 참으로 부처님의 아들이옵지마는 작은 법만 즐긴지라 만약 저희들이 큰 것을 즐길 마음이 있었으면 부처님께서 곧 저희를 위하사 대승법을 설하셨을 것이오리다. 이 경 가운데도 일승법만 설하시고, 전일 보살 앞에서 성문들이 작은 법 즐기는 것을 훼방하였으니 부처님께는 실로 대승법으로 교화하시나이다. 이런 고로 저희들이 말하되 '본래 마음에 희구한 바가 없었는데 이제 법왕의 큰 보배가 자연히 이르러 부처님의 아들로 응당 얻을 만한 것을 다 이미 얻었다' 하나이다."

묘법연화경 약초유품 제오

그때 세존께서 마하가섭과 모든 큰 제자에게 말씀하시되 "선재라, 착하도다. 가섭이 여래의 진실한 공덕을 잘 설하나니 과연 설하는 바와 같으니라. 여래가 또 무량무변 아승지 공덕이 있으니 너희들이 만약 무량억겁을 설하여도 능히 다하지 못하리라. 가섭아, 마땅히 알지니라. 여래는 이 모든 법의 왕이시니 설한 바 다 허망치 아니하고 일체법에 지혜와 방편으로 연설하면 그 설한 바 법이 다 일체지지에 이르느니라. 여래가 일체 제법의 귀취(결국 돌아가 다다르는 이치)할 바를 관찰하여 아시고, 또한 일체 중생이 깊은 마음으로 행하는 바를 알으사 통달하여 걸림이 없으시고, 또 모든 법을 연구하여 밝히사 모든 중생에게 일체지혜를 보이시나니라. 가섭아, 비유컨대 삼천대천세계에 산천 계곡에 생하는 바 초목과 수풀과 모든 약초의 종류가 약간으로 이름과 색깔이 각각 다른 것과 같아서, 두꺼운 구름이 퍼지어 삼천대천세계를 널리 덮고 일시에 비가 고르고 흡족히 내리면 초목과 수풀과 약초의 작고 중간이고 큰 뿌리와 줄기와 가지와 잎새니라. 모든 나무의 대소와 상중하를 따라 각각 받은 바가 한 구름에서 내린 비이지만 각각 종류와 성질에 따라 나고 자라 꽃과 열매가 피고 맺히나니, 비록 한 땅에 난 바이고 한 비에 적신 바이로되 모든 초목이 각각 차별이 있느니라. 가섭아, 마땅히 알아라. 여래도 이와 같아서 세상에 출현하심이 큰 구름 일어나듯 하고, 큰 음성으로 세계 천인 아수라에게 널리 들림은 저 큰 구름이 삼천대천국토를 덮음과 같아서, 대중 가운데에서 이 말씀을 외치되 '내가 즉 여래 응공 정변지 명행족 선서 세간해 무상사 조어장부 천인사 불 세존이라. 제도치 못한 자를 제도하고 해탈치 못한 자를 해탈케 하고 편안치 못한 자를 편안케 하고 열반 못한 자에게 열반을 얻게 하느니라. 이 세상과 후 세상을 실상 지혜로 아나니, 내가 일체를 아는 자이며 일체를 보는 자이며 도를 알고 도를 열고 도를 설하는 자이니라. 너희들 천 인 아수라 무리는 다 응당히 여기 이를지니 법을 듣기 위한 연고이니라.'

그때 무수한 천만억종의 중생이 부처님 계신 처소에 와서 법문을 듣더라. 여래가 이때 중생의 근기가 예리한가 둔한가, 정진하는가 해태하는가를 보아 각기 감당할 바를 따라서 설법하여 종종무량이 다 환희하여 선리(좋은 이익)를 쾌히 얻게 하니라. 이 모든 중생이 이 법을 들어 마침에 현세에 안온하고 후세에 좋은 곳에 나서 도를 닦아 즐거움을 받으며, 또한 법을 듣고 모든 장애를 여의며, 모든 법 가운데서 능력에 맞게 점점 도에 들어감이 저 큰 구름이 일체 초목과 수풀과 약초들에 비가 내리되, 그 종류와 성질대로 구족히 윤택하야 각각 생장을 얻음과 같으니라. 여래의 설법은 한 형상마다 한 맛이 있나니 이른바 해탈상과 이상과 멸상이라.(해탈상은 모든 법에 얽매이지 아니함, 리상은 모든 진루에서 떠남, 멸상은 생사가 영영 없음) 구경에는 일체종지에까지 이르나니, 중생 가운데 여래의 법을 들은 자가 만약 수지독송하며 설한 바와 같이 수행하면 얻은 바 공덕은 스스로 깨달아 알지 못하리라. 어찌함이오. 오직 여래가 중생의 종류와 모양과 형태와 성질을 알아서, 무슨 일을 염려하는지, 무슨 일을 생각하는지, 무슨 일을 닦는지, 어찌하여 염려함인지, 어찌하여 생각함인지, 어찌하여 닦는다 함인지, 무슨 법으로 염려하며, 무슨 법으로 생각하며, 무슨 법으로 닦으며,

무슨 법으로 무슨 법을 얻는지, 중생은 종종의 땅에 주하매 오직 여래가 있어 실상으로 보고 요연히 밝히며 걸림이 없나니, 저 초목과 수풀과 약초들이 스스로 상중하의 성질을 알지 못함과 같으니라. 여래는 한 형상마다 한 맛의 법을 아나니 이른바 해탈상 이상 멸상이라. 구경에는 열반하여 항상 적멸상으로 마침내 공에 돌아감을 아는지라. 부처님은 이미 이를 아시지만 중생의 마음에 하고저 함을 알아서 장차 보호할지라. 이러하므로 일체종지를 곧 설하지 아니함이니 너희와 가섭이 심히 희유함이로다. 능히 여래가 수의설법(중생의 근기에 맞게 설법함)함을 알아 능히 믿고 받아들이니 어찌함이뇨. 제불세존의 수의설법하심은 해득키 어렵고 알기도 어렵기 때문이니라."

묘법연화경 수기품 제육

그때에 세존께서 설법하시기를 다하시고 대중에게 이르사 이러한 말씀을 외치시되 "나의 제자 마하가섭이 미래세에 마땅히 삼백만억 제불세존을 뵈어 공양 공경하고 존중 찬탄하여 제불의 무량대법을 널리 펴고 최후신이 성불하여 이름은 광명여래 응공 정변지 명행족 선서 세간해 무상사 조어장부 천인사 불세존이라 하고, 나라 이름은 광덕이오 겁명은 대장엄이라. 부처의 수명은 십이소겁이오 정법이 세상에 머묾은 이십소겁이오 상법이 세상에 주함도 이십소겁이니라. 나라 경계를 장엄히 꾸미어 모든 예악(더러운 물건)과 형극(가시)과 대소변 등 더러움이 없고, 그 땅이 평평하고 발라서 높고 낮음과 구렁과 언덕이 없고, 유리바닥에 보배 수목이 나란히 서있고, 황금사슬로 길가를 경계하고, 모든 보배꽃을 흩뿌려 사방을 청정케 하느니라. 그 나라에 보살은 무량천억이고 모든 성문 대중도 역시 한량이 없는 바

마군의 작난도 없고, 비록 마군과 마군의 권속이 있어도 다 불법을 보호하리라."

그때에 대목건련과 수보리와 마하가전연 등이 다 두려워하여 일심으로 합장하고 존안을 첨앙하되 눈길을 잠깐도 버리지 아니하고 다 같은 소리로 찬송하야 자기들도 수기받기를 원하더니라. 이때에 세존께서 모든 제자의 마음에 생각하는 바를 아시고 모든 제자에게 말씀하시되 "이 수보리가 내세에 삼백만억 나유타 부처님께 공양 공경하고 존중 찬탄하여 항상 범행을 닦아 보살도를 구족하고 최후에 성불하여 호를 명상여래 응공 정변지 명행족 선서 세간해 무상사 조어장부 천인사 불 세존이라 하고, 겁명은 유묘요 국명은 보생이라. 그 국토는 바르고 반듯하며 파리바닥에 보배나무로 장엄하고 모든 언덕과 모래자갈과 형극과 대소변 등 더러움이 없고 보배꽃이 땅을 덮어 사면이 청정하며, 그 국토의 인민이 다 진기하고 미묘한 보배 누각에 거처하고, 성문제자는 헤아릴 수 없어 산수나 비유로 능히 알지 못하는 바이고 보살대중도 무수하여 천만억나유타이니, 부처님의 수명은 십이소겁이오 정법이 이 세상에 머묾은 이십소겁이오 상법도 역시 머묾은 이십소겁이오, 그 부처님은 항상 허공에서 설법하여 무량한 보살과 성문대중을 도탈시키리라."

그때에 세존께서 다시 모든 비구대중에게 말씀하시되 "내가 이제 말하리라. 이 대가전연이 내세에 모든 공구(공양할 물품)로 팔천억 부처님을 공양하다가 제불이 멸도하신 후 각각 탑을 조성하되 높이는 일천유순이오 사방 넓이는 각각 오백유순이라. 금 은 유리 자거 마노 진주 매괴의 칠보로 합성하였고, 갖가지 꽃과 영락과 도향(바르는 향), 말향(가루향), 소향(피우는 향), 증개(비단 일산), 당번(깃발)으로 그 탑묘에 공양한 후에 또 이만억 부처님께 이같이 공양하여 보살의 도가 구족하면 마땅히 성불하여 이름을 염부나제금광여래 응공 정변지 명행족 선서 세간해 무상사 조어장부 천인사 불 세존이라. 그 국토가 평평하여 모든 보배로 장엄하였으며 사면이 청정하여 보는 자 다 환희하고, 지옥 아귀 축생 아수라의 사악도가 없고 천인과 모든 성문중과 한량없는 보살이 그 나라를 장엄하고, 부처님의 수명은 십이소겁이오 정법이 세상에 머묾은 이십소겁이오 상법이 머묾도 역시 이십소겁이니라."

그때에 세존께서 다시 대중에게 말씀하시되 "내가 이제

너희에게 말하리라. 이 대목건련이 가지가지 공구(공양할 물품)로 팔천 제불께 공양하여 공경 존중하고, 제불이 멸도 하신 후에 각각 탑묘를 일으키되 높이는 일천유순이오 사면 넓이는 각각 오백유순이라. 금 은 유리 자거 마노 진주 매괴의 칠보로 합성하였고, 갖가지 꽃과 영락과 도향 말향 소향과 증개 당번으로 공양한 후에 또 이만억 부처님을 이같이 공양하면 마땅히 성불하여 호를 다마라발전단향여 래 응공 정변지 명행족 선서 세간해 무상사 조어장부 천인사 불 세존이라 할지며, 겁명은 희만이오 국명은 의락이라. 그 국토가 청정하고 화려하여 보는 자가 다 환희하며, 천인 과 보살과 성문이 그 수가 무량하며, 부처님의 수량은 이십 사소겁이오 정법이 세상에 머묾은 사십소겁이오 상법이 머묾 역시 사십소겁이니라."

묘법연화경 화성유품 제칠

부처님께서 모든 비구에게 말씀하시되 "과거 무량무변 불가사의 아승지겁에 그때 부처님이 계시되 이름은 대통지승여래시오 국명은 호성이오 겁명은 대상이라. 모든 비구야, 그 부처님 멸도하신 지 심히 오래고 멀어서 비유컨대 삼천대천세계의 땅으로 먹을 갈아 동방 천 국토를 지나고야 먹 한 점을 티끌만치 떨어뜨리고 또 천 국토를 지나고 다시 한 점을 떨어뜨려 이렇듯 그 먹이 다하도록 하면 너희는 어떻다할고. 이 모든 국토를 산술로 가히 알겠느냐?" "아니로소이다. 세존이시여." "모든 비구야, 이 사람이 지난 바 국토를 먹 점 떨어진 데나 아니 떨어진 데나 다 부수어 티끌을 만들어 한 티끌에 일겁씩 쳐도 저 부처님 멸도하신 이래는 그 겁수보다도 무량무변 백천억 아승지겁이 더 지나느니라. 내가 여래의 지견력을 인한 고로 저 오래고 먼 일을 관하되 금일과 같이 하노라. 대통지승불의 수명은 오백이십만억 나유타겁이니 그 부처님이 본래 도량에 앉아서 마군을 다 깨뜨리고 아뇩다라 삼먁 삼보리를 얻을만치 되었어도 모든 불법이 앞에 현재치 아니하고, 이렇듯이 십소겁에 결가부좌로 몸과 마음이 움직이지 아니하여도 모든 불법이 오히려 앞에 뵈이지 아니하니라. 그때에 도리천에서 미리 그 부처님을 위하여 보리수 나무 아래에 사자고의를 놓되 높이가 일유순이니 부처님이 이 자리에서 아뇩다라 삼먁 삼보리를 얻으실지라. 마침 이 자리에 앉았을 때에 모든 범천왕이 하늘꽃을 내리어 사면 백유순이고, 향기로운 바람이 때로 불어와서 시든 꽃은 불어버리고 다시 새 꽃을 내리어 이렇듯 십소겁을 부처님께 공양하여 멸도하시기까지 항상 이 꽃이 비오듯 하고, 사왕제천이 부처님을 공양키 위하여 항상 하늘북을 치고, 그 나머지 제천은 하늘 기악(춤과 노래 등 가무를 말함)을 지어 십소겁을 채우고 멸도하시기까지 또한 이러하니라. 모든 비구야, 대통지승불이 십소겁을 지낸 후에야 모든 불법이 앞에 뵈어 아뇩다라 삼먁 삼보리를 성취하시니라. 그 부처님이 출가하시기 전에 아들 열여섯이 있으되 그 첫째는 이름이 지적이더니라. 여러 아들이 각각 여러 가지 진귀한 장난감을 가졌더니, 부친의 아뇩다라 삼먁 삼보리 성취하심을 듣고 다 귀중히 여기던 바를 버리고 부처님 계신 처소로 달려가거늘 모든 어머니들이 눈물을 흘리며 따라나와 이별하였고, 그 조부 전륜성왕은 만조백관과 백천만억 인민에게 둘러싸여 모두 함께 대통지승여래를 친근코저 도량에 이르러 부처님께 경례하고 오른편으로 돌기를 마침에 일심으로 합장하고 첨앙하며 게송을 읊었더니라."

그때 십육왕자가 게송을 마치고 세존께 법문해 주시기를 간청하여 모두 말하되 "세존의 설법은 안온함이 많사와 제천과 인민을 불쌍히 여기시고 다 요익케 하시나이다." 부처님께서 모든 비구에게 말씀하시되 "대통지승불이 아뇩다라 삼먁삼보리를 얻을 때에 시방의 각각 오백만억 불세계가 육종으로 진동하고, 그 나라 가운데 일월이 비치지 못하여 어둡던 곳이 다 밝아져 그 속에 있던 중생이 서로 보고 말하되 '이 가운데 어찌하여 없던 중생이 홀연히 나타나는고' 하고, 또 그 나라의 경계에 제천궁전과 범궁까지 육종으로 진동하고, 큰 광명이 널리 비치어 세계에 편만하여 제천의 광명보다도 승하더라. 그때 동방 오백만억 제국토 가운데 범천궁전에 광명이 밝게 비쳐 전일보다 갑절되거늘,

모든 범천왕이 각각 생각하오대 '지금 궁전의 광명은 전에 없던 바이니 어떠한 인연으로 이러한 형상이 뵈이나뇨' 하니라. 이때 모든 범천왕이 서로 방문하여 이 일을 함께 의논할새, 그때 한 대범천왕이 있으되 이름은 구일체로 모든 범천 대중을 위하여 게송으로 설하되 '하늘이 대덕을 위하사 부처님이 세간에 출현하신 고로 이러한 대광명이 시방에 널리 비치임이로다.' 그때 오백만억 국토의 모든 범천왕이 궁전을 떼가지고 각각 좋은 의복에 하늘꽃을 넣고 함께 서방에 나와 광명을 찾아본즉, 대통지승여래께서 도량에 계시사 보리수 아래서 사자교의에 앉으시매 제천 용왕 건달바 긴나라 마후라가 인비인 등이 공경히 둘러서고 십육 왕자도 부처님께 법륜 굴리시기를 청하거늘, 즉시에 제범천왕도 두면예족(부처님의 발에 머리와 얼굴을 대고 절하여 예를 올림)하고 백천 번 부처님 주위를 돌고 하늘꽃으로 부처님 위에 흩날리니 그 꽃이 수미산같이 쌓이고, 아울러 불보리수에까지 공양하니 그 나무 높이는 십유순이더라. 꽃공양을 마침에 각각 궁전을 부처님께 올리고 사뢰대 '저희들을 불쌍히 여기시고 요익케 하시오며 드리는 바 궁전을 받으사 거처하심을 허락하시고, 다만 원하옵나니 법륜을 굴리사

중생을 도탈시켜 열반의 길을 열어주소서.' 그때 대통지승여래께서 묵연히 허락하시니라. 또 모든 비구야, 동남방 오백만억 국토의 모든 대범천왕과 대비라 하는 대범천왕과 남방 오백만억 국토의 모든 대범천왕과 묘법이라 하는 대범천왕과 서남방 서방 서북방 북방 동북방 하방 각각 오백만억 국토의 모든 범천왕과 상방 오백만억 국토의 모든 범천왕과 시기라 하는 대범천왕도 각각 궁전을 떠가지고 좋은 의복에 하늘꽃을 넣고 대통지승여래 도량에 나아와 두면예족하고 백천 번 부처님 주위를 돌고 하늘꽃으로 부처님 위에 흩날리고 또 불보리수에까지 공양하고 꽃공양을 마치매, 각각 궁전을 부처님께 올리고 말하되 '다만 저희들을 불쌍히 여기시고 요익케 하시며 드리는 궁전을 받으사 원컨대 거처하심을 허하소서.' 그때 대통지승여래께서 시방의 모든 범천왕과 십육왕자의 청을 받으시고 즉시 십이행법륜을 세 번 굴리시니(법륜은 사제법이니, 사제법을 세 번 돌리면 열두 번이다. 첫째는 상을 보이고, 둘째는 닦기를 권하고, 셋째는 행하여 증득함이다) 사문 바라문 천신 마군 범천 같은 이는 능히 굴리지 못하는 바이라. 이른바 괴로움과 괴로움의 모임과 괴로움을 멸함과 괴로움을 멸할 도이니라. 또 십이인연법을 널리 설하시되 무명의 연(연은 인연을 짓는다는 말)으로 행이오(어두움에서 일어난 행동, 동작을 말함), 행의 연으로 식이오(행동에서 일어난 인식작용을 말함), 식의 연으로 명색이오(아는 듯하면 이것저것 분별이 있다는 말), 명색의 연으로 육입이오(이것저것 분별이 있으면 눈과 귀와 코와 혀와 몸과 뜻의 여섯 군데로 들어감이 있다는 말), 육입의 연으로 촉이오(여섯 군데로 들어감이 있으면 접촉이 생김), 촉의 연으로 수요(접촉이 생기면 받을 것이 생김), 수의 연으로 애요(받은 후에는 사랑함), 애의 연으로 취요(사랑하면 가질 마음이 생김), 취의 연으로 유요(가질 마음이 생긴 고로 있게 됨), 유의 연으로 생이요(있는 고로 생함), 생의 연으로 노사 우비 고뇌이니(나는 고로 늙고 죽고 근심하고 괴롭고 번뇌가 생김), 무명이 멸(멸은 없어진다는 말)하면 행이 멸하고, 행이 멸하면 식이 멸하고, 식이 멸하면 명색이 멸하고, 명색이 멸하면 육입이 멸하고, 육입이 멸하면 촉이 멸하고, 촉이 멸하면 수가 멸하고, 수가 멸하면 애가 멸하고, 애가 멸하면 취가 멸하고, 취가 멸하면 유가 멸하고, 유가 멸하면 생이 멸하고, 생이 멸하면 노사 우비 고뇌가 멸하리라. 부처님께서 천인 대중 가운데 이 법을 설하실 때에 육백만억 나유타 인이 일체법을 받지 아니함으로 마음이 모든 누(번뇌)에서 해탈하고 다 깊고 미묘한 선정법과 삼명 육통을 얻고 팔해탈이 구족하니라.(일체법은 세간법이니 이를 아니 받으면 즉 출세간법이라. 삼명은 세 가지 밝음이니 생사에 밝고 숙명에 밝고 누진에 밝다는 말이요, 육통은 여섯 가지 신통력이니 신족통, 천안통, 천이통, 타심통, 숙명통, 누진통을 말함) 제이 제삼 제사 설법시에 천만억 항하사 나유타 등의 중생도 일체법을 받지 아니한 고로 마음이 모든 누에서 해탈하고, 이후로 모든 성문중도 무량무변하여 가히 일컬어 헤아리지 못하겠더라. 그때 십육왕자가 다 동자로 출가하여 사미가 되매 모든 근기가 통리하고 지혜가 요연히 밝아 백천만억 제불을 공양하고 범행을 깨끗이 닦아 아뇩다라 삼먁 삼보리를 구하더라. 이때 부처님께 사뢰되 '세존이시여, 이 모든 무량천만억 대덕성문이 다 이미 성취하였삽고 세존께서도 저희들을 위하서 또한 아뇩다라 삼먁 삼보리법을 설하시리니, 저희들이 들으면 다 함께 수학하오리다. 세존이시여, 저희들의 뜻과 원은 여래의 지견이온지라, 깊은 마음으로 생각하는 바인 줄을 부처님께서 증험하야 아시나이다.' 그때 전륜성왕의 거느린 바 인민 중에 팔만억인이 십육왕자의 출가하심을 보고 또한 출가하기를 구하거늘 왕이 곧 허락하시니라. 그때 저 부처님께서 사미의 청을 받으시고 이만겁을 지내시고야 사중 가운데에서 교보살법 불소호념(보살을 가르치는 법으로 모든 부처님이 보호하고 생각함)인 묘법연화라 하는 대승경을 설하시니라. 경을 다 설하심에 십육사미가 아뇩다라 삼먁 삼보리를 위한 고로 다 함께 수지(받아 지님)하여 풍송(읽고 외움)하기 달통하더라. 이 경을 설하실 때에 십육보살사미는 다 믿고 받아들이고 성문 무리 중에서도 믿어 해득하는 자 있으되 그 나머지 중생 천만억종은 다 의혹을 내이더라. 부처님께서 이 경을 설하사 팔천겁에 잠시도 쉬시지 아니하시고 설하시기를 마치시매 곧 정실(조용한 방)에 드사 선정에 주하시기를 팔만사천겁이더라. 이때 십육보살사미가 부처님께서 입실하사 적연히 선정에 드심을 알고 각각 법좌에 올라 또한 팔만사천겁에 사부중(비구 비구니 우바새 우바이)을 위하여 묘법연화경을 널리 설하여 분별하고, 각각 육백만억 나유타 항하사 등 중생을 제도하되 이롭고 기쁨을 보여 가르쳐 아뇩다라 삼먁 삼보리심을 발하게 하니라. 대통지승여래가 팔만사천겁을 지내시고 삼매로부터 일어나시와 법좌에 올라 안상히 앉으사 대중에게 말씀하시되 '이 십육보살사미가 심히 희유한지라. 모든 근기가 통달하고 지혜가 요연히 밝아 이미 무량천만억 제불을 공양하고 제불 처소에서 항상 범행을 닦고 불지혜를 받아 중생에게 열어뵈어 그 가운데 들게 하니, 너희들이 다 마땅히 자주 친근하여 공양할지니라. 어찌함이뇨. 만약 성문과 벽지불과 제보살이 능히 십육보살의 설하는 바 경문과 법을 믿어 수지하고 비방치 아니하면 이 사람이 다 마땅히 아뇩다라 삼먁 삼보리인 여래의 지혜를 얻으리라. 이 십육보살이 항상 이 묘법연화경 설하기를 즐기사 각각의 보살이 교화시킨 바가 육백만억 나유타 항하의 모래수만큼의 중생이니 세세생생 태어나는 바 보살과 함께 법을 듣고 다 각기 믿고 이해한지라. 이러한 인연으로 사만억 제불세존을 만나게 되어 지금까지 다하지 아니하니라.'

모든 비구야, 내가 이제 너희에게 말하리라. 저 불제자 십육사미가 이제 다 아뇩다라 삼먁 삼보리를 득하여 시방국토에서 현재 설법하되 무량백천만억 보살 성문이 있어 권속으로 삼고, 그 중 두 사미는 동방에서 성불하여 첫째는 아축불이니 환희국에 있고 둘째는 수미정불이오, 동남방 두 부처님의 첫째는 사자음불이고 둘째는 사자상불이오. 남방 두 부처님의 첫째는 허공주불이고 둘째는 상멸불이오,

서남방 두 부처님의 첫째는 제상불이고 둘째는 범상불이오, 서방 두 부처님의 첫째는 아미타불이고 둘째는 일체세간고뇌불이오, 서북방 두 부처님의 첫째는 다마라발전단향신통불이고 둘째는 수미상불이오, 북방 두 부처님의 첫째는 운자재불이고 둘째는 운자재왕불이오, 동북방 한 부처는 괴일체세간포외불이오, 제십육은 즉 나 석가모니불이니 사바국토에서 아뇩다라 삼먁 삼보리를 성취하였노라. 모든 비구야, 우리가 사미되었을 때 각각 무량백천만억 항하의 모래수만큼의 중생을 교화하여, 나로부터 법을 들음은 아뇩다라 삼먁 삼보리를 위함이나 이 중생 중에 지금까지도 성문 자리를 떠나지 못한 자가 있기로 내가 항상 아뇩다라 삼먁 삼보리로 교화하노니, 이 모든 사람이 응당 이 법으로 점점 불도에 들리라. 어찌함이뇨. 여래의 지혜가 믿기도 어렵고 알기도 어렵기 때문이니라. 그때 교화한 바 무량한 항하 모래수만큼의 중생은 너희들 비구들과 내가 멸도한 후 미래세 가운데 성문제자가 그이니라. 내가 멸도한 후에 또 어떠한 제자는 이 경을 듣지 못하여 보살의 닦을 바를 알지도 깨닫지도 못하고도 자기가 얻은 바 공덕에서 멸도할 생각을 내면 마땅히 열반에 들지니, 내가 다른 나라에서 부처되면 또 다른 이름이 있으리니 이러한 제자가 멸도할 생각으로 열반에 든다 하여도 그 국토에서 불지혜를 구하면 이 경을 듣게 되어 다만 불승으로 멸도를 득할지며, 다시 여래의 방편설법한 외에 다른 승이 없느니라. 모든 비구야, 만약 여래가 스스로 열반할 때가 된 줄 알고 대중도 청정하여 신해하기를 견고히 하여 공한 법을 요연히 통달하고 깊이 선정에 드는지라. 문득 제보살과 성문중을 모두어 이 경을 설하노니 세간에 두 가지 승으로 멸도를 득함이 없고 다만 일불승으로만 멸도를 득하느니라. 비구야, 마땅히 알지니라. 여래는 방편으로 중생의 성품에 깊이 들어가 중생의 뜻이 작은 법(소승)을 즐기어 깊이 오욕(다섯 가지 욕심)에 집착된 줄 알고 이러한 사람들을 위하여 열반을 설함이니, 이 사람들이 만약 들으면 곧 문득 믿어 받을지니라. 비유컨대 오백유순이나 되는 험악한 길 무인지경 두려운 곳에 만약 여러 사람이 이 길을 지나서 보화 있는 지방을 가고자 하는 바, 한 도사가 있으되 총명하고 지혜있어 험한 길의 갈 데와 못갈 데를 잘 알기로 장차 중생을 인도하여 이러한 험난한 곳을 지나고저 할새, 거느린 바 사람들이 길 가운데 서 해퇴(게으르고 물러남)하여 도사에게 이르되 '우리들이 극히 피곤하기도 하고 또한 두려워 능히 더 나아가지 못하겠고, 나아갈 길은 아직도 멀기로 이제 그만두고 돌아가고저 하노이다.' 도사는 방편이 많은지라 생각하오대 '불쌍하도다. 어찌하여 큰 보화를 버리고 물러가고저 하느냐' 하고 방편의 힘으로 험한 길 도중의 삼백유순쯤 지난 곳에 환술로 한 도성을 지어놓고 중인에게 고하되 '너희들은 겁내지 말고 돌아가지 말지어다. 이제 저기 큰 도성에 가히 쉴 만한지라. 너희 편할 대로 이 도성에 들어가면 쾌히 안온할지라. 만약 능히 보화 있는 처소로 전진코저 하면 능히 가게 될지니라.' 이때 극히 피곤한 무리가 미증유에 탄복하고 마음에 크게 환희하여 '우리들이 이제는 이러한 험악한 길을 면하고 쾌히 안온하게 되었도다' 하고, 이에 여러 사람이 앞으로 나아가 화성(환술로 지은 도성)에 들어가 이미 행역을 마친 듯 마음에 안온하더라. 그때 도사가 이 사람들이 이미 쉬어서 다시 피곤치 아니함을 알고 즉시 화성을 없애고 중인에게 말하되 '너희들은 갔다가 올지니라. 보화 있는 처소가 가까이 있으니 향해 갈지라. 큰 도성은 내가 너희들을 쉬게 하기 위하여 환술로 지은 것이더니라.' 모든 비구야, 여래도 이와 같아서 이제 너희를 위하여 큰 도사가 되니라.

모든 생사와 번뇌의 악한 길이 험하고 멀어서 마땅히 버리고 마땅히 벗어날 줄 알았노니, 만약 중생이 다만 불승 하나인 줄만 들을지면 부처를 보려 하지도 아니하며 가까이 하지도 아니하고 문득 생각하오대 '부처될 길이 길고 멀어 오래도록 근고(고통을 견디며 애씀)를 받아야 이에 가히 성취하리라' 할지니, 부처가 이 마음의 무서워하고 약하여 하열한 줄 알고 방편력으로 중도에서 쉬게 하기 위한 고로 성문과 연각(벽지불)과 두 낮은 승의 열반법을 설하니라. 만약 중생이 그 두 승의 지위에만 주할지면 여래가 그때 곧 위하여 설하되 '너희들의 일한 바가 아직 마치지 못한지라. 너희들이 머무는 경지가 부처의 지혜에 가까우니 마땅히 살피고 생각할지라. 너희의 얻은 바는 참열반이 아니오, 다만 여래의 방편력으로 한 불승을 셋으로 나누어 설하였느니라.' 저 도사가 여러 행인을 쉬게 하려고 환술로 큰 도성을 지었다가 쉬기를 마침에 말하되 '보화의 처소는 가까이 있거니와 이 도성은 실상이 아니며 나의 환술로 지음이라' 함과 같으니라.

묘법연화경 오백제자수기품 제팔

그때에 부루나 미다라니자가 부처님께서 지혜방편으로 수의설법하심과 모든 대제자에게 수기하심과 숙세인연의 일과 제불이 큰 자재신통력 있음을 듣잡고 미증유를 얻은지라. 마음이 깨끗하고 용약하여 곧 자리에서 일어나 부처님 앞에 이르러 두면예족(부처님의 발에 머리와 얼굴을 대고 절하여 예를 올림)하고 한편에 물러서서 존안을 첨앙하되 눈길을 잠시도 놓지 아니하고 생각하오대 '세존께서 심히 기묘하고 특별하사, 하시는 바가 희유하시도다. 세간의 약간 종성(각종 성질)을 수순(순순히 따름)하사 방편지견으로 설법하사 중생의 곳곳 탐착됨을 빼어내시니 우리들은 부처님의 공덕을 말씀하고저 하오나 다하지 못할지오. 오직 불세존이 능히 우리들의 깊은 마음속 본래 원함을 아시리로다.'

그때 부처님께서 모든 비구에게 고하시되 "너희들은 부루나를 보아라. 내가 항상 그 설법하는 사람 중에 가장 제일이 된다 일컫고, 또한 그 가지가지 공덕을 찬탄하였나니, 나의 법을 정근하고 호지하며 조선(펼침을 도움, 동조)하여 능히 사중에 이롭고 기쁨을 뵈어 가르치며, 부처의 정법을 해석하기 구족하여 같이 범행하는 자에게 크게 요익하였으니, 여래 외에는 그 언론의 통달함을 능히 다할 자가 없으니라. 너희들은 부루나가 나의 법만 호지조선한다 이르지 말라. 또한 과거 구십억 제불 처소에서 부처의 정법을 호지조선하고, 또한 그곳 설법인 중에 가장 제일이오, 또한 제불의 설하신 바 법을 명료하게 통달하여 네 가지 무애지(걸림없는 지혜)를 얻고 의혹함이 없으며, 보살의 신통지력을 구족하여 그 수명대로 항상 범행을 닦았으니 그때 사람들이 다 이르되 '이는 실상 성문이라' 한지라. 부루나가 이러한 방편으로 무량 백천 중생을 요익케 하며, 또한 무량 아승지 중생을 교화하여 아뇩다라 삼먁 삼보리에 서게 하며, 불토를 청정하게 하기 위하여 항상 불사를 지어 중생을 교화하니라. 모든 비구야, 부루나는 칠불시대(칠불은 비바시불, 시기불, 비사부불, 구류손불, 구나함불, 가섭불, 서가모니불)의 설법인에서도 제일을 득하였고, 지금 내 처소의 설법인 중에서도 제일이 되고, 현겁(현재 겁) 중 당래 제불설법인 중에서도 또한 제일이오, 다 불법을 호지조선하며 무량 중생을 교화하고 요익케 하여 보살의 도를 구족케 하리라. 무량 아승지겁을 지나고 마땅히 이 세계에서 아뇩다라 삼먁 삼보리를 득하여 호를 법명여래 응공 정변지 명행족 선서 세간해 무상사 조어장부 천인사 불 세존이라 하리라. 그 부처는 항하 모래 수만큼의 삼천대천세계로 일불토를 삼고, 칠보로 된 땅이 평평하기 손바닥 같고 산과 언덕과 시내와 구렁이 없고, 칠보로 된 대관(누각)이 그 가운데 충만하고, 하늘궁전이 허공에 가까이 떠서 천인과 서로 보아 교접할 만하고, 모든 악도가 없고 또한 여인이 없어 일체중생이 다 화생하므로 음욕이 없느니라. 그런고로 대신통을 득하여 몸에 광명이 나고 자재히 날아다니고 심지가 견고하며 정진하고 지혜롭고 다 금색의 삼십이상으로 스스로 장엄하나니라. 그 나라 중생은 항상 두 가지로 먹나니 첫째는 법희식이오 둘째는 선열식이니라.(법희식은 법을 즐김을 음식에 비유함이요, 선열식은 선정, 참선을 즐김을 음식에 비유함이다) 무량 아승지 천만억 나유타 제보살 대중이 있어 대신통과 네 가지 무애지를 증득하여 능히 중생의 종류를 교화하니, 그 성문중은 산수 교계로 능히 알 바가 아니오, 다 삼명 육통 팔해탈을 구족하니라. 그 부처님 국토에 이러한 무량 공덕이 있어 장엄을 성취하리니 겁명은 보명이고 국명은 선정이며 그 부처님 수명은 무량 아승지겁이니, 부처님 멸도 후에 칠보탑을 세워 그 나라에 두루 가득하리라.”

　그때 천이백 아라한으로 마음이 자재한 자가 생각하오대 ‘우리들의 환희함이 미증유를 얻은지라. 만약 세존께서 각각 수기를 보이심이 다른 대제자와 같으면 또한 즐겁지 아니하랴.’ 부처님께서 이 사람들의 마음을 아시고 마하가섭에게 말씀하시되 “이 천이백 아라한을 내가 마땅히 현전에서 차례로 수기하리라. 이 모든 회중에 나의 대제자 교진여 비구가 마땅히 육만 이천억 불을 공양한 후 성불하여 호를 보명여래 응공 정변지 명행족 선서 세간해 무상사 조어장부 천인사 불 세존이라 할지오. 그 오백 아라한에 우루빈라가섭 가야가섭 나제가섭 가루타이 우타이 아누루타 이바다 겁빈나 박구라 주타사 가타 등이 다 마땅히 아뇩다라 삼먁 삼보리를 득하여 다 같은 이름으로 보명이라 하리라.”

　그때 오백 아라한이 부처님 앞에서 수기를 받음에 환희용약하고 자리에서 일어나 부처님 앞에 와서 두면예족하고 잘못을 뉘우쳐 자책하되 "세존이시여, 저희들이 항상 생각하되 이미 구경멸도를 얻은 줄로 여겼삽더니 이제야 아오니 지혜없는 자와 같사오이다. 어찌함이니이까. 저희들도 응당 여래의 지혜를 얻을지어늘 문득 스스로 적은 지혜로 족하다 하였나이다. 세존이시여, 비유컨대 한 사람이 친구의 집에 가서 술이 취하여 누었더니 이때 그 친구가 관사로 행할새, 무가보의 구슬로 그 사람의 옷 속에 채워주고 간지라. 그 사람이 취하여 도무지 알지 못하고 일어난 후에 떠돌며 옷과 음식을 구하고저 타국까지 가서 심히 힘들고 어렵게 지낼새, 만약 조금이라도 얻은 바가 있으면 곧 족하다 하였삽더니, 그 후에 마침 그 친구를 만나매 말하되 '오호라 장부여, 어찌하여 옷과 음식이 이렇듯 되었느뇨. 내가 전에 너로 하여금 안락함을 얻어 오욕을 마음대로 하게 하려 아무 연월일에 무가보주로 너의 옷 속에 채워 이제까지 있거늘, 너는 알지 못하고 큰 고와 근심으로 지냄은 심히 어리석도다. 네가 이제 그 보배로 너의 소원대로 물건을 사면 항상 뜻과 같아서 부족함이 없으리라' 하였느니다. 부처님께서도 이와 같으사 보살로 계실 때에 우리들을 교화하사 일체 지혜심을 발하게 하셨으나 즉시 잊어버리어 알지 못하고, 아라한도를 얻음에 스스로 멸도하였다 하니, 힘들고 어렵게 생활함에 적은 것에도 만족함이오나 일체 지혜의 원력은 아주 잃은 것이 아니로소이다. 이제 세존께서 저희들을 각오케 하사 이렇듯이 말씀하시되 '너희들의 얻은 바는 구경멸도가 아니라 내가 일찍이 너희들로 하여금 불선근을 심게 할새, 방편으로 열반상을 뵈었더니 너희가 진실로 멸도를 얻었다 함이로다.' 세존이시여, 저희가 이제야 참으로 보살로 수기받음을 알고, 이러한 인연으로 미증유 얻음을 크게 환희하나이다."

묘법연화경 수학무학인기품 제구

그때 아난과 라후라가 생각하되 '우리들이 매양 생각하는 바 수기하심을 얻을지면 또한 즐겁지 아니하겠는가.' 곧 자리에서 일어나 부처님 앞에 와서 두면예족(부처님의 발에 머리와 얼굴을 대고 절하여 예를 올림)하고 함께 부처님께 사뢰대 "세존이시여, 저희들도 여기 응당히 연분이 있을 터이온즉, 오직 여래께서만 저희들의 귀의하는 바이고, 또한 저희들은 일체세간 천 인 아수라가 보고 아는 바가 되온지라. 아난은 항상 시자가 되어 법장을 호지하옵고 라후라는 부처님의 아들이오니, 만약 부처님의 수기하심을 입사오면 저희들의 소원과 중인의 희망이 다 만족하오리이다."

그때 학무학 성문제자 이천인이 다 자리에서 일어나 편단우견하고 부처님 앞에 와서 일심합장하여 세존을 첨앙하며 아난과 라후라의 소원과 같이 사뢰고 한쪽에 섰더라. 그때 부처님께서 아난에게 말씀하시되 "네가 내세에 마땅히 성불하여 호를 산해혜자재통왕 여래 응공 정변지 명행족 선서 세간해 무상사 조어장부 천인사 불세존이라 하리니, 마땅히 육십이억 제불을 공양하여 법장을 호지한 연후에야 아뇩다라 삼먁 삼보리를 얻고, 이십천만억 제보살들을 교화하여 아뇩다라 삼먁 삼보리를 성취케 할지니 그 나라 이름은 상립승번이니라. 국토가 청정하여 유리바닥이고 겁명은 묘음변만이고 부처님의 수명은 무량 천만억 아승지겁이니, 정법이 세상에 머묾은 수명보다 갑절이고 상법이 세상에 머묾은 정법보다 갑절이니라. 아난아, 이 산해혜자재통왕 불은 무량 천만억 항하의 모래수만큼의 모든 부처님이 함께 그 공덕을 찬탄한 바가 되리라.”

그때 회중에 새로 발심한 보살 팔천이 다 생각하오대 ‘우리들은 아직까지 모든 대보살들이 이렇듯이 수기받음을 듣지 못하였는데, 어찌한 인연으로 모든 성문들까지 결정코 이러함을 얻었느뇨.’ 그때 세존께서 제보살의 마음을 아시고 말씀하시되 “모든 선남자야, 내가 아난과 함께 공왕불 처소에서 아뇩다라 삼먁 삼보리심을 발한 바 아난은 항상 다문함을 즐겼거늘 나는 항상 정진함을 부지런히 한 고로 이미 아뇩다라 삼먁 삼보리를 성취하였나니라. 이에 아난은 나의 법장을 호지하며 또한 장래 제불의 법장도 호지하여 모든 보살대중을 교화 성취하리니, 그 본원이 그러하므로 이러한 수기를 얻나니라."

아난이 부처님 앞에서 수기를 받고 국토가 장엄함과 소원이 구족함을 듣고 마음에 크게 환희하여 미증유함이더니, 즉시 과거 무량 천만억 제불의 법장을 기억하되 통달무애함이 지금 듣는 바와 같았고, 또한 본원이 그러한 줄 알았더라.

그때 부처님께서 라후라에게 말씀하시되 "너는 내세에 마땅히 성불하여 호를 도칠보화여래 응공 정변지 명행족 선서 세간해 무상사 조어장부 천인사 불세존이라 할지니라. 마땅히 십세계 미진수 제불여래를 공양하여 항상 제불의 장자가 되리니 지금과 같으리라. 이 도칠보화불의 국토장엄함과 수명의 겁수와 교화한 바 제자와 정법 상법도 또한 산해혜자재통왕여래와 같이 다름이 없고, 또한 산해혜자재통왕여래의 장자까지 된 후에야 아뇩다라 삼먁 삼보리를 득하리라."

그때 세존께서 학무학 이천인의 뜻이 부드럽고 깨끗하여 일심으로 부처님을 관함을 보시고 아난에게 말씀하시되 "네가 이 학무학 이천인을 보느냐?" 대답하되 "보나이다."

"아난아, 이 모든 사람들이 마땅히 오십세계 미진수 제불 여래를 공양하여 공경 존중하고 법장을 호지하며, 최후에는 동시 시방국토에서 각각 성불하여 다 같이 이름을 보상여래 응공 정변지 명행족 선서 세간해 무상사 조어장부 천인사 불세존이라 할지니 그 수명은 일겁이니라. 국토의 장엄함과 성문보살의 수효와 정법 상법도 다 동등하리라.

그때 학무학 이천인이 부처님의 수기하심을 듣고 환희용 약하여 게문을 설하되 "세존께서 지혜등불이 밝으시니, 저희가 수기하시는 음성을 듣잡고, 마음에 환희함이 충만하여, 감로를 부어주심과 같사오니다."

묘법연화경 법사품 제십

그때 세존께서 약왕보살을 인하사 팔만대사에게 말씀하시되 "약왕아, 너는 보거라. 이 대중 중에 무량한 제천 용왕 야차 건달바 아수라 가루라 긴나라 마후라가 인비인과 비구 비구니 우바새 우바이와 성문 구하는 자, 벽지불 구하는 자, 불도 구하는 자, 이러한 등류가 다 부처님 앞에서 묘법연화경의 한 게문 한 구절을 듣던지, 내지 한 생각으로 수희(따라서 기뻐함)한 자에게도 내가 다 수기하여 마땅히 아뇩다라 삼먁 삼보리를 얻게 할지니라. 또한 여래 멸도 후에도 이러한 사람이 있으면 내가 또한 수기할지니라. 만약 사람이 묘법연화경을 수지 독송 해설 서사하며 이 경문 한 구절이라도 부처와 같이 공경하여 꽃과 법과 영락과 증개(비단일산) 당번(깃발) 의복 기악으로 공양하고 합장 공경하면, 이 사람들이 이미 십만억불을 공양하여 제불 처소에서 대원을 성취하였으되 중생을 불쌍히 여긴 고로 이 세상에 태어나니라.

약왕아, 어떠한 중생이 미래세에 성불하는가 하면, 마땅히 이러한 중생이 성불하리라 하노라. 어찌함이뇨. 만약 선남자 선여인이 법화경의 다만 한 구절이라도 수지 독송 해설 서사하며, 갖가지 꽃과 향과 영락 증개 당번 의복 기악으로 공양하며 합장 공경하면 이 사람은 일체세간이 응당히 우러러 받들어 여래를 공양하듯이 공양할지니, 마땅히 알지니라. 이 사람은 곧 대보살이니라. 아뇩다라 삼먁 삼보리를 성취하고 중생을 불쌍히 여겨 원력으로 이 세계에 태어나서 묘법연화경을 연설함이어든 하물며 경문 전부를 수지하고 여러 가지로 공양한 자이랴. 약왕아, 마땅히 알지니라. 이러한 사람이 스스로 천정한 업보를 버리고 내가 멸도한 후에 중생을 불쌍히 여긴 고로 악세에 나서 이 경을 널리 설하리라. 만약 선남자 선여인이 내가 멸도한 후에 능히 조용하게 한 사람을 위하여 법화경 한 구절만 설하여도 이 사람은 곧 여래의 사자이니, 여래가 보내신 바로 여래의 일을 대신 행한다 할지어든 하물며 대중 가운데서 널리 연설함이랴. 약왕아, 만약 악한 사람이 있어 착하지 못한 마음으로 부처님을 비방한 죄는 오히려 경하거니와, 만약 한 마디 악한 말로 재가출가 간에 법화경 독송하는 자를 비방하면 그 죄는 더욱 중하리라. 약왕아, 마땅히 알지니라. 법화경을 독송하는 자는 부처님의 장엄으로 자기를 장엄함이니라. 여래의 일을 탐착하였으니 그 이르는 곳마다 일심 합장하여 공경 공양하고 존중 찬탄하며 꽃과 향과 증개 당번 의복 음식 기악의 최상의 공양물로 공양하고 하늘보배로 봉헌할지니라. 어찌함이뇨. 이 사람이 환희설법할지면 잠깐 들어도 곧 구경 아뇩다라 삼막 삼보리를 얻을새니라."

그때 부처님께서 약왕보살에게 말씀하시되 "내가 이전에 설하였고 현금에 설하고 당래에 설할 바 무량 천만억 경전 중에 이 법화경이 가장 해득하기도 어렵고 믿기도 어려우니라. 약왕아, 이 경은 제불의 비밀이 감추어진 바이니 경솔하게 분포하여 타인에게 전함은 불가하며, 제불세존이 수호하시는 바로 예로부터 드러나게 설하지 아니하셨나니, 이 경은 여래가 계신데도 오히려 원망하고 미워하는 자가 많거늘 하물며 멸도하신 후에랴. 약왕아, 여래 멸후에 능히 서사 수지 독송 공양하고 다른 사람을 위하여 설하는 자에게는 여래가 곧 의복으로 덮어주고, 또한 타방 현재 제불이 호념하시는 바인즉, 이 사람은 대신력과 지원력과 선근력이 있어 여래와 함께 거처하고 여래의 손으로 그 머리를 만짐이 되나니라. 약왕아, 재재처처에 연설하든지 독송하든지 서사하든지 이 경문 있는 데는 마땅히 칠보탑을 건설하되 지극히 높고 넓게 하고 장엄을 찬란히 할지면 다시 여래의 사리를 봉안할 필요가 없나니 어찌함이뇨. 그 가운데 벌써 여래의 전신이 있음이니라. 이 탑을 마땅히 일체 화향 영락 증개 당번 기악 가송으로 공양 공경하고 존중 찬탄할지니, 만약 어떤 사람이 이 탑을 보고 예배 공양하면 이 사람들은 다 아뇩다라 삼먁 삼보리에 다가간 줄 알지니라. 약왕아, 만약 재가나 출가나 간에 보살도를 행하되 이 법화경을 듣지도 보지도 독송하지도 수지하여 공양하지도 못하면 마땅히 알지니라. 이 사람은 보살의 도를 잘 행치 못함이니라. 만약 이 경을 얻어들음이 있는 자는 능히 보살의 도를 잘 행함이니라. 중생이 불도 구하는 자가 있어 이 법화경을 보거나 듣거나 듣고 또 신해하는 자는 곧 아뇩다라 삼먁 삼보리에 가까우니라. 약왕아, 비유컨대 목마른 사람이 물을 구할새, 높은 언덕에서 샘을 파되 마른 흙만 보이면 물이 아직 멀거니와, 공력을 들이기를 그치지 아니하면 점차 젖은 흙을 보다가 진흙에 이르면 물이 반드시 가까운 줄 결단코 알지니라. 보살도 이와 같아서 만약 이 법화경을 듣지도 이해하지도 못하고 익히지도 못했다면 이 사람은 아뇩다라 삼먁 삼보리에 들어가기가 아직도 멀거니와, 만약 듣고 해득하고 생각하고 익히면 아뇩다라 삼먁 삼보리에 가까운 줄 반드시 알지니, 어찌함이뇨. 일체보살의 아뇩다라 삼먁 삼보리가 다 이 경에 속하기 때문이니라. 이 경은 방편의 문을 열고 진실의 상을 뵈이는지라, 이 법화경의 가르침은 깊고 굳고 그윽하고 멀어서 능히 이를 사람이 없거늘 이제 부처님이 보살을 교화성취케 하여 열어 뵈이나니라. 약왕아, 만약 보살이 법화경을 듣고 놀라 의심하고 두려워하면 이는 새로 뜻을 발한 보살이니라. 만약 성문인이 이 경을 듣고 놀라 의심하고 두려워하면 이는 증상만 되는 자이니라. 약왕아, 만약 선남자 선여인이 여래 멸도 후에 사부중을 위하여 법화경을 설하려 하면 어찌 설할고? 이 선남자 선여인이 여래의 방에 들어가 여래의 옷을 입고 여래의 자리에 앉아서 사부중을 위하여 널리 이 경을 설하리니, 여래의 방이라 하는 것은 일체 중생의 대자비심이 이것이요, 여래의 옷이라 하는 것은 부드럽고 조화로운 인욕심이 이것이요, 여래의 자리라 하는 것은 일체법공(일체 제법이 다 공함)이 이것이니, 이 가운데 편안히 주한 연후에 게으르지 않은 마음으로 모든 보살과 사중을 위하여 이 법화경을 널리 설할지니라. 약왕아, 내가 타국에 화인(여래의 분신으로 화현한 사람)을 보내어 법문 들을 사람을 모으고, 또한 비구 비구니 우바새 우바이도 화현으로 보여 법문을 듣게 하나니, 이 모든 화인이 법을 듣고 믿고 받아들여 따르고 싫어하지 아니하며, 만약 설법자가 공한처(마을에서 떨어져 조용하고 한적한 곳)에 있을 때는 내가 천룡 귀신 건달바 아수라 등을 보내어 설법을 듣게 하노라. 또 내가 타국에 있을지라도 때때로 설법자가 내 몸을 보게 하며, 구절을 잊을 지경이면 내가 다시 설하여 구족함을 얻게 하리라."

묘법연화경 견보탑품 제십일

그때 부처님 앞에 칠보탑이 있으되 높이는 오백유순이오 사면 넓이는 이백오십유순이라. 땅에서 솟아올라 공중에 떠 있으되 가지가지 보물로 장엄하여 난간이 오천이오 감실이 천만이오, 무수한 당번으로 꾸미고 보배영락을 드리우고 보배방울을 만억으로 그 위에 달고 사면으로 전단향내가 나서 세계에 가득하고, 모든 번개는 금 은 유리 자거 마노 진주 매괴의 칠보로 합하여 조성한 바 높이가 사천왕궁까지 이르더라. 삼십삼천에서 만다라화를 내리어 보탑에 공양하고, 천룡 야차 건달바 아수라 가루라 긴나라 마후라가 인비인 등 천만억 대중은 일체 꽃과 향과 영락 번개 기악으로 보탑에 공양하고 공경 존중 찬탄하더라. 그때 보탑 가운데서 큰 음성이 나며 찬탄하여 말씀하되 "선재 선재로다. 석가모니 세존이 능히 평등한 큰 지혜로 교보살법 불소호념한 묘법연화경으로 대중을 위하여 설법하시되 이같이 하시니 석가모니 세존이 설하신 바와 같이 다 진실하니라."

　그때 사중(사부대중)은 큰 보탑이 공중에 떠있음을 보고 또 탑 가운데서 나는 음성을 듣건대 다 법의 기꺼움을 얻고 미증유한 일을 기이하게 여겨 자리에서 일어나 공경 합장하고 한편에 물러섰더니라. 그때 보살이 있으되 이름은 대요설이러니 일체세간 천인 아수라 등의 마음에 의심하는 바를 알고 부처님께 사뢰되 "세존이시여, 무슨 인연으로 이 보탑이 땅으로부터 솟아나며 또 가운데서 저 소리가 발하나닛고." 그때 부처님께서 대요설보살에게 말씀하시되 "이 보탑 가운데 여래의 전신이 있으니 동방으로 무량 천만억 아승지 세계를 지나 나라가 있으되 이름은 보정이고, 그 가운데 부처님이 계시되 호는 다보불이라. 그 부처님이 보살도를 행하실 때 큰 서원을 지으시되 '만약 내가 성불하거든 멸도한 후 시방국토에 법화경을 설하는 곳이 있을지면 나의 탑묘가 이 경을 듣기 위하여 그 앞에 솟아 보이고, 증명하기 위해 착하다고 찬탄하여 말하리라.' 그 부처님이 성도하신 이후 멸도할 때에 임하여 천인대중 중에서 모든 비구에게 말씀하시되 '내가 멸도한 후에 나의 전신을 공양코저 하는 자는 마땅히 큰 탑을 세울지니라' 하시니라. 그 부처님의 신통하신 원력으로 시방세계 재재처처에 만약 법화경 설하는 자가 있을지면 보탑이 다 그 앞에 솟아나오고, 전신이 탑 가운데 있어 찬탄하여 말씀하되 '선재선재라' 하시나니라. 대요설아, 이제 다보여래탑이 법화경 설함을 듣고 땅에서 솟아나서 찬탄하여 말씀하되 '선재선재라' 하시니라."

이때 대요설보살이 여래의 신력을 입은 고로 부처님께 사뢰되 "세존이시여, 저희들이 원하옵느니 그 부처님의 진신을 보고저 하나이다." 부처님께서 대요설보살에게 말씀하시되 "이 다보불이 심중한 원이 있으되 '만약 나의 보탑이 법화경을 듣기 위한 고로 모든 부처님 앞에 출현할 때 나의 진신을 사중에게 뵈이고저 하는 자는, 그 설법하는 부처님의 분신하신 제불이 시방세계에서 설법하다가 다 돌아와 한 곳에 모인 연후에야 나의 진신이 출현하리라' 하시니라. 대요설아, 나의 분신한 바 제불이 시방세계에서 설법하는 자를 마땅히 모으리라."

대요설이 부처님께 사뢰되 "세존이시여, 저희들도 원하옵건대 세존의 분신 제불을 뵈옵고 예배 공양코저 하노이다." 그때 부처님께서 백호상 광명을 놓으시니 동방 오백만억 나유타 항하사등 국토의 모든 부처님을 보니, 그 모든 국토가 다 파리바닥에 보배나무와 보배의복으로 장엄하고, 무수한 천만억 보살이 그 가운데 가득하고, 보배장막과 보배그물을 치고, 그 나라 모든 부처님이 크고 좋은 소리로 모든 법을 설하고, 무량 천만억 보살이 모든 나라에 편만하여 중인을 위하여 설법하심을 보겠더라. 남방, 서방, 북방과 동남방, 서북방 등 북방과 상방, 하방에 백호상 광명 비치는 곳마다 이러하더라.

그때 시방제불이 각각 여러 보살에게 말씀하시되 "선남자야, 내가 이제 사바세계 석가모니불 처소에 가서 아울러 다보여래의 보배탑을 공양하리라." 이때 사바세계가 청정하게 변하여 유리땅에 보배나무로 장엄하고, 황금사슬로 여덟 갈래 경계를 표하고, 촌락 도성 대해 강하 산천 임수 등이 없으며, 큰 보배향을 피우고 만나라꽃이 땅에 퍼지고 보배그물 장막이 그 위에 덮고 보배방울들을 달았는 바 다만 이 회중에만 머물고 모든 천인은 다른 국토로 옮기느니라. 이때에 모든 부처님이 각각 대보살 한 사람씩으로 시자를 삼고 사바세계 보배나무 아래 이르매 보배나무 아래마다 사자교의가 있으되 높이는 오유순씩인 바 또한 큰 보배로 꾸미었더라. 그때 제불이 각각 그 자리에서 결가부좌하사

이 같이 계속하여 삼천대천세계에 편만하여도 석가모니불의 일방 분신도 다 용납지 못하더라. 이때에 석가모니 부처님이 분신제불을 용납케 하시려 팔방세계를 다시 변화시켜 이백만억 나유타국을 지으시되 다 청정케 하여 지옥 아귀 축생 아수라가 없으며, 또 모든 천과 인을 옮겨 타방으로 보내고 변한 바 나라도 유리바닥에 보배나무도 장엄하니 나무 높이는 오백유순이오 가지와 잎새와 꽃과 열매가 차제로 장엄하게 꾸몄고, 나무 아래 각각 사자교의가 높이는 오유순인 바 보배들로 꾸미고, 대해 강하 석산 등이 없고, 보배장막이 위에 덮이고, 번(깃발)과 개(일산)를 달고, 큰 보배향을 피우고, 모든 하늘의 보배꽃이 사면에 깔리었더라. 석가모니 부처님이 제불의 앉으실 자리를 지으실새, 다시 팔방세계에 이백만억 나유타 나라를 변하시키되 또한 전과 같이 꾸미었더라. 그때 석가모니 부처님의 동방 분신 되신 백천만억 나유타 항하의 모래수만큼의 국토 가운데 각각 설법하시던 제불이 이리로 와서 모이시고, 이 같이 계속해서 차례로 시방제불이 다 와서 모이사 팔방에 앉으시니, 그때 각각 일방마다에 사백만억 나유타 국토의 제불여래가 그 가운데 편만하시더라. 이때 제불이 각각 보배나무 아래에서 사자교의에 앉으사 모두 시자를 보내어 석가모니불께 문신할새, 각각 보배꽃을 가득이 쥐어 보내어 말씀하시되 "선남자야, 네가 기사굴산 석가모니불 처소에 나아가 내 말을 여쭈되 '병환도 없으시고 번뇌도 없으사 기력이 안락하시고 보살과 성문의 무리도 안온하시오니까?' 하고 이 보배꽃을 부처님께 흩뿌려 공양하고 말하대 '아무 부처님이 이 보배탑을 열으실제 참례코저 하나이다' 하여라." 모든 부처님의 보내신 사자들도 또한 이와 같이 하니라. 그때 서가모니불께서 분신 부처님들이 다 와서 모이사 사자좌에 앉으심을 보시고, 또 제불이 함께 보탑 열기를 희망함을 들으시고 곧 자리로부터 일어나시어 허공중에 떠 계시거늘, 일체 사부중이 일어서서 합장하고 일심으로 부처님을 관하는지라. 이에 서가모니불이 오른편 한 손가락으로 칠보탑의 문을 여시니 큰 음성이 나되 자물쇠를 물리어 큰 성문을 열 때와 같더라. 즉시 일체 회중이 모두 이 다보여래가 보탑 가운데 사자좌에 앉으사 전신이 산멸치 아니하고 선정에 듦과 같음을 보았고, 또한 그 말씀에 "선재선재라. 서가모니불이 법화경을 쾌히 설하시니 내가 이 경을 듣고저 여기 왔노라" 하심을 듣겠더라. 그때 사중들이 과거 무량 천만억

겁에 멸도하신 부처님이 이러한 말씀을 설하심을 보고 미증유를 찬탄하여 하늘 보배 꽃뭉치로 다보불과 서가모니불 위에 흩뿌리더라. 다보불이 보탑 가운데 좌석을 반으로 나누사 서가모니불께 드리시고 말씀하시되 "서가모니불은 이 자리에 앉으소서." 즉시에 서가모니 부처님이 그 탑 가운데 들으사 그 반좌에 가부좌를 맺고 앉으시더라. 그때 대중이 두 부처님이 칠보탑 중 사자좌 위에서 가부좌하심을 보고 각각 생각하오대 '부처님의 좌석이 높고 머니 원컨대 여래께서 신통력으로 저희들로 하여금 허공에 처하게 하소서' 하더니, 즉시 서가모니불이 신통으로 대중을 허공으로 올리시고 큰소리로 사중에게 널리 말씀하사대 "누가 능히 이 사바국토에서 묘법연화경을 널리 설하겠느냐? 지금이 정히 그때라. 여래가 오래지않아 마땅히 열반에 들겠기로, 이 묘법연화경을 부촉할 곳이 있을까 하노라."

묘법연화경 제바달다품 제십이

그때 부처님께서 모든 보살과 천인 사중에게 말씀하시되 "내가 과거 무량겁 중에 법화경을 구하되 해태함이 없었고, 다겁 중에 항상 국왕이 되어 무상보리를 구함을 발원하야 마음이 퇴전치 아니하였고, 육바라밀을 만족코저하여 보시를 부지런히 행하고 마음에 인색함이 없어 코끼리와 말과 칠보와 궁성 처자 노비 복종 등과 머리와 눈과 뇌수 몸뚱어리 수족 등과 목숨을 아끼지 아니하였노라. 그때 세계에 인민의 수명이 무량한지라. 법을 위한 고로 국왕의 자리를 버리고 정치는 태자에게 위임하고 북을 쳐서 영을 선포하여 사방으로 법을 구하되 '누가 능히 나를 위하여 대승법을 설할 것인가. 내가 마땅히 종신토록 사역을 공급하리라' 하였더니, 그때 선인이 있어 왕에게 와서 말하되 '내가 대승법이 있으되 이름은 묘법연화경이라 하노니, 만약 나를 어기지 않는다면 마땅히 선포하여 설하오리다.' 왕이 선인의 말을 듣고 환희용약하여 곧 선인을 좇아 시키는 바를 공급할새, 과실 따기, 물긷기, 나무줍기, 밥짓기며 종래에는 몸으로 침상과 좌석을 삼되 몸과 마음이 게으름 없이 때때로 봉행하여 천년을 지내니, 법을 위한 고로 정근히 시봉하여 군색함이 없게 하니라."

부처님께서 제비구에게 말씀하시되 "그때의 왕은 즉 나의 몸이요 그때의 선인은 지금의 제바달다가 그이니라. 제바달다가 선지식인 고로 나로 하여금 육바라밀과 자비희사와 삼십이상과 팔십종호와 자마금색과 십력과 사무소외와 사섭법과 십팔불공법과 신통도력을 구족케 하였나니, 정각을 성취하여 중생을 널리 제도하는 것은 다 제바달다 선지식으로 인함이니라. 모든 사중에게 말하노니, 제바달다가 뒤로 무량겁을 지나 마땅히 성불하여 이름을 천왕여래 응공 정변지 명행족 선서 세간해 무상사 조어장부 천인사 불 세존이라 할 것이고 세계의 이름은 천도이니라. 천왕불이 세상에 머묾은 이십중겁으로 널리 중생을 위하여 좋은 법을 설하리니 항하사 중생이 아라한과를 얻고 무량 중생이 연각심을 발하고 항하사 중생이 위없는 도심을 발하여 무생인(생사가 없는 도)을 얻어 퇴전치 아니하기에 이르리라. 천왕불이 반열

290

반 하신 후에 정법이 세상에 머묾은 이십중겁이니 전신사리로 칠보탑을 세우되 높이는 육십유순이오 사면 넓이는 사십유순이니라. 모든 천과 인민이 다 갖가지 꽃과 향과 의복 영락 당번 보개 기악 가송으로 칠보탑에 예배 공양하여 무량 중생이 아라한과를 얻고 무량 중생이 벽지불법을 깨닫고 불가사의 중생이 보리심을 발하여 퇴전치 아니하기에 이르리라."

부처님께서 모든 비구에게 말씀하시되 "미래세 중에 만약 선남자 선여인이 묘법연화경 제바달다품을 듣고 깨끗한 마음으로 믿고 공경하여 의심하지 아니한 자는 지옥 아귀 축생에 떨어지지 아니하고 시방 부처님 앞에 태어나며, 태어나는 곳마다 항상 이 경을 들어 인천 중에 나게 되면 승묘락(뛰어나고 미묘한 즐거움)을 받고 부처님 앞에 나게 되면 연화로 화생하리라."

때에 하방 다보세존을 좇아온 보살의 이름은 지적이라. 다보불께 사뢰고 본국으로 돌아가려 하거늘 서가모니 부처님이 지적에게 말씀하시되 "선남자야, 잠깐 기다려라. 여기 보살이 있으되 이름은 문수사리니 서로 보고 좋은 법을 논설한 후에 가히 본토에 돌아갈지니라." 그때 문수사리가 수레바퀴 같은 천엽연화(천 개의 꽃잎을 가진 연꽃)에 앉으시고, 따라오는 보살도 보배연화에 앉아 큰 바다 사가라 용궁으로부터 자연히 솟아올라 허공 가운데 주하되 영축산에 나아가 연화로부터 내려 부처님 처소에 이르러 머리를 숙여 두 세존께 경례하고 지적의 처소로 가서 서로 위문한 후에 한편에 물러앉으니라. 지적보살이 문수사리께 묻되 "인자가 용궁에 가서 교화한 중생이 얼마나 되나뇨?" 문수사리가 말씀하시되 "그 수가 한량이 없어 가히 헤아리지 못할진대 입으로 말할 바도 아니며 마음으로 측량할 바도 아니니 잠깐 기다리면 자연 증명하여 알지니라." 말씀을 아직 마치지 못하여 문수보살이 보연화에 앉으신 채로 바다에서 솟아올라 영축산에 이르러 허공에 떠 있으니 이 모든 보살이 다 문수사리의 교화 제도하신 바이라. 보살의 도행이 구족하여 다 함께 육바라밀을 논설하니, 본래 성문이었던 사람들이 허공중에서 성문의 도행을 설하더니 이제는 다 대승법을 수행하니라. 문수사리가 지적보살에게 이르되 "바다에서 교화한 그 일이 이러하니라."

그때 지적보살이 게문으로 찬송하되 "대지덕이 용건(지덕은 지혜와 덕 있는 사람, 용건은 용맹과 건장함을 말함)하사 무량

중생을 교화 제도하신 바, 이 모든 대회에서 저도 다 이미 본지라. 실상의 뜻을 연설하고 일승법을 드러내어 모든 중생을 널리 인도하사 속히 보리를 성취케 하시도다."

문수사리보살이 말씀하시되 "내가 바다 가운데서 오직 묘법연화경만 펼쳐 설하였노라." 지적보살이 문수사리보살께 묻자오되 "이 경이 심심 미묘하여 모든 경 중에 보배인 즉 세상에 드문 바이니 중생이 부지런히 정진하여 이 경을 수행할지면 속히 불법을 얻겠나이까?" 문수사리가 말씀하되 "사가라용왕의 여식이 있어 나이 팔세에 지혜롭고 영리하여 중생의 모든 근기와 행업을 잘 알고, 제불의 설하신 바 심심한 비장 다라니를 얻어 능히 수지하고, 깊이 선정에 들어 제법을 통달하고, 찰나 사이에 보리심을 발하여 퇴전치 아니함을 얻고, 말재주가 걸림이 없어 중생을 사랑심으로 생각하되 갓난아이와 같이 하며, 공덕이 구족하여 마음으로 생각하거나 입으로 연설함이 미묘광대하고 자비롭고 어질고 겸양하며, 뜻이 화평하고 고상하여 능히 보리에 이르니라." 지적보살이 말씀하되 "내가 보건대 서가여래께서 무량겁에 난행 고행하사 공덕을 쌓으며 보살도를 구하시되 일찍이 쉬신 때가 없으시고, 삼천대천세계를 관찰하시오되 보살의 목숨을 버리지 않은 곳이 겨자씨만큼도 없으니 중생을 위한 연고라. 그런 연후에야 보리도를 성취하셨사온대 이 용녀는 잠깐 사이에 문득 정각을 성취하였다 함을 믿지 못하겠노이다."

말을 미처 마치지 못하여 용녀가 홀연히 앞에 나타나 두면예경하고 한편에 물러서거늘, 때에 사리불이 용녀에게 말씀하되 "너를 이르되 오래지 아니하여 무상도를 얻었다 하니 이는 믿기 어려운지라. 어찌함이뇨. 여자의 몸은 더러워 법기(법의 그릇)가 아니어니, 어찌 능히 무상보리를 얻으리오. 불도는 지극히 넓으니 무량겁을 근고하여 모든 행실을 구족히 닦아야 이에 성취할지니라. 또한 여인몸은 다섯 가지 장애가 있으니 첫째는 범천왕이 되지 못하고, 둘째는 제석이 되지 못하고, 셋째는 마왕이 되지 못하고, 넷째는 전륜왕이 되지 못하고, 다섯째는 부처의 몸이 되지 못하거늘 어찌하여 여인몸으로 속히 성불하리라 하는가."

그때 용녀가 보배구슬이 하나 있으되 값이 삼천대천세계를 당할지라. 받들어 부처님께 올리거늘 부처님께서 곧 받으신대 용녀가 지적보살과 존자 사리불에게 말하되 "제가 보배구슬을 드리고 세존께서 받으시니 이 일이 빠르나이까 빠르지 않나이까?" 대답하되 "심히 빠르도다." 용녀가 말하되 "그대들의 신통력으로 저의 성불함을 볼지니, 이보다도 더 빠르나이다." 당시에 모든 대중이 다 보건대 용녀가 홀연히 변화하여 남자되어 보살행이 구족하매, 곧 남방 무구세계에 가서 보배연꽃에 앉아 정각을 성취하여 삼십이상과 팔십종호로 널리 시방의 일체 중생을 위하여 좋은 법을 연설하더라.

그때 사바세계 보살 성문과 천룡팔부와 인과 비인이 모두 멀리서 저 용녀가 성불하여 널리 그때 모인 인과 천을 위하여 설법함을 보고 마음에 크게 환희하여 다 멀리서 경례하더라. 무량한 중생이 법을 듣고 크게 깨달아 불퇴전을 얻고, 무량한 중생이 도의 수기를 받고, 무구세계는 육반(육종과 같음)으로 진동하고, 사바세계의 삼천 중생은 퇴전치 아니하는데에 주하고, 또 삼천 중생은 보리심을 발하여 수기를 받으니, 지적보살과 사리불과 일체중회가 묵연히 믿고 받아들이더라.

묘법연화경 권지품 십삼

　그때에 약왕보살 마하살과 대요설보살 마하살이 이만보살 권속으로 함께 부처님 앞에서 서원하여 말하되 "오직 원하옵나니 부처님은 염려 마소서. 우리들이 부처님 멸도하신 후에 마땅히 법화경을 받들어 가지고 읽고 설하오리다. 혹 악한 세상에 중생이 착한 사람이 점점 적고 증상만자가 많아서 이익을 탐하여 착하지 아니한 것만 더하여 멀리 해탈을 피하리니 비록 교화하기는 어렵사오나 우리들이 마땅히 크게 참아 이 법화경을 읽으며 가지고 쓰며 가지가지로 공양하고 몸과 목숨을 아끼지 아니하리다."

　그때에 대중 가운데 수기(네가 어느 때 부처 되리라 하는 말)를 얻은 오백 아라한(부처님 제자)이 부처님께 사뢰어 말하되 "세존이시여, 우리들도 서원하옵나니 다른 국토에서 널리 법화경을 설하오리다." 또한 수기를 얻은 학(배운 자) 무학(배움이 없는 자) 팔천인이 자리에서 일어나 합장하고 부처님께 향하여 이같은 서원을 말하되 "세존이시여, 우리들도 마땅히 다른 나라에서 널리 이 경을 설하오리다. 어찌한 연고로 이 사바국토 중에 사람이 패악하고 증상만을 품고 공덕이 얕고 얕아 성내고 흐리고 마음이 진실치 못하니이까?"

그때에 부처님의 이모 마하바사바제 비구니와 학 무학 비구니 육천인이 함께 자리로부터 일어나 일심으로 합장하고 존안을 첨앙하여 눈을 잠깐도 패하지 아니하더라. 때에 세존께서 교담미에게 말씀하시되 "어찌한 연고로 근심을 하고 부처님을 보는가. 그대의 마음에 내가 그대의 이름을 불러서 수기 주지 아니하였다고 그리하는가. 교담미여, 내가 전에 모든 성문을 다 수기하였더니 이제 자세히 알려고 할진대 그대가 내세에 마땅히 육만팔천억 제불법 중에 대법사가 될지니 육천 학 무학 비구니도 함께 법사가 되리라. 그대가 이같이 점점 보살도를 구족히 하면 마땅히 부처되어 이름을 일체중생희견여래 응공 정변지 명행족 선서 세간해 무상사 조어장부 천인사 불 세존이라 하리라. 교담미여, 이 일체중생희견불과 육천보살이 차제로 수기하여 아뇩다라 삼먁삼보리(정변정각)를 얻으리라."

그때에 라후라의 어머니 야수다라 비구니가 생각하되

'세존이 수기하시는 중에 나의 이름만 말씀 아니하시도다' 하더니 부처님께서 야수다라에게 말씀하시되 "네가 내세 백천만억 모든 불법 중에 보살행을 닦아 대법사 되어 점점 불도를 구족히 한 후에 좋은 나라에서 마땅히 성불하여 이름을 구족천만광상여래 응공 정변지 명행족 선서 세간해 무상사 조어장부 천인사 불세존이라 할지요, 부처님의 수명은 무량 아승지(헤아릴 수 없이 가장 큰 수) 겁(겁은 헤아릴 수 없이 긴 시간을 말함)이니라." 그때에 마하바사바제 비구니와 야수다라 비구니와 각각 권속이 다 일찍이 잊지 못함을 얻어 크게 환희하고 부처님께 사뢰되 "세존이시어, 저희들도 능히 타방국토에서 이 법화경을 널리 펴오리이다."

그때에 부처님께서 팔십만억 나유타 제보살 마하살을 보시니 이 모든 보살은 다 아비발치(물러서지 않음)라 퇴하지 아니하는 법을 전하고 모든 다라니(다 가진다는 말이다)를 얻어드니 곧 자리에서 일어나서 부처님 앞에 이르러 일심으로 합장하고 생각하되 '만약 부처님께서 우리들을 교칙하사 이 법화경을 수지하고 설하라 하시면 마땅히 부처님의 말씀대로 이 법화경을 널리 펴리이다.' 또 생각하되 '부처님께서 묵연하시고 우리에게 교칙을 아니하시니 마땅히 어찌할고.'

때에 모든 보살이 부처님의 뜻을 따르고 스스로 본래 서원을 성취코저 하여 문득 부처님 앞에서 사자의 소리 같이 서언을 발하되 "세존이시여, 저희들이 부처님 돌아가신 후에 시방세계를 주선왕반(두루 다님)하여 능히 중생으로 하여금 이 법화경을 쓰며 받아가지며 읽으며 그 뜻을 알아 설하고 법대로 닦아 행하여 생각을 바르게 하오리니다. 이는 부처님의 원력이시오니, 오직 원하옵나니 세존이 타방에 계실지라도 수호하여 주시옵소서."

묘법연화경 안락행품 제십사

이때에 문수사리 법왕자 보살마하살이 부처님께 사뢰어 말씀하시되 "세존이시여, 이제 보살이 심히 있기 어렵사온지라. 부처님을 공경하는 고로 큰 서원을 발하여 혹 악한 세상에 이 법화경을 호지하고 읽으오리라. 세존이시여, 보살마하살이 혹 악한 세상에 어떻게 능히 이 법화경을 설하오리까?" 부처님께서 문수사리에게 말씀하시되 "만약 보살이 혹 악한 세상에서 이 법화경을 설하고저 할진댄 마땅히 네 가지 법에 편안히 주할지니, 첫째는 보살의 행할 만한 곳과 친근할 만한 곳에 편안히 주하여서 능히 중생을 위하여 이 법화경을 설하리라.

　문수사리야, 무엇을 보살마하살의 행할 만한 곳이라 하느냐? 만약 보살마하살이 참을 데에 주하여 부드럽고 화하고 착하고 순하여 급하고 사납지 아니하며, 마음에 놀라지도 아니하고 또한 다시 법에 행한 바가 없는 듯하며, 모든 법에 실상을 관할지라도 행하지 아니한 듯하며 분별도 아니하면 이를 보살마하살의 행할 만한 곳이라 하나니라.

또한 무엇을 보살마하살의 친근할 만한 곳이라 하느뇨? 보살마하살은 국왕과 왕자와 대신과 관장을 친근하지 말지며, 승속간 외도와 세속 문필 찬영 외서와 악한 의논과 악하고 문란하는 자를 친근하지 말지며, 또한 모든 희롱과 씨름과 택견 등과 힘 겨루는 것과 가지가지 환술로 변현하는 희롱을 친근하지 말지며, 또한 전다라(백정 등 천민계급)와 돼지 양 닭 개 기르는 것과 산양질과 낚시질 그물질 하는 모든 악한 류들을 친근하지 말지며, 이러한 사람들이 혹시 오더라도 법이나 설하여 주고 바라지 말지며, 또한 성문을 구하는 비구 비구니 우바새 우바이를 친근치 아니하며, 만약 방안에서나 경행하는 처소에서나 강당에 있을 때에 함께 주하지 말며, 혹시 오더라도 좋은 대로 설법하고 바라는 바는 없을지니라.

문수사리야, 또한 보살마하살이 여인 몸에 능히 욕상을 내는 상을 취하여 법을 설하지 말지며, 또한 보기를 즐기지도 말지며, 만약 남의 집에 들어갈지라도 젊은 여인과 처녀와 과부 등으로 함께 말도 하지 말지며, 또한 다섯 가지 종류가 있으니 사나이인 듯하여도 사나이 아닌 사람을 가까이 하여 정을 두지 말지며, 남의 집에 혼자 들어가지 말며 만약 들어갈 일이 있거든 일심으로 부처님을 생각할지며, 만약 여인을 위하여 법을 설하거든 이가 드러나도록 웃지도 말며 가슴을 뵈이지도 말지니, 법을 인연하여서도 오히려 친하고 정답게 함이 옳지 못하거늘 하물며 다른 일이 있을까 보냐.

어린 상좌와 어린 중을 다리지도 말지며 한 스승 섬기기도 말지며 항상 참선하기를 즐겨하며 한가한 곳에 있어서 그 마음을 닦아 익히는 것을 첫째에 친근할 것이니라.

다시 보살마하살이 일체법이 공함을 관하되 실상과 같이 하여 전도(거꾸로 됨)도 말며 움직이지도 말며 물러가지도 말며 허공이 아무것도 없는 성질과 같아서 모든 말할 길이 그친지라, 내이지도 아니하며 나지도 아니하며 일어나지도 아니하며 이름도 없으며 모양도 없어 실상 있는 바도 없는지라. 무량무변하며 무애무장하나 다만 인연으로 하여 있고 전도로 하여 나는 고로 설하나니라. 항상 이러한 법을 관하여 이것을 보살마하살의 둘째 친근이라 하나니라.

또한 문수사리야, 부처님 멸후 말법 중에 이 법화경을

설하고저 할진대 마땅히 안락행에 유하데 입으로 말하듯 할지니라. 만약 경을 읽을 때 다른 사람에게 경의 허물을 말하지 말지며, 또한 모든 다른 법사를 경홀히 하고 거만히 하지 말며, 다른 사람의 좋고 그른 것을 시비하지 말며, 성문인에 대하여 이름을 일러 그 허물과 악함을 말하지 말며, 그 아름다운 일을 찬미치도 말며, 또한 원망과 혐의(싫어하고 꺼림)의 마음을 내지도 말며, 이렇게 안락한 마음을 잘 닦는고로 모든 듣는 자에게 그 뜻을 거스르지 말고, 논란하여 묻는 바 있거든 소승법으로 대답하지 말고 대승법으로만 해설하여 일체종지를 얻게 할지니라.

또한 문수사리야, 보살마하살이 후 말세에 법이 멸하려고 할 때에 이 법화경을 받아가지고 읽고 외우는 자는 질투하고 아첨하고 속일 마음을 품지 말며, 또한 불도 배우는 자를 가벼이 꾸짖어 그 길고 짧음을 구하지 말며, 만약 비구 비구니 우바새 우바이에 성문 구하는 자와 벽지를 구하는 자와 보살도 구하는 자에게 번뇌하여 의심과 뉘우침을 내게 하여 말하되, '너희는 방탕하고 게으른 사람이라 불도에 가기가 심히 요원하니 마침내 일체종지를 능히 얻지 못하리라' 하지 말라. 또한 마땅히 모든 법을 희롱으로 의논하여

싸우는 바 있지 않도록 할지니라. 마땅히 일체 중생에게 크게 불쌍히 여기는 생각을 일으키고, 모든 부처님에게 사랑하는 아버지이신 듯한 생각을 일으키고, 모든 보살에게 스승인 생각을 일으키고 시방 모든 큰 보살에게 항상 마땅히 깊은 마음으로 공경 예배하며, 일체 중생에게 평등히 법을 설하되 이치에 따르도록 많지도 않고 적지도 않게 하고, 가장 깊은 불법을 사랑하는 자에게라도 많이 설하지 말지니라.

또한 문수사리야, 보살마하살이 후말세에 불법이 없어지려고 할 때에 이 셋째 안락행을 성취한 자가 법을 설할 때에 능히 번뇌하여 어지럽게 함이 없이 하며, 좋은 동학생을 얻어서 함께 이 경을 읽으며, 또한 대중이 와서 듣기를 다하고 능히 가지며, 가지기를 다하고 능히 외우며, 외우기를 다하고 설하며, 설하기를 다하고 능히 쓰거나 혹은 다른 사람으로 하여금 쓰게 하여 경권에 공양공경하고 찬탄할지니라.

또한 문수사리야, 보살마하살이 후말세에 법이 멸하려고 할 때에 이 법화경을 가지는 자가 있음은 재가나 출가한 사람 중에 대자비심을 내고 보살 아닌 사람 중에 대비심을 내서 백백이 이 생각을 짓되 '이같은 사람은 곧 크게 잃어버림이 되리로다. 부처님의 방편으로 마땅함을 따라 법 설하는 것을 듣지도 아니하며 알지도 아니하며 깨치지도 않으며 묻지도 않으며 믿지도 않으며 알지도 못하나니, 그 사람이 비록 묻지도 않고 믿지도 않고 이 경을 알지도 못하나 내가 아뇩다라 삼먁 삼보리를 얻을 때에 어떠한 땅에 있음을 따라서 신통력과 지혜력으로써 이끌어서 하여금 이 법 중에 얻어 주하게 하리라' 하리니 문수사리야, 이 보살마하살이 부처님 멸도하신 후에 이제 넷째 법을 성취함이 있는 자는 이 법을 설할 때에 과실이 없어서 항상 비구 비구니 우바새 우바이와 국왕 왕자와 대신 인민과 바라문과 거사 등이 공양 공경 존중 찬탄하고 허공 모든 하늘이 법 듣기를 위하는 고로 또한 항상 따라 모실지며, 만약 마을과 도성과 읍과 공한한 수풀 가운데에 있거든 사람이 와서 희란하여 묻고저 하는 자 있더라도 모든 하늘이 주야에 항상 법을 위하는 고로 위호할새, 능히 듣는 자로 하여금 다 얻어 즐겁게 하리니 쓴바자 어찌함이냐. 이 경은 일체 과거 미래 현재 모든 부처님의 신력으로 두호한 바 연고라.

문수사리야, 이 법화경은 한량없는 나라 가운데 내지 이름도 가히 얻어듣지 못하거늘 어찌 하물며 얻어 보아서 받아가지고 읽고 외움일까보냐.

문수사리야, 비유컨대 전륜성왕이 위세로써 모든 나라를 항복케 하되 모든 소왕이 그 명을 따르지 아니할 때 전륜왕이 가지가지 병정을 일으켜 토벌할새, 왕이 병사 중에 싸워 공 있는 자를 보고 곧 크게 기뻐하여 공에 따라 상을 주되 혹 밭과 집과 취락과 성과 읍을 주며 혹 의복 엄신지구(몸을 장엄하는 도구, 즉 장신구)를 주기도 하며 혹 가지가지 진보와 금은 유리와 자거 마노와 산호 호박과 코끼리와 말과 수레와 노비 인민을 주되 오직 상투 가운데 명주는 주지 아니하나니, 무슨 까닭이뇨. 홀로 왕의 머리 위에 한 구슬이 있을새, 만약 이것을 주면 왕의 모든 권속이 반드시 크게 놀랠지니라.

문수사리야, 부처님도 또한 다시 이같아서 선정지혜력으로써 법국토를 얻어서 삼계(욕계 색계 무색계)의 왕이어든 모든 마왕이 즐거히 순종하지 않으면 여래의 현성한 모든 장군이 더불어 함께 싸울새, 그 공 있는 자 얻은 마음이 또 즐거워서 저 사중 가운데 모든 경을 설하여 그로 하여금 마음을 즐겁게 하여 써 선정과 해탈과 무루 근력과 모든 법의 재물이며 또한 다시 열반의 성을 주되, 멸도를 얻었다 말하여 그 마음을 인도하여 하여금 다 즐겁게 할지라도 이 법화경은 설하지 아니하나니라.

문수사리야, 전륜왕이 모든 병정 중에 큰 공 있는 자를 보고 마음에 심히 환희하여, 이 믿기 어려운 구슬이 오래 상투 속에 있되 헛되이 사람에게 주지 않다가 지금 주는 것과 같이 부처님도 또한 다시 이같아서, 저 삼계 중에 대법왕이 되사 법으로서 일체중생을 교화하실세, 현자와 성인의 군사들이 오음마(색수상행식)와 번뇌마와 사마와 더불어 함께 싸워서 큰 공훈이 있어서 삼독(탐진치. 탐욕, 성냄, 어리석음)을 멸하고 삼계에 뛰어나서 마왕을 파하면 이때에 부처님이 또한 크게 기뻐하사, 이 법화경이 능히 중생으로 하여금 일체지혜를 일으키게 하지만 일체세간이 많이 원망하고 믿기 어려워 먼저 설하지 아니하던 바를 이제 설하노라.

문수사리야, 이 법화경이 모든 부처님의 제일설이라. 저 모든 설하는 중에 가장 심오하고 깊어 말후에 줌이니, 저 강력한 왕이 오래 보호한 명주를 이제야 주는 것 같으니라. 문수사리야, 이 법화경은 모든 부처님의 비밀지장이라.

저 모든 경 중에 가장 위에 있으니, 긴 밤에 수호하여 망령되이 퍼서 설하지 아니하다가 비로소 오늘에 너희 등으로 더불어 퍼서 연설하노라."

묘법연화경 종지용출품 제십오

이때에 타방 국토로부터 오는 모든 보살마하살이 팔항하사 수를 넘음이러니 저 대중 가운데에 일어나서 합장하고 례를 짓고 부처님께 사뢰어 말씀하되 "세존이시여, 만약 저희들이 부처님 멸후에 이 사바세계에 있어서 부지런히 정진하여 이 법화경을 외우고 읽고 쓰고 공양하고 호지하는 자면 마땅히 이 국토에 널리 설함을 들으리이다."

이때에 부처님이 모든 보살마하살에게 말씀하시되 "멈추라 선남자야, 너희들이 이 경을 호지하기를 바라지 말지니, 어떤 까닭이뇨. 우리 사바세계에 스스로 육만 항하사 등 보살마하살이 있으되 낱낱 보살이 각각 육만 항하사 권속이 있어 이 모든 사람들이 능히 내가 멸한 후에 이 경을 호지 독송하며 널리 설하리라."

부처님이 설하시는 이때에 사바세계 삼천대천 국토가 땅이 다 울려 찢어지거늘 그 가운데서 한량없는 천만억 보살이 일시에 솟아나나니 이 모든 보살이 몸이 다 금색이며 삼십이상이며 한량없는 광명이라. 먼저 다 사바세계 아래 허공중에 주하더니 이 모든 보살이 서가모니 부처님의 설하는 바 음성을 듣고 아래로부터부터 발하여 올라오시니 낱낱 보살이 다 이 대중의 창도영수라. 각각 육만 항하사 권속을 거느렸으며, 하물며 오만 사만과 삼만 이만 일만 항하사 등 권속을 거느리며 하물며, 다시 내지 일항하사와 반항하사와 사분의 일과 내지 천만억 나유타 분의 일이며, 하물며 다시 천만억 나유타 권속이며 다시 억만 권속이며, 하물며 다시 천만 백만으로 내지 일만이며, 하물며 다시 일천 일백으로 내지 일십이며, 하물며 다시 오 사 삼 이 일 제자를 거느린 자며, 하물며 다시 단기로 락을 멀리 여의어 행하니, 이같은 등을 견주면 한량없고 끝이 없어 산수 비유로 능히 알지 못할 바러니, 이 모든 보살이 땅으로부터 나오기를 합하여 각각 허공 칠보 묘탑과 다보 부처님과 서가모니 부처님 처소에 나아가서 이르기를 이미 하매, 두 부처님을 향하여 머리와 얼굴을 발에 대고 예배하며 및 모든 보배 나무와 사자좌 위 부처님 처소에 이르러서 또한 다 예를 짓고 오른편으로 세 번 돌고 합장하고 공경하고 모든 보살의 가지가지 찬탄하는 법으로서 찬탄하고 한쪽에 주해 있어서 기쁘게 두 부처님을 첨앙하더니, 이 모든 보살이 처음으로 쫓아 솟아나서 모든 보살 가지가지 찬탄으로써 부처님을 칭찬하나니 이같은 시간이 오십소겁을 지나되, 이때에 서가모니 부처님이 묵연히 앉으시고 및 모든 사중도 또한 다 묵연하여 오십소겁을 부처님 신통력으로 써 모든 대중으로 하여금 마치 반날같이 이르름이라 하며, 이때에 사중도 또한 부처님 신통력으로 써 모든 보살이 한량없는 백천만억 국토 허공에 변만함을 보더라.

이 보살들 중에 네 명의 이끄는 보살이 있으니 일명은 상향이오 이명은 무변향이오 삼명은 정향이오 사명은 안립향이니, 이 네 보살이 그 대중 중에 가장 상수로 앞장서 이끄는 보살이러니 대중 앞에 있어서 각각 함께 합장하시와 서가모니 부처님을 관하시옵고 물어 말씀하시되 "세존이시여, 소병 소뇌하시며 안락하시나이까? 제도하는 자가 응하는 바 가르침을 쉽게 받는지요? 세존으로 하여금 피로를 내게 하지는 않는지요?"

이때에 세존이 저 보살 대중 가운데서 이런 말씀을 지으시되 "이같고 이같으니라. 모든 선남자야, 부처님이 안락하여 소병 소뇌하며 모든 중생들은 가히 화도(교화하고 제도함)하기 쉬우며 피로가 있음이 없으니 어찌함이뇨? 이 모든 중생이 세세로 항상 나의 교화를 받았으며 또한 과거 모든 부처님에 공경 존중하여 모든 선근을 심었을새, 이 모든 중생이 비로소 내 몸을 보아서 나의 설한 바를 듣고 곧 다 믿어 받아서 여래지혜에 들어가되, 먼저 닦아 소승을 배워 익힌 자는 제하거니와 이같은 사람도 내가 이제 또한 하여금 이 경을 얻어듣고 불지혜에 들어가게 하노라."

이때에 미륵보살과 및 팔천 항하사 모든 보살들이 다 이 생각을 짓되 '우리들이 옛적부터 이같은 대보살마하살들이 땅으로부터 솟아나서 세존 앞에 주하여 합장공양하며 여래께 문신함을 보지도 듣지도 못함이로다' 하더니, 때에 미륵보살이 팔천 항하사 보살들의 마음에 생각하는 바를 아시며 아울러 스스로 의심하는 바를 결단하려 하여 부처님께 그 인연 설하심을 청하더라.

이때에 석가모니의 분신으로 모든 부처님이 무량 천만억 타방 국토로부터 오는 자가 팔방 모든 보배 나무 아래에 계시사 사자좌 위에 결가부좌러시니, 그 부처님 시자가 각각 이 보살 대중이 저 삼천대천세계 사방 땅으로부터 숫아나서 허공에 주하고 각각 그 부처님께 사뢰어 말씀하시되 "세존이시어, 이 모든 무량무변 아승지 보살 대중은 어떠한 처소로부터 왔나이까?"

이때에 모든 부처님이 각각 시자에게 말씀하시되 "모든 선남자야, 아직 잠깐만 기다려라. 보살마하살이 있으니 이름은 미륵이니 석가모니 부처님이 수기한 바라. 다음에 부처되리니, 이미 이 일을 물을새, 부처님이 답하리니 너희들은 스스로 마땅히 이를 인하여 얻어 들으리니라."

이때에 석가모니 부처님이 미륵보살에게 말씀하시되 "착하고 착한지라 아일다(미륵의 이름이라)야, 이에 능히 부처님의 이같은 큰일을 물으니 너희들은 마땅히 함께 일심으로 정진하는 갑옷을 입으며 견고한 뜻을 발하라. 부처님이 이제 모든 부처님의 지혜와 모든 부처님의 자재 신통력과 모든 부처님의 사자분신력과 모든 부처님 위맹 대세력을 나투어 뵈이고저 하노라."

이때 세존께서 미륵보살에게 말씀하시되 "내가 이제 너희들에게 펴서 말하노니 아일다야, 이 모든 대보살마하살 무량 무수 아승지 땅으로부터 숫아난 것을 너희들이 예전에 못 보던 바, 사바세계에 아뇩다라 삼먁 삼보리를 얻기를 이미 하고 이 모든 보살을 교화 인도하여 뵈어서 그 마음을 조복하여 하여금 도의 뜻을 발하게 함이러니, 모든 보살이 다 사바세계 아래 허공중에 주해서 모든 경전을 독송 통리(이치에 통달함)하며 생각하고 분별하여 바로 생각함이러라.

아일다야, 이 모든 선남자들은 주인총중에 있어서 많이 설한 바를 좋아하지 아니하고 항상 고요한 곳을 좋아해서 부지런히 정진을 행하여 일찍이 쉬지 아니하되, 또한 인천을 의지하여 구하지도 아니하고 항상 깊은 지혜를 즐겨하여 장애가 있음이 없으며, 또한 항상 모든 부처님 법을 즐겁게 하여 일심으로 정진하여 무상혜(위없이 높은 지혜)를 구하나니라."

이때에 미륵보살과 및 무수한 모든 보살들이 마음에 의혹을 내서 괴이하고 일찍이 없던 일이라 하여 이 생각을 짓되 '이른바 어찌하여 세존이 젊은 시간에 이같은 무량무변 아승지 모든 큰 보살을 교화하사 하여금 아뇩다라 삼먁 삼보리에 주하게 하였나뇨?' 하고 곧 부처님께 사뢰어 말씀하시되 "세존이시어, 부처님이 태자 되셨을 때에 석씨궁에서 나오사 가야성에 가심이 머지 아니하여 도량에 앉으사 아뇩다라 삼먁 삼보리를 이루고, 이로부터 지금까지 비로소

사십여년이 지났거늘 세존은 어찌 이 젊을 때에 큰 불사를 지으사 불세력을 썼으며 불공덕을 쓰사 이같은 무량한 대보살중을 교화하사 마땅히 아뇩다라 삼먁 삼보리를 이루게 하셨나닛고. 세존이시여, 이 대보살중은 가사 어떠한 사람이 저 천막억겁에 헤아려도 능히 다하지 못하며 그것을 얻지 못할지며, 이들은 오래전부터 지금까지 저 무량무변 모든 부처님 처소에서 모든 선근을 심었으며 보살도를 성취하여 항상 범행을 닦음이오. 세존이시여, 이같은 일을 세상에서 믿기 어려운 바이로소이다. 비유할진대 어떠한 사람이 형색이 아름답고 머리가 검어서 나이 이십오세거늘 백세나 되는 사람을 가리켜서 내 아들이라 말하고, 그 백세 노인도 또한 이 사람이 우리 아버지로 나를 낳아서 길렀다 말할지면 그 일이 믿기 어렵나이다.

부처님도 이같으사 득도하신 지는 실상 오래지 아니함이요, 이 대중 모든 보살들은 이미 저 무량 천만억 겁에 불도를 위한 고로 부지런히 정진하여 잘 무량 백천만억 삼매에 들고 나고 주해서 대 신통을 얻어서 오래 범행을 닦아서 잘 능히 차례로 모든 착한 법을 익혀서 공교히 묻고 대답도 하여 사람 중에 보배라. 일체 세간에 심히 희유함이 되거늘 오늘날 세존이 바야흐로 이르되 '불도를 얻을 때에 처음에 마음을 발하게 하며 교화인도하여 아뇩다라 삼먁 삼보리로 향하여 가게 하였노라' 하시니, 세존이 불법 얻음이 오래지 아니함에 이에 능히 대공덕의 일을 지었다 하시나이까? 저희들은 비록 다시 부처님이 마땅함을 따라 설하시는 바를 믿어서 부처님 내시는 바 말씀이 일찍이 허망하지 아니하다 하며 부처님은 지자인 바 다 통달하셨음을 믿거니와 그러나 모든 새로 뜻 발한 보살은 부처님 멸후에 만약 이 말을 듣고 혹 믿어 받지 아니하면 법 파한 죄업 인연을 일으키리니, 오직 그러하오니 세존은 원컨대 위하여 풀어 설하사 저희들의 의심을 제하여 주시며 및 미래세에 모든 선남자로 이 일 듣기를 다하고 또한 의심을 내지 않게 하소서."

묘법연화경 여래수량품 제십육

이때에 부처님이 모든 보살과 및 일체대중에게 말씀하시되 "모든 선남자야, 너희들이 마땅히 부처님의 진실한 말씀을 얻어 알라" 하시고, 다시 대중에게 말씀하시되 "너희들은 마땅히 부처님의 진실한 말씀을 믿어 알라" 하시고 또한 다시 모든 대중에게 말씀하시되 "너희들은 부처님의 진실한 말씀을 믿어 알라" 이같이 세 번 하신데, 이때에 보살대중이 미륵이 으뜸이 되어 합장하고 부처님께 사뢰어 말씀하시되 "세존이시여, 원컨대 설하소서. 저희들이 마땅히 부처님 말씀을 믿어 받으리로소이다." 이같이 세 번 사뢰기를 이미 하시고 다시 말씀하시되 "오직 원컨대 설하소서. 저희들이 마땅히 부처님 말씀을 믿어 받으리니다." 이때에 부처님이 모든 보살의 세 번 청하기를 그치지 않음을 아시고 말씀하시되 "너희들은 자세히 부처님의 비밀 신통하신 힘을 들으라." 일체세간 천인과 및 아수라가 다 이르되 "이제 서가모니 부처님이 석시 궁중에 나서 가야성에 가심이 멀지 아니하사 도량에 앉아서 아뇩다라 삼먁 삼보리를 얻었다 하나 그러나 선남자야, 내가 진실로 성불한 지가 무량무변 백천 만억 나유타 겁이로다. 비유하건대 가령 한 사람이 있어 오백천 만억 나유타 아승지 삼천대천 세계를 부수어 가는 티끌을 만들어 가지고 동방으로 오백 천만억 나유타 아승지 국을 지나서 이에 한 티끌씩 떨어뜨리되 이같이 동쪽을 향하여 이 미진을 다하면 모든 선남자야, 너의 뜻에 어떠하느냐? 이 모든 세계를 가히 생각 교량하여 그 수를 알 수 있겠느냐 없겠느냐?"

미륵보살 등이 함께 부처님께 사뢰어 말씀하시되 "세존이시여, 이 모든 세계는 무량무변하여 산수로 알 바 아니며 또한 마음과 힘으로도 미칠 바 아님이니다. 일체 성문 벽지불이 무루 지혜로 써 능히 생각하여도 그 수의 끝을 알지 못하며, 저희들이 아비발치(물러나지 않음) 지위에 주하여도 이 일 중에 또한 사무치지 못할 바로니 세존이시여, 이같은 모든 세계는 무량무변이로소이다."

이때에 부처님이 대보살들에게 말씀하시되 "모든 선남자야, 이제 마땅히 분명하게 너희들에게 펴서 말하노니, 이 모든 세계에 티끌이 붙었거나 및 붙지 아니한 것을 다 티끌을 삼아 한 티끌을 한 겁이라 하되, 내가 성불한 이래로부터 다시 이에 지냄이 백천만억 나유타 아승지 겁이로다. 그로부터 나는 항상 이 사바세계에 있어서 법을 설하여 중생을 교화하며 또한 나머지 곳 백천만억 나유타 아승지 국에 중생을 이롭게 인도하건만은 모든 선남자야, 이 중간에 내가 연등불 등을 설하며 또한 다시 그 열반(원적이라고도 한다)에 듦을 말함이 이같이 다 방편으로 써 분별하니라. 모든 선남자야, 만약 어떤 중생이 내 처소에 이르면 내가 불안으로서 그 믿는 바 모든 근기의 이둔을 관하고 응하여 제도할 바를 따라서 곳곳에 스스로 이름이 같지 아니함과 나이의 대소를 설하며, 또한 다시 마땅히 열반에 듦이라 말하여 나투며, 또한 가지가지 방편으로서 미묘한 법을 설하여 능히 중생으로 하여금 환희한 마음을 발케 하노라. 모든 선남자야, 여래가 중생들이 소승법을 좋아하여 덕이 엷고 때(번뇌)가 무거운 자를 보고 이 사람을 위하여 설하되 '내가 어려서 출가하여 아뇩다라 삼먁 삼보리를 얻었다' 하나 내가 실로 부처 이루고부터 아주 멀리 오래되었건만 다만 방편으로서 중생을 교화하여 하여금 불도에 들어가게 하려 하여 이같은 말을 짓노라. 모든 선남자야, 부처님이 연설하신 경전이 다 중생을 도탈하기를 위함이니 혹 내 몸도 설하며 혹 타인의 몸도 설하며 혹 내 몸도 뵈이며 혹 타인의 몸도 뵈이며 혹 내 일도 뵈이며 혹 타인의 일도 뵈이나니 모든 연설한 바가 다 진실하여 헛되지 아니하니라. 무엇 때문이뇨. 여래는 실다이 삼계의 형상을 알아보아 살고 죽음과 물러가고 나아감이 없으며, 또한 세상에 있거나 멸도하는 것이 없으며, 진실하지도 아니하고 헛되지도 아니하며 같지도 않고 다르지도 않으며, 삼계에서 삼계를 보는 것 같지도 아니하여, 이같은 일을 여래가 밝게 보아서 그릇이 있음이 없건만은 모든 중생이 가지가지 성과 가지가지 욕과 가지가지 행과 가지가지 생각 분별을 쓰는 고로 하여금 모든 선근을 내게 하려고 약간의 인연과 비유언사로써 가지가지로 법을 설하여 지은바 불사를 일찍이 잠깐도 폐지하지 아니하니 이같이 내가 부처 이루어 온 지가 심히 크고 오래고 멀어서 목숨이 무량 아승지 겁에 항상 주하고 멸하지 아니하나니라. 모든 선남자야, 내가 본래 보살도를 행하여 이른바 목숨이 이제 오히려 다하지 아니함이 다시 앞의 수보다 배나 되건만은 그러나 이제 실로 멸도가 아니로되 문득 불러 말하여 마땅히 멸도를 취함이라 하여 부처님이 이 방편으로써 중생을 교화하노니 무엇 때문이뇨. 만약 부처님이 오래 세상에 주하시면 박덕한 사람이 선근을 심지 아니하고 빈궁 하천하며 오욕에 탐착하여 망령된 소견으로 생각하는 그물 가운데 들어가며, 만약 부처님이 항상 있고 멸하지 아니함을 보면 문득 교만만 일으켜서 싫어하고 게으름만 품고 능히 만나기 어려운 생각과 공경하는 마음은 내지 아니할새, 이런고로 부처님이 방편으로 써 설하되 '비구야, 마땅히 알라. 모든 부처님의 출세하심을 만나기 어려우니라' 하시니 어찌된 까닭이뇨. 박덕한 사람들은 무량 백천만억 겁을 지나더라도 혹 부처님 봄도 있으며 혹 보지 못한 자도 있을새, 이 일을 때문에 내가 이 말을 하나니 '모든 비구야, 여래(부처님)는 가히 얻어보기 어렵노라' 하거늘 이 중생들이 이같은 말을 듣고 반드시 마땅히 만나기 어려운 생각을 내어서 마음에 품어 생각하여 부처님을 갈앙하여 문득 선근을 심을새, 이런고로 여래가 비록 실로 멸도한 것이 아니나 멸도를 말하노라. 또한 선남자야, 모든 부처님여래의 법이 다 이같아 중생 제도하기를 위하실새, 다 실로 헛되지 아니하니라. 비유하건대 어진 의원이 지혜가 통달하여 밝게 방약을 단련하여 병을 잘 다스리며, 그 사람이 자식들이 많되 열 스물 내지 백까지 되려니, 일이 있어서 멀리 타국에 이르렀거늘 아들들이 후에 다른 독약을 먹고 독이 발하여 민란(가슴이 답답하고 어지러운 병증)하야 땅에 뒹굴더니, 이때에 그 아버지가 집에 돌아오니 아들들이 독약을 먹고 혹 본심을 잃어버리거나 혹 잃어버리지 아니한 자가 멀리 그 아버지를 보고 크게 환희하여 무릎 꿇어 절하고 묻되 '잘 안온히 돌아오셨습니까? 저희들이 어리석어서 그릇 독약을 먹었으니 원컨대 보사 구완하여 낫게 하사 다시 목숨을 주소서.' 아버지가 아들들의 고뇌함이 이같음을 보시고 모든 경방을 의지하여 색과 향과 모양과 맛을 다 구족한 좋은 약초를 구하여 체로 쳐서 조화롭게 합하여 자식을 주어 하여금 먹게 하고 이 말을 하시되 '이 큰 양약은 색과 향과 모양과 맛을 다 구족하였으니 너희들이 가히 먹으면 속히 고뇌함을 제거하고 다시 중환이 없으리라.' 그 아들들 중에 마음을 잃지 않은 자식들은 이 양약이 색향미가 함께 좋음을 보고 곧바로 먹어서 병이 다 제거되어 나았으나 나머지 마음을 잃은 자식들은 아버지가 오신 것을 보고 비록 또한 기쁘게 문신하며 병 다스리기를 구했으나 그러나 그 약을 주더라도 먹기를 즐겨하지 아니하였나니 어찌된 까닭이뇨. 독한 기운이 깊이 들어서 본심을 잃은 고로 이 좋은 약을 아름답지 않다 할새니라. 아버지가 생각을 지으시되 '이 아들들이 가히 불쌍함이로다. 독에 병든 바 되어서 마음이 다 전도(거꾸로 뒤바뀜)되었을새, 비록 나를 보고 기뻐하고 낫기를 구색하나 이같이 좋은 약을 먹기를 즐겨하지 아니하니 내가 이제 마땅히 방편을 베풀어서 하여금 이 약을 먹게 하리라' 하고 곧 이 말씀을 지으시되 '너희들은 마땅히 알라. 내가 이제 늙어서 죽을 때가 이미 이르렀을새, 이 좋은 양약을 이제 머물러 여기에 두노니 너희가 가히 취하여 먹고 낫지 아니함을 근심하지 말라.' 이렇게 가르침을 짓고는 다시 타국에 이르러 시자를 보내서 말하되 '너의 아버지가 이미 죽었다' 한대

이때에 모든 아들이 아버님이 죽었다 함을 듣고 마음에 크게 근심하고 슬퍼하여 이 생각을 짓되 '만약 아버님이 계셨다면 자비로 우리들을 불쌍히 여겨 능히 구완하고 두호하여 주심을 봄일러니 이제 우리를 버리고 멀리 타국에 가서 돌아가셨으니 우리가 오직 홀로되어 다시 의지할 데 없음이로다' 하고 항상 비감을 품다가 마음에 드디어 깨달아

이 약이 빛과 맛과 향기와 아름다움을 알아차리고 곧 취하여 먹으니 독한 병이 다 나으니라. 그 아버지가 아들들이 모두 이미 나았음을 듣고 문득 돌아와서 다 하여금 보게 하니 모든 선남자야, 어떻게 생각하나뇨. 자못 어떠한 사람이 능히 이 어진 의원의 허망한 죄를 설하겠느냐?" "아닙니다. 세존이시여."

부처님이 말씀하시되 "내가 또한 이같아서 성불하여 이미 옴이 무량무변 백천만억 나유타 아승지 겁이어늘 중생을 위하는 고로 방편력으로 써 마땅히 멸도를 말하나 또한 능히 법다히 내가 허망된 허물을 설함이 있음이 없는 자이니라."

묘법연화경 분별공덕품 제십칠

이때에 대회가 부처님의 수명과 겁수가 장원하기 이같이 무량무변함을 듣고 아승지 중생이 크게 요익함을 얻음이러니 저 때에 세존이 미륵보살 마하살에게 말씀하시되 "아일다야, 내가 부처님의 수명 장원을 설할 때에 육백 팔십만억 나유타 항하사 중생은 무생법인을 얻고, 다시 천백보살 마하살은 다라니 문을 얻어 들어 가지고, 다시 일세계 미진수 보살 마하살은 요설 무애변재를 얻고, 다시 일세계 미진수 보살 마하살은 백천만억 무량 선다라니를 얻고, 다시 삼천대천세계 미진수 보살 마하살은 능히 퇴전치 아니하는 법륜을 전하고, 다시 이천중 국토 미진수 보살 마하살은 능히 청정법륜을 전하고, 다시 소천국토 미진수 보살 마하살은 팔생에 마땅히 아뇩다라 삼먁 삼보리를 얻고, 다시 삼사천하 미진수 보살 마하살은 삼생에 마땅히 아뇩다라 삼먁 삼보리를 얻고, 다시 이사천하 미진수 보살 마하살은 이생에 아뇩다라 삼먁 삼보리를 얻고, 다시 일사천하 미진수 보살 마하살은 일생에 마땅히 아뇩다라 삼먁 삼보리를 얻고, 다시 팔세계 미진수 보살 마하살과 및 모든 중생은 다 아뇩다라 삼먁 삼보리를 발하니라."

부처님이 이 모든 보살 마하살의 큰 법의 이익 얻음을 설할 때에 저 허공 중에 만다라화와 마하만다라화를 비내려서 무량 백천만억 보배나무 아래 사자좌 위의 모든 부처님께 흩뿌리며, 아울러 칠보탑 가운데 사자좌 위의 서가모니 부처님과 및 오래 멸도하신 다보여래께 흩뿌리며, 또한 일체 모든 큰 보살과 및 사부중께 흩뿌리며, 또한 다시 세말 전단향과 침수향 등을 비내리며 저 허공 중에 하늘북이 스스로 울리거늘 묘한 음성이 깊고 멀며, 또한 천 가지 하늘옷을 비내리며 모든 영락을 드리우되 진주 영락과 마니주 영락과 여의주 영락을 비내려 아홉 방위에 두루하며, 뭇 보배 향로에 값을 매길 수 없을 만큼 귀한 향을 사르매 자연히 두루 이르러서 대회에 공양하며, 낱낱 부처님 위에 모든 보살이 있으사 번과 일산을 잡아가지고 차제로 위로 올라 범천에 이르더니 이 모든 보살이 묘음성으로써 무량한 게송으로 노래하여 모든 부처님을 찬탄하더라.

이때에 미륵보살이 자리로부터 일어나서 오른 어깨를 벗고 합장하고 부처님을 향하여 게송을 설하며 말씀하시되 "부처님이 설하시는 희유한 법은 예전에 일찍이 듣지 못한 바로니, 세존이 대력이 있으시며 수명은 가히 헤아리지 못하니 수없는 불자가 세존이 분별하여 법리를 얻어 설하심을 듣고 환희함이 몸에 충만하노이다." 이때에 부처님이 미륵보살 마하살에게 말씀하시되 "아일다야, 혹 어떤 중생이 부처님 수명 장원이 이같음을 듣고 내지 능히 일념에 신해를 내면 얻은바 공덕은 한량이 있음이 없으니, 만약 선남자 선여인이 아뇩다라 삼먁 삼보리를 위하는 고로 저 팔십만억 나유타 겁에 오바라밀 즉 단(보시)바라밀과 시라 (지계)바라밀과 찬제(인욕)바라밀과 비리야(정진)바라밀과 선(선정)바라밀을 행하되 반야(지혜)바라밀을 제하거늘 이 공덕으로 써 전의 공덕을 비할진댄 백분 천분 백천 만억분에 하나도 미치지 못하며 내지 산수 비유로도 능히 알지 못하리라. 만약 선남자 선여인이 이같은 공덕이 있으면 저 아뇩다라 삼먁 삼보리에서 물러가는 것은 옳은 곳이 없느니라. 또한 아일다야, 만약 부처님의 수명 장원을 듣고 그 말하는 지취를 알면 이 사람의 얻은 바 공덕은 한량이 있음이 없어서 능히 여래 무상지혜를 일으키거늘, 어찌 하물며 널리 이 경을 듣고 만약 사람을 가르쳐 듣게 하며 만약 스스로 가지며 만약 사람을 가르쳐 가지게 하며 만약 스스로 쓰며 만약 사람을 가르쳐 쓰게 하며 만약 향화 영락과 당번 정개와 향유 소등으로 경전에 공양하면 이 사람의 공덕은 무량무변하여 능히 일체 종지를 냄이니라.

아일다야, 만약 선남자 선여인이 나의 수명 장원 설함을 듣고 깊이 마음이 신해하면 곧 부처님이 항상 기사굴산에 계시사 대보살과 모든 성문 대중이 함께 위요하여 법을 설할지며, 또한 이 사바세계가 그 땅이 유리어늘 평평하고 바르며 염부단금으로써 팔로에 지경하였으며 보배나무가 나란히 서 있으며 모든 대와 누각이 다 보배로 이루어졌으며 그 보살 대중이 다 그 가운데 있음을 보리니, 만약 능히 이같이 관하는 자 있으면 마땅히 알거라. 이것이 깊이 믿고 아는 상이 됨이니라. 또한 다시 여래 멸후에 만약 이 경을 듣고 훼방치 아니하여 따라 즐거운 마음을 일으키면 마땅히 알거라. 이미 깊이 믿고 상을 앎이 되거늘 어찌 하물며 독송하고 수지하는 자이랴. 이 사람은 곧 여래를 이마에 모심이 됨이니라.

아일다야, 이 선남자나 선여인은 나를 위하여 다시 탑사를 세우거나 승방을 짓거나 네 물건으로써 중승께 공양할 필요가 없나니, 무슨 까닭이뇨. 이 선남자나 선여인이 이 경전을 수지 독송하는 자는 이미 탑을 일으킴이 되며 승방을 지어 세우고 중승을 공양함이니, 곧 부처님 사리로써 칠보탑을 세우되 높고 넓음이 점점 적어져서 범천에 이르며, 모든 번과 일산과 및 갖가지 보배 방울을 달며, 꽃과 향과 영락과 가루향과 바르는 향과 사르는 향과 여러 북과 기악과 소적과 통소와 가지가지 무희와 묘한 음성으로 써 노래하고 찬송하며 곧 저 무량 천만억 겁에 공양 짓기를 이미 하니라.

아일다야, 만약 내가 멸한 후에 이 경전을 듣고 능히 수지하여 만약 스스로 쓰거나 만약 사람을 가르쳐 쓰게 하면 곧 승방을 일으켜 세움이 되나니, 붉은 전단으로써 전당들을 삼십이채나 짓되 높기가 팔다라수요 높고 넓음이 엄호하거늘 백천 비구가 그 가운데 머물며, 동산 수풀과 목욕하는 못과 경행 참선하는 곳과 의복 음식과 상욕 탕약과 일체 낙구가 그 가운데 충만한 이같은 승방과 당각(당우와 전각)이 약간 백천 만억 그 수가 무량하거늘 이로써 현전에 나와 및 비구승을 공양할지니, 이런고로 내가 '여래 멸후에 만약 수지 독송하며 다른 사람을 위하여 설하며 만약 스스로 쓰며 만약 다른 사람을 쓰게 가르치며 경권에 공양함이 있거든 다시 탑사를 세우거나 및 승방을 짓거나 중성께 공양하거나 할 필요가 없다'고 하거늘, 하물며 다시 사람이 능히 이 경을 지니고 겸하여 보시하고 계를 지니고 인욕하고 정진하고 일심으로 지혜를 행함이랴. 그 공덕이 무량무변하여 비유할진대 허공에 동서남북과 사유 상하가 무량무변함과 같아 이 사람의 공덕도 또한 다시 이같아서 무량무변하여 빨리 일체 종지에 이르리라. 만약 다시 능히 탑을 세우며 및 승방을 지어서 성문과 중승을 찬탄 공양하며, 또한 백천만억 찬탄법으로써 보살 공덕을 찬탄하며, 또한 다른 사람을 위하여 가지가지 인연으로 뜻을 따라 이 법화경을 해설하며, 다시 능히 청정한 계를 가지며 부드럽고 화한 자와 더불어 함께 머무르며, 희롱을 참아 성냄도 없으며, 뜻과 생각이 견고하고 항상 좌선하기를 귀이 하여 모든 깊은 뜻을 얻어서 정진하기를 용맹스럽게 하고 모든 착한 법을 섭수하며, 날카로운 지혜로써 어려운 질문에 잘 대답하면 아일다야, 만약 내가 멸한 후에 모든 선남자 선여인이 이 경전을 수지 독송하는 자가 다시 이같이 모든 착한 공덕이 있거든 마땅히 알거라. 이 사람은 이미 도량에 나가서 아뇩다라 삼먁 삼보리에 가까워서 보배 나무 아래에 앉을지니 아일다야, 이 선남자 선여인이 만약 앉거나 만약 서거나 만약 행하는 곳은 이 가운데 문득 마땅히 탑을 세우사 일체 천인이 다 마땅히 공양하기를 부처님 탑에서와 같이 하리라."

묘법연화경 수희공덕품 제십팔

이때에 미륵보살 마하살이 부처님께 사뢰어 말씀하시되 "세존이시여, 만약 선남자 선여인이 법화경을 듣고 따라 기뻐하는 자는 복되는 바를 얼마나 얻음이닛고?" 게송을 설해 말씀하시되

"세존 멸도 후에 이 경을 듣고 능히 따라 기뻐하는 자는 복되는 바 얻음이 얼마나 됨이닛고?"

이때에 부처님이 미륵보살 마하살에게 말씀하시되 "아일다야, 여래 멸후에 만약 비구 비구니와 우바새 우바이와 나머지 지혜로운 자와 만약 어른과 만약 어린 아이가 이 경을 듣고 따라 즐겨하기를 이미 하고 법회로부터 나와 나머지 곳에 이르되, 만약 승방에 있거나 만약 한적한 곳에 있거나 만약 성읍과 구렁과 언덕과 장터와 동리에서 그들은 바와 같이 하야 부모 종친과 선우 지식을 위하여 힘따라 연설하거늘, 이 모든 사람들이 듣기를 이미 하고 기뻐하며

다시 전하여 가르치기를 행하거늘, 나머지 사람이 듣기를 이미 하매 또한 따라 기뻐하여 전하여 가르치기를 이같이 펴서 전하기를 오십에 이르면 아일다야, 그 제오십 번째 선남자 선녀인의 따라 기뻐한 공덕을 내가 이제 설하리니 너희들은 잘 들으라. 만약 사백만억 아승지 세계 육취(하늘 인간 수라 아귀 축생 지옥)의 사생 중생, 즉 난생(알을 까고 태어남) 태생(모태에서 태어남) 습생(습한 곳에서 태어남) 화생(자연히 태어남)과 만약 형상이 있거나 형상이 없거나 생각이 있거나 생각이 없거나 생각이 있지도 않고 생각이 없지도 않은 것과 발이 없거나 발이 둘이거나 발이 넷이거나 발이 많거나 이같은 등의 중생 숫자가 있느니라. 어떤 사람이 복을 구함이 있어서 그 바라는 바를 따라 다 주되 낱낱 중생을 염부제에 가득히 찬 금 은 유리 자거 마뇌 산호 호박과 모든 묘한 진보와 코끼리 말 수레와 칠보로 이룬 궁전 누각 등을 주되, 이 대시주가 이같이 보시하여 팔십년 채우기를 이미 하고 이 생각을 짓되 '내가 이미 중생의 기뻐하는 꺼리를 뜻따라 원하는 바를 베푸나 그러나 이 중생이 다 이미 늙어서 나이가 팔십이 지나니 머리가 희고 얼굴이 쭈그러지매 장차 죽기가 오래지 아니하리니 내가 마땅히 불법으로써 훈도하리라'

하고 곧 이 중생을 모아서 법화경을 펴서 뵈이고 가르치고 이롭게 하고 즐겁게 하여 일시에 다 수다원도와 아나함도와 아라한도를 얻어서 모든 유루가 다하며 저 깊은 선정에 다 자재함을 얻어서 팔해탈을 갖추게 하면 너의 뜻에 어떠하느뇨. 이때 시주의 얻은 바 공덕이 많음이 되느냐, 되지 않느냐?"

미륵보살 마하살이 부처님께 사뢰어 말씀하시되 "세존이시여, 이 사람 공덕이 심히 많아서 무량무변이니 만약 이 시주가 다만 중생에 일체 낙구를 베풀어 주더라도 공덕이 무량하거늘 어찌 하여금 아라한과를 얻게 함이니까?"

부처님이 미륵보살 마하살에게 말씀하시되 "내가 이제 분명히 네게 이르노니 이 사람이 일체 낙구로써 사백만억 아승지 세계 육취 중생에게 베풀고 또한 하여금 아라한과를 얻게 하여 그 얻은 바 공덕이 이같아서 제오십 번째 사람이 법화경 한 게송 들은 것만 같지 못하고 따라 기뻐한 공덕만 같지 못함이 백분 천분과 백천만억분에 하나도 미치지 못하며 내지 산수 비유로라도 능히 알지 못할 바이니라.

아일다야, 이 제오십 번째 사람이 전전히 법화경 듣고 따라 기뻐한 공덕도 오히려 무량무변 아승지이거늘 어찌 하물며 가장 처음에 회중에서 듣고 따라 기뻐하는 자이랴. 그 복은 다시 수승하며 무량무변 아승지로되 가히 견주지 못하리라.

또한 아일다야, 만약 사람이 이 경을 위하는 고로 승방에 나가서 만약 앉거나 만약 서거나 하여 잠깐 받아 들으면 이 공덕을 인연하여 몸을 변하여 태어나는 바 좋고 뛰어나고 미묘한 코끼리와 말이 끄는 수레와 진귀한 보배 가마를 타고 및 천궁에 올라가리라. 만약 다시 사람이 저 법을 강론하는 곳에 앉아서 다시 사람이 옴이 있거든 권하여 하여금 앉아 듣게 하거나, 만약 자리를 나누어 하여금 앉게 하거나 하면 이 사람의 공덕은 몸을 변함에 제석천 자리를 얻거나 만약 범왕 자리를 얻거나 만약 전륜성왕 자리에 처하는 바일지니 아일다야, 만약 다시 혹 사람이 나머지 사람께 일러 말하되 '경이 있으되 이름이 법화이니 가히 함께 가서 듣자' 하거든 곧 그 가르침을 받고 내지 잠깐 사이라도 들으면 이 사람의 공덕은 몸을 변함에 다라니보살과 더불어 함께 한 곳에 나서 예리한 근기와 지혜를 얻으리라. 백천 만세에 마침내 벙어리 되지 않으며 입에 냄새나지 아니하며 혓바닥이 항상 병이 없으며 입이 또한 병이 없으며 이가 때 끼고 검지 아니하며 누르지도 않으며 성글지도 않으며 또한 이지러지고 빠지지도 않으며 어그러지지도 않으며 꼬부라지지도 않으며 입술이 아래로 처지지도 않으며 또한 위로 접혀 오그라들지도 않으며 추잡지도 않으며 부스럼과 언청이도 아니 되며 또한 삐뚤어지지도 않으며 두텁지도 않으며 크지도 않으며 또한 검지도 않으며 모든 것이 가히 미움도 없으리라. 코가 납작하지도 않으며 얇지도 않으며 얼굴빛이 검지도 않으며 또한 홀쭉하지도 않으며 또한 우그러지지도 않으며 꾸부러지지도 않으며 일체에 가히 즐겁지 않은 상이 있음이 없으리라. 입술과 어금니가 단정하고 좋으며 코가 길고 높고 바르기도 하며 얼굴 모양이 원만하며 눈썹이 높고 길기도 하며 이마가 평정하며 사람의 형상을 구족하리라. 세세생생 태어나는 바에 부처님을 보고 법도 들으며 가르침을 믿어 받으리라.

아일다야, 너는 또한 이것을 생각하라. 한 사람을 권하여 하여금 가서 법을 듣게 하는 공덕도 이같거늘 하물며 일심으로 설함을 들어 외우며 저 대중에 타인을 위하여 분별하여 설하고 닦아 행함이랴."

묘법연화경 법사공덕품 제십구

이때에 부처님이 상정진보살 마하살에게 말씀하시되 "만약 선남자 선여인이 이 법화경을 받아 가지고 만약 읽거나 만약 외우거나 만약 알아 설하거나 만약 쓰면 이 사람은 마땅히 팔백 가지 눈 공덕과 천이백 가지 귀 공덕과 팔백 가지 코 공덕과 천이백 가지 혓바닥 공덕과 팔백 가지 몸 공덕과 천이백 가지 뜻 공덕을 얻어서 이 공덕으로서 육근 (눈, 코, 귀, 혀, 몸, 뜻)에 장엄하여 다 하여금 청정하리라. 이 선남자 선여인은 부모에서 태어난 바 청정한 육안으로 삼천대천세계의 안이며 밖이며 있는 바 산 숲 물 바다를 보며, 아래로 아비지옥에 이르고 위로 유정천에 이르러 또한 그 가운데 일체 중생과 및 죄업 인연과 과보로 태어나는 곳을 보아서 다 앎이라.

다시 상정진아, 만약 선남자 선여인이 이 경을 받아 가지고 만약 읽거나 만약 외우거나 만약 알거나 만약 설하며 쓰면 천이백 가지 귀 공덕을 얻으리니, 이 청정한 귀로써 삼천대천세계의 아래로는 아비지옥에 이르고 위로는 유성천에 이르기까지 그 가운데와 안과 밖의 가지가지 말과 소리를 듣되 코끼리 소리, 말 소리, 소 소리, 수레 소리, 우는 소리, 근심하고 탄식하는 소리, 소라 소리, 법고 소리, 인경 소리, 방울 소리, 웃는 소리, 말하는 소리, 남자 소리, 여자 소리, 남자아해 소리, 계집애 소리, 법 소리, 법 아닌 소리, 괴로운 소리, 즐거운 소리, 범부 소리, 성인 소리, 즐거운 소리, 즐겁지 않은 소리, 하늘 소리, 용 소리, 야차 소리, 건달바 소리, 아수라 소리, 가루라 소리, 긴나라 소리, 마후라가 소리, 불 소리, 물 소리, 바람 소리, 지옥 소리, 축생 소리, 아귀 소리, 비구 소리, 비구니 소리, 성문 소리, 벽지불 소리, 보살 소리, 부처님 소리를 다 듣나니, 써 대략 말할진대 삼천대천세계 중 일체 내외에 있는 바 모든 소리를 비록 천이는 얻지 못하였으나 부모 소생의 청정한 보통 귀로도 다 들어 알아서 이같이 가지가지 소리를 분별하되 이근이 무너지지 아니하리라.

다시 상정진아, 만약 선남자 선여인이 이 경을 받아 가지고 만약 읽거나 만약 외우거나 만약 해설하거나 만약 쓰면 팔백 가지 코 공덕을 성취하리니, 이 청정한 코로써 삼천대천세계의 상하내외 가지가지 향을 맡되 수만나 화향과 사제화 향과 말이화 향과 포도화 향과 바라라화 향과 적연화 향과 청연화 향과 백연화 향과 회수 향과 과수 향과 전단화 향과 침수향과 다마라밭 향과 다가라 향과 및 천만가지 합쳐진 향이 만약 말향이거나 만약 도향이거나 이 경을 가지는 자는 이 세간에 주하여 다 능히 분멸하느니라. 또한 다시 중생의 향을 알되 코끼리 향과 말 향과 소와 양 등의 향과 사나이 향과 여인 향과 어린아해 향과 게집아해 향과 및 풀나무 수풀 향을 만약 가깝거나 먼 데 있는 바 모든 향을 다 맡아서 분별하되 그르지 아니하며, 이 경을 가지는 자가 비록 이에 주하더라도 또한 천상 모든 향을 맡되 파리질다라나무 향과 구비다라나무 향과 및 만다라화 향과 마하 만다라화 향과 만수사화 향과 마하 만수사화 향과 전단침수 가지가지 가루 향과 모든 잡화 향 이같은 등의 하늘 향이 화합하여 나는 바 향을 맡아 알지 못함이 없느니라. 또한 모든 천신 향을 맡되 석제환인이 승전 위에 있으면서 오욕으로 즐겁게 놀 때의 향과 만약 묘법당 위에 있어서 도리천 모든 하늘을 위하여 법을 설할 때 향과 만약 저 모든 동산에서 놀 때의 향과 및 나머지 하늘 등 남녀 몸향을 멀리 맡으며, 이같이 천천히 내지 범세에 이르사 위로 유정천에 이르러 모든 하늘 몸향을 또한 다 맡으며, 아울러 모든 천에 이르는 바 향을 맡으며 및 성문 향과 벽지불 향과 보살 향과 모든 부처님 향을 또한 다 멀리서 맡고 그 있는 바를 알되, 비록 이 향을 맡으나 그러하나 저 코가 무너지지도 아니하고 그릇되지도 아니하며, 만약 분별하여 다른 사람을 위하여 설하고저 하면 기억하여 잊지 않아서 그릇되지 아니하리라.

다시 상정진아, 만약 선남자 선여인이 이 경을 받아 가지고 만약 읽거나 만약 외우거나 만약 쓰면 천이백 가지 설(혓바닥) 공덕을 얻어서, 만약 좋거나 만약 더럽거나 만약 맛있거나 맛없거나 및 모든 쓰고 떫은 것이라도 그 혓바닥에 있으면 다 변하여 뛰어난 맛이 되어서 하늘 감로수와 같아 맛있지 아니함이 없으리라. 만약 설근으로써 저 대중 중에 연설한 바 있으면 깊고 묘한 소리를 내서 능히 그 마음에 들어가서 다 하여금 환히 쾌락케 할지며, 또한 모든 천자 천녀와 제석 범천의 모든 하늘이 깊고 묘한 음성으로 연설하고 말하고 논하는 바 있으면 차례로 다 와서 듣게 하며 및 모든 용과 용녀와 야차와 야차녀와 건달바와 건달바녀와 아수라와 이수라녀와 가루라와 가루라녀와 긴나라와 긴나라녀와 마후라와 마후라녀도 법 듣기 위하는 고로 다 와서 친근하여 공경 공양하며 및 비구 비구니와 우바새 우바이와 국왕과 왕자와 군신 권속과 소전륜왕과 대전륜왕과 칠보천자와 내외 권속이 그 궁전을 타고 함께 와서 법을 들으며, 이 보살이 법문을 잘 설하는 고로 바라문과 거사와 국내 인민이 그 형상과 목숨을 다 하도록 따라 모시고 공양할지며, 또한 모든 성문 벽지불과 보살과 모든 부처님이 항상 보기를 좋아하여 이 사람이 있는 바 방면에 모든 부처님이 다 그곳을 향하여 법을 설하거늘, 다 능히 일체 부처님과 법을 받아 가지며 또한 능히 저 깊고 묘한 법음을 내리라.

다시 상정진아, 만약 선남자 선여인이 이 경을 수지하여 만약 듣거나 만약 외우거나 만약 해설하거나 만약 쓰면 팔백 가지 몸 공덕을 얻어, 청정한 몸을 얻되 깨끗한 유리 같아 중생이 즐거이 봄을 얻으리니 그 몸이 깨끗한 고로 삼천대천세계의 중생이 나고 죽을 때와 뛰어나고 하열함과 좋고 추함과 착한 곳과 악한 곳에 나는 것을 다 그 가운데 나투며 및 철위산과 대철위산과 미루산과 큰 미루산 등 모든 산과 및 그 가운데의 중생이 다 나타나며, 아래로 아비지옥에 이르고 위로 유정천에 이르도록 있는 바 중생을 다 그 가운데 나투며, 만약 성문 벽지불과 보살 제불이 법 설하기를 다 그 몸 가운데 색과 형상을 나투리라.

다시 상정진아, 만약 선남자 선여인이 여래 멸후 이 경을 수지하여 읽거나 외우거나 해설하거나 쓰면 천이백 가지 뜻 공덕을 얻어서 이 청정 의근으로 내지 일게 일구를 듣더라도 무량무변한 뜻을 통달하고 이 뜻 알기를 다하고는 능히 한 글귀 한 게송 연설하기를 한 달부터 네 달에 이르거나 내지 일년이라도 모든 설한 바 법이 그 의취를 따라서 다 실상이사 서로 위배함이 없으며, 만약 세속 경서와 치세 언어와 자생 사업 등을 설하더라도 다 정법을 수순하며 삼천대천세계 육취 중생의 마음에 향하는 바와 마음에 움직이고 짓는 것과 마음에 의논하는 바를 다 아나니, 비록 무루지혜는 얻지 못하였으나 그 의근이 청정함이 이같으며, 이 사람이 생각하여 헤아려 말을 하면 다 이것이 불법이라 진실이 아님이 없으며, 또한 먼저 부처님이 경 가운데에 설한 바이니라."

묘법연화경 상불경보살품 제이십

이때에 부처님이 득대세보살 마하살에게 말씀하시되 "네가 이제 마땅히 알라. 만약 비구 비구니 우바새 우바이로 법화경 가지는 자를 혹 악한 입으로 꾸짖거나 비방하면 큰 죄보 얻음은 전에 설한 바와 같고, 그 얻은 바 공덕도 전번에 설한 바와 같아서 눈 귀 코 혀 몸 뜻이 청정하니라.

득대세야, 지나간 예전에 무량무변 불가사의 아승지겁을 지나서 부처님이 계시되 이름이 위음왕 여래 응공 정변지 명행족 선서 세간해 무상사 조어장부 천인사 불 세존이시고, 겁명은 이쇠요 국명은 대성이러니, 그 위음왕불이 모든 세계 중에 천인 아수라를 위하여 법을 설하시되 성문을 구하는 자를 위하여는 응하여 사제(고집멸도) 법을 설하사 살고 죽고 늙고 병든 자를 제도하여 구경 열반케 하시고, 벽지를 구하는 자를 위하여는 응하여 십이인연(무명 행 식 명색 육입 촉 수 애 취 유 생 노사) 법을 설하시고, 모든 보살을 위하여는 아뇩다라 삼먁 삼보리를 인하사 응하여 육바라밀(보시 지계 인욕 정진 선정 지혜) 법을 설하사 불지혜에 구경케 하시니라.

득대세야, 이 위음왕 부처님의 수명은 사십만억 나유타 항하사 겁이요 정법이 세상에 주하는 겁수는 사천하 일염부제 미진과 같고 상법이 세상에 주하는 겁수는 사천하 미진과 같음이니라. 그 부처님이 중생을 요익케 하기를 이미 하고 그러한 연후에 멸도하시니, 정법 상법이 다 멸한 후에 이 국토에 다시 부처님이 계시되 또한 이름이 위음왕여래 응공 정변지 명행족 선서 세간해 무상사 조어장부 천인사 불세존이시니라. 이같이 차례로 이만억 부처님이 다 한 이름과 같으심일러라.

최초에 위음왕 여래가 이미 멸도하시고 정법이 멸한 후에 저 상법 중에 증상만(깨닫지 못했으면서도 착각하여 교만으로 다른 사람을 업신여김) 비구가 대세력이 있고 이때에 한 보살 비구가 있으되 이름이 상불경이러니라.

득대세야, 어떠한 인연으로써 이름을 상불경이라 하나뇨. 이 비구가 무릇 보는 바에 만약 비구 비구니와 우바새 우바이를 다 예배 찬탄하여 이 말을 짓되 '내가 깊이 그대들을 공경하여 감히 경만(하찮게 여기거나 깔봄)하지 않노니 어찌된 까닭이뇨. 그대들이 다 보살도를 행할 새 마땅히 부처가 되리라.' 이 비구가 경전을 독송하지 아니하고 다만 예배는 행하고 내지 멀리 사중을 보더라도 또한 다시 짐짓 나아가 예배 찬탄하고 이 말을 짓되 '내가 감히 그대들을 가벼이 아니하노니, 그대들이 다 마땅히 부처될지니라.' 사중 가운데 진에심(성내는 마음)을 내서 부정한 자가 있어서 악한 입으로 꾸짖어 말하되 '이 지혜 없는 비구는 어떠한 처소로부터 와서 스스로 말하되, 내가 그대들을 가벼이 하지 않음이라 하고 우리들로 더불어 수기호되 마땅히 부처됨을 얻으리라 하나닛고. 우리들은 이같은 허망한 수기는 소용이 없노라.'

이같이 여러 해를 지내서 항상 꾸짖음을 받아도 성내지 아니하고 항상 이 말을 짓되 '그대들은 마땅히 부처가 되리라' 하면 이 말을 설할 때에 여러 사람이 혹 작대기 기왓장 돌로 치더라도 피하여 멀리 주하여 오히려 높은 소리로 불러 말하되 '내가 감히 그대들을 가벼이 하지 아니하노니 그대들이 다 마땅히 부처가 되리라' 한대 그 항상 이 말을 지어 쓰는 고로 증상만의 비구 비구니와 우바새 우바이가 이름을 상불경이라 하더니, 이 비구가 명이 마치고자 할 때에 저 허공중에서 위음왕 부처님이 전에 설한 바 법화경 이십천만억 게를 갖춰 들어서 다 받아 가지고 곧 위에서와 같이 눈이 청정하며 귀 코 입 혀 몸 뜻 근기가 청정함을 얻고, 이 육근이 청정함을 얻고는 다시 목숨을 이백만억 나유타 세를 더하되 널리 사람을 위하여 이 법화경을 설하거 늘 이때 증상만의 사중인 비구 비구니 우바새 우바이가 이 사람을 가벼이 하고 천히 여겨서 불경이라 이름지은 자가 그 대신통력과 요설변재와 대선정력 얻음을 보고 그 설한 바를 듣고 다 믿고 조복하고 따라 쫓거늘, 이 보살이 다시 천만억중생을 교화하여 하여금 아뇩다라 삼먁 삼보리 에 주하게 하더니 목숨이 마친 후에 이천억 부처님을 만나니 다 이름이 일월등명이시니, 그 법 가운데에 이 법화경을 설하고 이 인연으로써 다시 이천억 부처님을 만나니 이름이 같은 운자재등왕일러라. 이 모든 부처님 법 중에 받아 가지 고 읽고 외어서 모든 사중을 위하여 이 경전을 설하는 고로 항상 눈이 청정함과 귀 코 혀 몸 뜻 모든 것이 청정하고 저 사중 중에 법을 설하되 마음에 두려운 바 없더니라. 득대세야, 이 상불경보살 마하살이 이같은 약간 모든 부처님께 공양하여 공경 존중 찬탄하여 모든 선근을 심었기로 저 후에 다시 천만억 부처님을 만나고, 또한 저 모든 부처님 법 중에 이 경전 설한 공덕으로 성취하여 마땅히 부처가 되니 득대세야, 너는 어떻게 생각하나뇨.

이때에 상불경보살이 어찌 다른 사람이리오. 곧 내 몸이 그이니라. 만약 내가 저 숙세에 이 법화경을 받아 가지고 독송하지 아니하여 다른 사람을 위하지 아니하였던들 능히 빨리 아뇩다라 삼먁 삼보리를 얻지 못하였을지니, 내가 먼저 부처님 처소에서 이 경을 수지 독송하여 사람을 위하여 설한 고로 빨리 아뇩다라 삼먁 삼보리를 얻었노라.

득대세야, 저 때에 사중인 비구 비구니 우바새 우바이가 성 내는 뜻으로서 나를 가볍고 천히 여기는 고로 이백억 겁을 항상 부처님을 만나지 못하며 법도 듣지 못하며 승도 보지 못하며 천겁을 저 아비지옥에서 큰 고뇌를 받다가, 그 죄를 마치고 다시 상불경보살을 만나서 아뇩다라 삼먁 삼보리로 교화되니라.

득대세야, 너는 어떻게 생각하나뇨. 이때에 사중이 항상 이 보살을 가벼히 한 자가 어찌 다른 사람이리오. 이제 이 회중에 발타라 등 오백보살과 사자월 등 오백 비구니와 사불 등 오백 우바새가 다 아뇩다라 삼먁 삼보리에 퇴전치 아니하는 자가 그들이니라.

득대세야, 마땅히 알라. 이 법화경이 모든 보살 마하살을 크게 요익케 하여 능히 하여금 저 아뇩다라 삼먁 삼보리에 이르게 하나니, 이런 고로 모든 보살 마하살이 저 여래 멸후에 항상 마땅히 이 경을 수지 독송 해설 서사할지니라.”

묘법연화경 여래신력품 제이십일

이때에 천세계 미진수 보살 마하살이 땅으로 솟아 나오는 자가 모두 부처님 앞에서 일심으로 합장하고 존안을 첨앙하시와 부처님께 사뢰어 말씀하시되 "세존이시여, 저희들이 부처님 멸후에 세존의 분신이 계신 바 국토와 멸도하신 곳에 마땅히 이 경을 설하리니, 무슨 까닭이닛고. 저희들도 또한 스스로 이 진정한 대법을 설하여 수지 독송 해설 서사하여 공양하려 하노이다.

이때에 세존이 저 문수사리 등 무량 백천 만억 예전 사바세계에 주한 보살 마하살과 및 모든 비구 비구니와 우바새 우바이와 천룡 야차 건달바 아수라 가루라와 긴나라와 마후라가와 인 비인 등 일체 대중 앞에 대신력을 나투사 광장설(넓고 긴 혓바닥)을 내사 위로 범천에 이르시고 일체 모공에 무량 무수 색의 광명을 놓으시니 다 두루 시방세계에 비추시며, 여러 보배 나무 아래 사자좌 위에 모든 부처님도 또한 이같이 하사 광장설을 내시며 무량 광명을 놓으시니라.

　서가모니 부처님과 및 보배 나무 아래의 모든 부처님이 신력을 나투신 때에 백천 년을 채운 연후에 다시 긴 혀를 거두시고 일시에 경례하시며 함께 손가락을 튕기시니 이 두 음성이 두루 시방 모든 부처님 세계에 이르사 땅이 다 여섯 가지로 진동하거늘, 그 가운데 중생 즉 천룡과 야차와 건달바와 아수라와 가루라와 긴나라와 마후라가와 인과 비인 등이 부처님 신력으로써 다 이 사바세계에 무량무변 백천 만억 많은 보배 나무 아래 사자좌 위에 모든 부처님을 보며 및 서가모니 부처님이 다보부처님과 함께 하사 보탑 중에 계시사 사자좌에 앉으시며, 또한 무량무변 백천만억 보살 마하살과 및 모든 사중이 서가모니불을 공경하고 둘러싸더니 이미 이를 보기를 다하고 크게 환희하여 일찍이 있지 못함을 얻더니라.

　곧 때에 모든 천인이 저 허공중에서 높은 소리를 불러 말하되 "이 무량무변 백천만억 아승지 세계를 지나서 나라가 있으니 이름이 사바요 이 가운데 부처님이 계시니 이름이 석가모니 부처님이시니라. 이제 모든 보살 마하살을 위하사 대승경을 설하시니 이름이 묘법연화라. 보살을 가르친 법이며 부처님이 호념하신 바이니 너희들도 마땅히 깊은 마음에 따라 기뻐하며 또한 마땅히 서가모니 부처님께 예배 공양하라" 한대, 저 모든 중생이 허공중에 소리 듣기를 다 하고 합장하여 사바세계를 향하여 이같은 말을 짓되 "나무 서가모니불 나무 서가모니불" 하며 가지가지 꽃과 향과 영락과 번과 일산과 및 온갖 몸에 장엄하는 것이며 진귀한 보배와 미묘한 물건들을 다 함께 멀리 사바세계에 흩뿌리니, 그 흩뿌린 바 모든 물건이 시방으로 쫓아옴이 비유하건대 구름이 모이는 듯하여 변해서 보배 휘장을 이루어 두루 이 세간의 모든 부처님 위에 덮으니, 이때에 시방세계가 통달하여 걸림이 없어 한 부처님 국토와 같더라.

이때에 부처님이 상행 등 보살대중에게 말씀하시되 "모든 부처님 신력이 이같이 무량무변하며 불가사의로되, 만약 내가 이 신통력으로써 저 무량무변 백천만억 아승지겁에 부촉하기 위하는 고로 이 경의 공덕을 설할지라도 오히려 능히 다 하지 못하나니, 요긴함으로써 말할진대 여래의 일체 있는 바 법과 여래의 일체 자재신력과 여래의 일체 비밀지장과 여래의 일체 심심한 일을 다 이 경에 펴서 뵈이고 나투어 설하시니라. 이런 고로 너희들이 저 여래 멸후에 응당히 일심으로 수지 독송 해설 서사하여 설한 바와 같이 수행하며, 있는 바 국토에 어떤 이가 만약 수지 독송 해설 서사하여 수행하거나 만약 경전있는 곳이나 만약 저 동산 가운데나 만약 수풀 가운데나 만약 나무 아래나 만약 승방이나 만약 속인 집이나 만약 전당이나 만약 산곡 광야이거나 다 응당히 탑을 세워 공양할지니, 무슨 까닭이뇨. 마땅히 알라. 이곳은 곧 도량이니 모든 부처님이 아뇩다라 삼먁 삼보리를 얻으며 모든 부처님이 이곳에서 법륜을 전하며 모든 부처님이 이곳에서 열반하실새라."

묘법연화경 촉루품 제이십이

이때에 서가모니 부처님이 법좌로부터 일어나사 큰 신력을 나투시고 오른손으로써 무량보살 마하살의 이마를 만지시고 이 말씀을 지으시되 "내가 저 무량 백천 만억 아승지 겁에 이 얻기 어려운 아뇩다라 삼먁 삼보리 법을 수습하여 하여금 너희들에게 부촉하노니, 너희들이 가지가지 마땅히 일심으로 이 법을 유포하여 널리 하여금 증익케 하라." 이같이 세 번 모든 보살 마하살의 이마를 만지시고 말씀하시되 "내가 저 무량 백천 만억 아승지 겁에 이 얻기 어려운 아뇩다라 삼먁 삼보리 법을 수습하여 이제 너희들에게 부촉하노니, 너희들이 마땅히 수지 독송하여 널리 이 법을 펴서 일체 중생으로 하여금 널리 얻어 듣고 알게 하라. 무슨 까닭이뇨. 여래가 대자비가 있어서 모두 아낌이 없으며 또한 두려운 바 없어서 능히 중생에게 불지혜와 여래지혜와 자연지혜를 주시니 여래가 이 일체 중생에 대시주이시니 너희들도 또한 다시 이 여래의 법을 배워서 아낌을 내지 말고 저 미래세에 만약 혹시 선남자 선여인이 여래의 지혜를 믿는 자 있거든 마땅히 이 법화경을 연설하여 하여금 얻어듣고 알게 하리니, 그 사람으로 하여금 부처님 지혜를 얻게 하기 위함이니라. 만약 혹 중생이 믿지 않고 받아들이지 않는 자이거든 마땅히 여래의 나머지 깊고 묘한 법 중에 뵈이고 가르치고 읽게 하고 즐겁게 할지니라. 너희들이 만약 능히 이같이 하면 곧 이미 모든 부처님의 은혜를 갚는 자이리라."

때에 모든 보살 마하살이 부처님의 설하심 듣기를 이미 하고 다 환희하여 두루 그 몸에 차서 더욱 공경하며 다 몸을 굽히며 머리를 숙이고 합장하고 부처님을 향하여 함께 소리를 발하여 말하되 "세존의 교칙과 같이 마땅히 함께 받들어 행하리니, 오직 원하옵나니 세존께서는 걱정하지 마소서." 모든 보살 마하살 대중이 이같이 세 번을 함께 소리를 발하여 말하되 "세존의 교칙과 같이 마땅히 함께 받들어 행하리니 오직 그러함이니다. 원컨대 세존께서는 걱정하지 마소서."

이때에 서가모니 부처님이 시방에서 모여오는 모든 분신

부처님으로 하여금 각자 본국으로 돌아가게 하려고 이 말씀을 지으시되 "모든 부처님은 각각 편안한 바를 따르시고 다보 부처님 탑은 돌아가 가히 전과 같이 하소서" 하신대 이 말씀 설할 때에 시방 무량 분신 모든 부처님이 보배나무 아래 사자좌 위에 앉았던 자와 다보부처님과 상행 등 무량무변 아승지 보살대중과 사리불 등 성문사중과 및 일체세간 천인 아수라 등이 부처님 설하신 바를 듣사옵고 다 크게 환희하시더라.

묘법연화경 약왕보살본사품 제이십삼

이때에 수왕화보살이 부처님께 사뢰어 말씀하시되 "세존이시여, 약왕보살은 어찌하여 사바세계에 놀았나이까. 세존이시여, 이 약왕보살은 약간 백천만억 나유타 행하기 어려운 고행이 있나닛고. 선재이십니다 세존이시여, 원컨댄 간략하게 설해주소서. 모든 천용신과 야차와 건달바와 아수라와 가루라와 긴나라와 마후라가 인 비인 등과 또한 타국토에서 오신 모든 보살 마하살과 및 성문이 듣고 다 환희하리니다."

이때에 부처님이 수왕화보살에게 말씀하시되 "지나간 과거 무량 항하사겁에 부처님이 계시되 이름이 일월정명덕여래 응공 정변지 명행족 선서 세간해 무상사 조어장부 천인사 불 세존이러시니, 그 부처님은 팔십억의 대보살 마하살과 칠십이 항하사의 대성문 대중이 있으시며 부처님 수명은 사만이천겁이오 보살 수명도 또한 같으며, 그 나라에는

356

여인도 없으며 지옥도 없으며 아귀도 없으며 육생도 없으며 아수라 등과 및 모든 어려운 것이 없으며, 땅이 평평하기가 손바닥 같고 유리로 이룬 바이며, 보배 나무로 장엄하고 보배 휘장이 위에 덮였으며, 보배꽃 번을 드리웠고 보배 병과 향로가 두루 나라 경계에 둘렸으며, 칠보로 대가 되었으되 한 나무에 한 대이더니 그 나무에서 대의 거리가 화살 한바탕이러니, 이 모든 보배 나무에 다 보살 성문이 있어서 그 아래 앉고 모든 보대 위에 각각 백억 모든 천신이 있어서 하늘기악을 지어서 부처님을 가영하고 찬탄하여 써 공양하였느니라.

이때에 저 부처님이 일체중생희견보살과 및 여러 보살과 모든 성문을 위하여 법화경을 설하시니, 이 일체중생희견보살이 고행하기를 좋아하여 저 일월정명덕부처님 법 중에서 정진 경행하여 일심으로 부처님을 구호하되 만이천세를 채우기를 다하고 일체 색신삼매를 얻어 나투더라. 이 삼매 얻기를 이미 하고 마음에 크게 환희하여 곧 이 생각을 지어 말하되 '내가 일체 색신삼매를 얻어 나툰 것이 다 이 법화경을 얻어들은 힘이니 내가 이제 마땅히 일월정명덕불과 및 법화경에 공양하리라' 하고, 곧 때에 이 삼매에 들어서 저 허공중에 만다라화와 마하 만다라화와 가는 가루의 단단하고 검은 전단향을 비내리니 허공 가득히 구름같이 내려오며 또한 차안의 바다에 전단향을 비내리니 이 향의 중량이 육수이며 값이 사바세계와 같음이니라. 이로써 부처님께 공양하고 이 공양하기를 이미 하여 삼매로부터 일어나서 스스로 생각하여 말하되 '내가 비록 신력으로써 부처님께 공양하나 몸으로써 공양하는 것만 같지 못하다' 하고 곧 모든 향을 먹으니 전단훈육과 도루바와 필력과 침수교향이며, 또한 포도와 모든 화향 기름을 마시기를 천이백세나 채우기를 다하고 향기름을 몸에다 바르고, 일월정명덕부처님 앞에서 하늘보배옷으로써 스스로 몸에다 감으며 모든 향기름을 붓고 신통원력으로써 스스로 몸을 사르니, 광명이 두루 팔십억 항하사 세계에 비치거늘 그 가운데 모든 부처님이 함께 찬탄하여 말씀하시되 '착하고 착하다 선남자야, 이것이 참 정진이며 이것이 이름이 참 법공양 여래이니, 만약 화향영락과 소향말향과 도향과 천증번개와 차안 바다의 전단향 등 이같은 가지가지 모든 물질로 공양하더라도 능히 미치지 못할 바며, 가사 나라와 성과 처와 자식으로 보시하더라도 또한 미치지 못할 바이니 선남자야, 이것이 이름이 제일 보시라 하여 모든 보시 중에 가장 높고 가장 상등이니 법으로 모든 여래께 공양한 연고이니라' 하시고 이 말씀 하신 후에 각각 묵연하시니라. 그 몸에 불이 당기어 천이백세를 사르고 이를 지낸 연후에 그 몸이 이에 다하니라.

일체중생희견보살이 이같은 법공양 짓기를 다하고 목숨을 마친 후에 다시 일원정명덕부처님 나가 가운데 나서 저 정명덕왕가에 결가부좌하고 홀연히 회생하여 곧 그 아버님을 위하여 게송을 설하여 말하되 '대왕은 이제 마땅히 아소서. 내가 저곳에서 경행하여 즉시 일체 모든 헌신 삼매를 나투기를 얻고 부지런히 큰 정진을 행하되 사랑하는 몸을 버려서 세존께 공양함은 무상한 지혜를 구함이니다.'

게송 설하기를 이미 하고 아버님께 사뢰어 말씀드리되 '일월정명덕부처님이 이제 짐짓 계신지라. 제가 먼저 부처님께 공양하기를 마치고 일체 중생의 언어 해득하는 다라니를 얻었으며 다시 법화경 팔백천만억 나유타 견가라 빈바라 아촉파 등 게송을 들었으니 대왕이시여, 제가 이제 마땅히 돌아가 이 부처님께 공양하려 하나이다.' 이같이 사뢰기를 마치매 곧 칠보대 위에 앉아서 허공에 오르기를 높이가 칠다라수라. 부처님 처소에 이르러서 머리와 얼굴을 숙여 발에 예하고 열손가락을 합하고 게송으로써 부처님을 찬탄하되 '용안이 심히 기묘하시고 광명이 시방에 비치셨네. 제가 적실히 일찍이 공양하였을새 이제 다시 돌아와 친근하려 하노이다.'

이때에 일체중생희견보살이 이 게송 설하기를 마치고 부처님께 사뢰어 말하되 '세존이시여, 세존이 오히려 짐짓 세상에 계시나니까.'

이때에 일월정명덕부처님이 일체중생희견보살에게 말씀하시되 '선남자야, 내가 열반할 때에 이르렀고 또 멸하고저 할 때에 이르렀으니 네가 가히 자리를 깔아놓아라. 내가 오늘밤에 마땅히 열반에 들리라.' 또한 일체중생희견보살에게 신칙하사 '선남자야, 내가 불법으로써 네게 부촉하며 및 모든 보살과 대제자와 아울러 아뇩다라 삼먁 삼보리법과 또한 삼천대천 칠보세계 모든 보배나무 보배대와 시봉하던 모든 천신을 다 네게 부촉하며, 내가 멸도 후에 있는 바 사리를 또한 네게 부촉하노니 마땅히 하여금 유포하여 널리 공양을 베풀어서 마땅히 수천의 탑을 세우게 하라.'

이같이 일월정명덕부처님이 일체중생희견보살에게 교

칙하시기를 마치시고 밤 후분에 열반에 드시니라.

이때에 일체중생희견보살이 부처님 멸도하시는 것을 보고 슬픔에 젖어 괴로워하며 부처님을 연모하여 곧 차안의 바닷가 전단향을 쌓아 부처님 몸에 공양하여 써 사르고 불이 멸한 후에 사리를 수습하여 팔만사천 보배병을 만들어서 팔만사천 탑을 세우니 높이가 삼세계 표찰(당간)을 장엄하며 모든 번개(깃발과 일산)를 드리우며 여러 보배방울을 달았더라.

이때에 일체중생희견보살이 다시 스스로 생각하여 말하되 '내가 비록 이같은 공양을 지었으나 마음이 오히려 족하지 못하니 내가 이제 마땅히 다시 사리께 공양하리라' 하고 문득 모든 보살과 대제자와 천룡 야차 등과 일체 대중에게 이르되 '너희들이 마땅히 일심으로 생각하라. 내가 이제 일월정명덕부처님 사리에 공양하리라.' 이 말씀을 마치고 곧 저 팔만사천 탑 앞에 백복으로 장엄한 팔을 칠만이천세나 태워 공양하여 하여금 수없이 성문 구하는 무리와 무량 아승지 사람으로 아뇩다라 삼먁 삼보리 마음을 발하게 하며, 다 하여금 일체 색신삼매에 주함을 얻게 하더라.

이때에 모든 보살과 천인 아수라 등이 그 팔 없는 것을 보고 근심하고 괴로워하고 슬퍼하여 이 말을 짓되 '이 일체 중생희견보살은 곧 우리의 스승이라. 우리를 교화하시는 분이신데 이제 팔을 태우시고 몸이 구족치 못하심이로다' 하더니라.

이때에 일체중생희견보살이 저 대중 가운데서 이같은 서원을 세우되 '내가 두 팔을 버렸으나 반드시 마땅히 부처 님의 금색신을 얻으리라. 만약 진실하고 헛되지 아니할진대 나의 두 팔로 하여금 도리어 다시 예전과 같게 하소서.' 이 서원을 지어 마침에 자연히 되돌려 회복하니 이 보살의 복덕지혜가 순박하고 두터워 대서원을 이룬 바이러라.

그때를 당하여 삼천대천세계가 육종으로 진동하며 하늘 이 보배꽃을 비내리니 일체 인천이 일찍이 잊지 못함을 얻음이러라."

이때에 부처님이 수왕화 보살에게 말씀하시되 "너의 뜻에 어떻다 하나뇨. 일체중생희견보살이 어찌 다른 사람이랴. 지금 약왕보살이시니라. 그 버린 바 몸 보시하기를 이같이 무량무변 백천만억 나유타 수이니라.

수왕화야, 만약 마음을 발하여 아뇩다라 삼막 삼보리를 얻고저 하는 자는 능히 손가락이나 내지 발가락 하나를 살라서 부처님 탑에 공양하더라도 나라와 성과 처와 자식과 삼천대천 국토의 산과 수풀과 못과 모든 진보물로 공양하는 것보다 오히려 성하리라.

만약 다시 사람이 칠보로써 삼천대천세계에 가득히 하여 부처님과 및 대보살과 벽지불과 아라한께 공양하더라도 이 사람의 얻은 바 공덕이 법화경을 수지하거나 내지 일사구 게를 수지하는 것만 같지 못함이니 그 복이 더 많으니라.

수왕화야, 비유하건대 일체 냇물과 흐르는 강물의 모든 물 가운데 바다가 제일인 것과 같이 이 법화경도 또한 다시 이같아서 저 모든 여래 설한 바 경 가운데 가장 깊고 크니라. 또한 토산과 흑산과 소철위산과 대철위산과 및 열 보배산의 여러 산 가운데 수미산이 제일인 것과 같이 이 법화경도 또한 다시 이같아서 저 모든 경 가운데 가장 으뜸이 되며, 또한 여러 별 가운데에 월천자(달)가 가장 제일인 것과 같이 이 법화경도 또한 다시 이같아서 저 천만억 가지가지 모든 경법 중에 가장 밝고 비춤이 되며, 또한 일천자(해)가 능히 모든 어두운 것을 제하는 것과 같이 이 경도 또한 다시 이같아서 능히 일체 착하지 아니한 어두운 것을 파하나니라. 또한 모든 소왕 중에 전륜성왕이 가장 제일인 것과 같이 이 경도 또한 다시 이같아서 저 모든 경 중에 가장 높음이 되며, 또한 제석이 삼십삼천 중에 왕인 것과 같이 이 경도 또한 다시 이와 같아서 모든 경 가운데 왕이니라.

또한 대범천왕이 일체 중생의 아버지 되는 것과 같이 이 경도 또한 다시 이와 같아서 일체 어진 이와 성인과 배우는 이와 배움이 없는 이와 보살 마음을 발한 자의 아버지라. 또한 일체 범부 중에 수다원 사다함 아나함 아라한 벽지불이 제일인 것과 같이 이 경도 또한 다시 이같아서 일체 여래가 설하신 바와 만약 보살이 설하신 바와 만약 성문이 설한 바 모든 경법 중에 가장 제일이 됨이니 능히 이 경전을 받아 가지는 자라도 또한 다시 이같아서 저 일체 중생 중에 또한 제일이 되느니라. 일체 성문 벽지불 중에 보살이 제일인 것과 같이 이 경도 또한 다시 이와 같아서 저 일체 모든 경법 중에 가장 제일이 되느니라.

부처님이 모든 법의 왕이신 것 같이 이 경도 또한 다시 이와 같아서 모든 경 가운데 왕이니라.

수왕화야, 이 경은 능히 일체 중생을 구원하는 자며, 이 경은 능히 일체 중생으로 하여금 모든 괴롭고 번뇌로운 것을 여의게 하며, 이 경은 능히 크게 일체 중생을 요익케 하며 그 원을 충만케 하나니라. 청량한 못이 능히 일체 모든 목마른 자에게 물을 주는 것 같으며, 추운 자가 불을 얻는 것 같으며, 벗은 자가 옷을 얻은 것 같으며, 장사하는 사람이 물주 얻은 것 같으며, 아들이 어머니 맞는 것 같으며, 강 건너갈 때에 나룻배 얻음 같으며, 병에 의원을 얻은 것 같으며, 어두운 데 등불 얻은 것 같으며, 구차한 자가 보배 얻은 것 같으며, 백성이 임금 얻은 것 같으며, 고객(장사하는 사람)이 바다 얻은 것 같으며, 횃불이 어두운 것을 제하는 것 같이 이 법화경도 또한 다시 이와 같아서 능히 중생으로 하여금 일체 괴로운 것과 일체 병의 아픔을 여의고 능히 일체 살고 죽는 데 얽힌 것을 푸는 것 같으니라. 만약 사람이 이 법화경을 듣고 스스로 쓰거나 만약 사람으로 하여금 쓰게 하면 얻는 바 공덕은 부처님 지혜로써 수량의 다소를 헤아려도 그 끝을 알지 못하리라. 만약 이 경권을 써서 화향영락과 소향말향과 도향과 번개와 의복과 가지가지 등인 소등과 유등과 모든 향유등과 청포유등과 수만나유등과 바라라유등과 바리사가유등과 나바마리유등으로 공양하면 얻는 바 공덕이 또한 한량이 없으리라.

　수왕화야, 만약 어떤 사람이 이 약왕보살본사품을 듣는

자는 또한 무량무변한 공덕을 얻을지며, 만약 어떤 여인이 이 약왕보살본사품을 듣고 능히 받아 가지는 자는 여인몸을 다하고 후생에는 다시 여인몸을 받지 아니하리라. 만약 여래 멸후 후 오백세 중에 만약 여인이 이 경전을 듣고 설한 바와 같이 수행하면 이 목숨이 마친 후에 곧 안락세계 아미타불이 대보살중에게 둘러싸여 계신 처소에 가서 연화 가운데 보좌 위에 나서 다시 탐욕에 괴로운 바가 되지 않으며, 또한 다시 진에와 우치에 괴로운 바가 되지 아니하며, 또한 다시 교만 질투 모든 업에 괴로운 바 되지 아니하며, 보살의 신통과 무생법인을 얻고 이 법인 얻기를 마친 후에는 안근이 청정하여 이 청정한 안근으로써 칠백만이천 나유타 항하의 모래수만큼의 모든 부처님 여래를 보느니라.

이때에 모든 부처님이 멀리 함께 찬탄하여 말씀하시되 '착하고 착하다 선남자야, 네가 능히 저 서가모니 부처님 법 중에 이 경을 수지 독송하고 생각하여 다른 사람을 위하여 설할새, 얻은 바 복덕이 무량무변하여 불에도 능히 태워지지 아니하며 물에도 능히 빠지지 아니하나니라. 너의 공덕을 천 부처님이 함께 설하더라도 능히 다하지 못함이니 네가 이제 이미 능히 모든 마적을 파하며 생사의 적군을 무너뜨릴새, 모든 나머지 원적이 다 꺾어 멸하리라. 선남자야, 백천 모든 부처님이 신통력으로써 함께 너를 수호하시리니 저 일체 세간 천인 중에 너 같은 자 없으니, 오직 여래를 제하고는 모든 성문 벽지불과 내지 보살의 지혜 선정이라도 너로 더불어 같을 자 없으리라.'

수왕화야, 이 보살이 이같은 공덕 지혜력을 성취하니라. 만약 사람이 이 약왕보살본사품을 듣고 능히 따라 기뻐 찬탄하는 자는 이 사람은 현세에 입에서 항상 청련화 향내가 나고 몸 모공 가운데서는 항상 우두전단 향내가 나고 얻는 바 공덕은 위에 설한 바와 같으리라.

이런 고로 수왕화야, 이 약왕보살본사품으로써 너에게 부촉하노니 내가 멸도한 뒤 후 오백세 중에 널리 염부제에 유포하여 하여금 끊어짐이 없게 하여서 악마와 마민(악마의 백성, 권속)과 모든 하늘 용 야차 구반다 등으로 그 편당함을 얻지 못하게 하라.

수왕화야, 네가 마땅히 신통력으로써 이 경을 수호할지니, 무슨 까닭이뇨. 이 경은 곧 염부제 사람의 병의 어진 약이니 만약 사람이 병이 있더라도 이 경을 들으면 병이 곧 낫고 늙지도 아니하고 죽지도 아니하리라.

수왕화야, 네가 만약 이 경을 수지하는 자를 보거든 마땅히 청련화로써 말향을 그득히 담아서 그 위에 흩트려 공양하고 흩트리기를 마치고 이 생각을 짓되 '이 사람은 오래지 아니하여 반드시 마땅히 풀을 취하여 도량에 앉아서 모든 마군을 파하며, 마땅히 법라를 불고 대법고를 치며 일체중생을 생로병사의 바다에서 제도하리라' 하나니, 이러한 고로 불도를 구하는 자가 이 경전 받아 지니는 사람을 보거든 마땅히 이같이 공경심을 낼지니라.

이 약왕보살본사품을 설할 때에 팔만사천 보살이 일체 중생 언어 다라니를 얻어 알지니라."

다보여래가 저 보탑 가운데서 수왕화보살을 찬탄하여 말씀하시되 "착하고 착하다 수왕화야, 네가 가히 사의치 못할 공덕을 성취할새, 이에 능히 석가모니불께 이같은 일을 물어서 무량 일체 중생을 이익케 하는구나" 하더라.

묘법연화경 묘음보살품 제이십사

이때에 서가모니 부처님이 대인상 육계 광명을 놓으시며 및 미간 백호상 광명을 놓으사 두루 동방 백팔만억 나유타 항하사 등 모든 부처님 세계를 비치시더니, 이 수효 지나기를 마치고 또 세계가 있으니 이름이 정광장엄이오 그 나라에 부처님이 계시니 이름이 정화수왕지여래 응공 정변지 명행족 선서 세간해 무상사 조어장부 천인사 불세존이러시니, 무량무변 보살 대중이 공경 위요하사 위하여 법을 설하시더니 서가모니 부처님 백호 광명이 두루 그 나라에 비치느니라.

이때에 일체 정광장엄 나라에 한 보살이 있으니 이름을 가로되 묘음이라. 오래 이미 뭇 덕본(선근)을 심어서 무량 백천만억 모든 부처님을 친근 공양하고 다 깊고 깊은 지혜를 성취하여 묘당상삼매와 법화삼매와 정덕삼매와 수왕화삼매와 무연삼매와 지인삼매와 해일체중생언어삼매와 집일체공덕삼매와 청정삼매와 신통유희삼매와 혜거삼매와 장엄왕삼매와 정광명삼매와 정장삼매와 불공삼매와 일선삼매를 얻어서 이같은 등 백천만억 항하사 등 모든 대 삼매를 얻음이러라.

이때 서가모니 부처님 광명이 그 몸을 비추거늘 곧 정화수왕지 부처님께 사뢰어 말씀하되 "세존이시여, 제가 마땅히 사바세계에 나가서 서가모니 부처님을 예배 친견 공양하며 및 문수사리 법왕자보살 마하살과 약왕보살과 용시보살과 수왕화보살과 상행의보살과 장엄왕보살과 약상보살을 보려 하노이다."

이때에 정화수왕지 부처님이 묘음보살에게 말씀하시되 "네가 저 나라를 가벼이 여겨 하열한 생각을 내지 말라. 선남자야, 저 사바세계는 높고 낮아서 평탄치 못하며 토석과 모든 산에 더러운 것이 충만하며 부처님 몸이 적고 낮으며 모든 보살대중도 그 형상이 또한 적거늘, 네 몸은 사만이천 유순이오 내 몸은 육백팔십만 유순이오, 네 몸은 단정하여 백천만 가지 복이며 광명이 뛰어나게 묘하니, 이런 고로 네가 가서 저 나라를 경시하거나 만약 부처님과 보살과 및 국토에 하열한 생각을 내지 말라."

묘음보살이 그 부처님께 사뢰어 말씀하시되 "세존이시여, 제가 이제 사바세계에 나가는 것은 다 이 여래의 힘이며 여래의 신통 유희며 여래의 공덕 지혜 장엄이니다" 하시고, 이에 묘음보살이 자리에서 일어나지 아니하사 몸이 움직이지도 않으며 삼매에 들어가시니, 이 삼매의 힘으로써 저 기사굴산 법좌에 감이 멀지 아니함에 화하여 팔만사천 뭇 보련화를 지으니 염부단금으로 줄기가 되고 백은으로 잎사귀가 되고 금강으로 수염이 되고 견숙가보로써 그 받침이 되었더라.

이때에 문수사리 법왕자가 이 연화를 보고 부처님께 사뢰어 말씀하시되 "세존이시여, 이는 어떠한 인연으로 먼저 이러한 상서를 나투시되, 약간 천만 연화가 염부단금으로 줄기 되고 백은으로 잎사귀 되고 금강으로 수염이 되고 견숙가보로써 그 받침이 됨이니잇고?"

이때에 서가모니 부처님이 문수사리에게 말씀하시되 "이 묘음보살 마하살이 정화수왕지 부처님 나라로부터 팔만사천 보살과 더불어 위요하여 와서 이 사바세계에 이르러 내게 친근 예배 공양하며 또한 법화경을 듣고 공양코저 하나니라."

문수사리가 부처님께 사뢰어 말씀하시되 "세존이시여, 이 보살은 어떠한 선근을 심었으며 어떠한 공양을 닦았기에 능히 대신력이 있으며 어떠한 삼매를 행하였사온지, 원컨대 저희들을 위하여 이 삼매 명자를 설하소서. 저희들도 또한 부지런히 수행하고 이 삼매를 행하여 능히 이 보살의 색상의 크고 적음과 위의의 나아감과 멈춤을 보리니, 오직 원컨대 세존이시여, 신통력으로써 저 보살을 오게 하사 우리로 하여금 보게 하소서."

이때에 서가모니 부처님이 문수사리에게 말씀하시되 "이 오래 전 멸도하신 다보 부처님이 마땅히 너희들을 위하여 그 상을 나투리라."

이때에 다보 부처님이 저 보살에게 말씀하시되 "선남자야, 오너라. 문수사리 법왕자가 네 몸을 보고저 하노라" 하시니라.

이때에 묘음보살이 저 나라에 몰하사 팔만사천 보살과 더불어 함께 다 발하여 오시니 지나는 바 모든 나라가 여섯 가지로 진동하며 모두 다 칠보 연화가 비내리며 백천 하늘 풍악이 치지 아니하여도 스스로 울리더라.

이 보살의 눈이 넓고 크기가 청련화 잎사귀와 같고 정사

화합함이 백천만 일월이라도 그 면모 단정함이 이보다 낫지 못하며, 몸이 진금색이오 무량 백천 공덕으로 장엄하였으며 위덕이 치성하며 광명이 조요하며 모든 상을 구족함이 나라연의 견고한 몸과 같으사, 칠보대에 들어가서 허공에 오르니 땅까지 거리가 칠다라수요 모든 보살중이 공경 위요하여 이 사바세계 기사굴산에 나아와서 이르기를 이미 하고는 칠보대에서 내려와 값어치가 백천인 영락을 가지고 서가모니 부처님 처소에 이르러 머리와 얼굴을 숙여 발에 예하고 받들어 영락을 올리고 부처님께 사뢰어 말하되 "세존이시여, 정화수왕지 부처님이 세존께 문신하시되, '소병 소뇌하시고 기거가 가볍고 편리하며 평안하고 즐거이 행하시는지요? 사대가 잘 어울리시는지요? 세상일을 가히 참으시는지요? 중생을 제도하심이 쉬운지요? 탐욕과 진에와 우치와 질투와 인색과 교만함이 많지 않는지요? 부모에게 불효함이 없는지요? 사문을 공경치 아니하며 삿된 견해나 착하지 않은 마음은 없는지요? 오정을 섭수하는지요? 세존이시여, 중생이 능히 모든 마원(마구니와 원수)을 항복시키는지요? 오래 전 멸도하신 다보여래도 칠보탑 가운데 계시사 와서 법문을 듣는지요?'

또한 다보 부처님께 문신하시되 '안은하고 괴로움이 적으
사 참고 견디어 오래 주하시는지요?'

세존이시여, 제가 이제 다보 부처님 몸을 보고저 하오니,
오직 원컨대 세존께서는 저로 하여금 볼 수 있게 하소서."

이때에 서가모니 부처님이 다보 부처님께 말씀하시되
"묘음보살이 부처님 형상을 보고저 하나이다."

때에 다보 부처님이 묘음보살에게 말씀하시되 "착하고
착하다. 네가 능히 서가모니 부처님께 공양하기를 위하며
및 법화경을 들으려 하며 아울러 문수사리 보살 등을 보려고
짐짓 이에 와서 이르렀구나" 하시니라.

이때에 화덕보살이 부처님께 사뢰어 말씀하시되 "세존이
시여, 이 묘음보살은 어떠한 선근을 심었으며 어떠한 공덕
을 닦았관대 이러한 신력이 있음이닛고?"

부처님이 화덕보살에게 말씀하시되 "과거에 부처님이 계
시니 이름이 운뢰음왕 다타아가도 아라하 삼먁삼불타요
국명은 현일체세간이요 겁명은 희견이러라.

묘음보살이 만이천세에 십만 가지 기악으로써 운뢰음왕
불께 공양하며 아울러 받들어 팔만사천 칠보 발우를 올렸을
새, 이 인연 과보로써 이제 정화수왕지 불국에 나서 이

신력이 있으니 화덕아, 너의 뜻은 어떻느냐?

이때에 운뢰음왕 부처님 처소에 묘음보살이 기악으로 공양하며 보배 그릇을 받들어 올린 자가 어찌 다른 사람이랴. 이 묘음보살이 곧 그이시니라.

화덕아, 이 묘음보살은 이미 일찍이 무량 제불을 친근 공양하야 오래 덕본을 심었으며 또한 항하사 등 백천만억 나유타 불을 만났으니 화덕아, 네가 다만 묘음보살의 그 몸이 이에 있으되 이 보살은 가지가지 몸을 나투어서 곳곳의 모든 중생을 위하여 이 경전을 설하나니 혹 범왕신으로 나투기도 하며 혹 제석신으로도 나투며 혹 자재천신으로도 나투며 혹 천대장군신으로도 나투며 혹 비사문신으로도 나투며 혹 전륜왕신으로도 나투며 혹 모든 소왕신으로도 나투며 혹 장자신으로도 나투며 혹 거사신으로도 나투며 혹 재관신으로도 나투며 혹 바라문신으로도 나투며 혹 비구 비구니 우바새 우바이신으로도 나투며 혹 장자거사부녀신으로도 나투며 혹 재관부녀신으로도 나투며 혹 바라문부녀신으로도 나투며 혹 동남동녀신으로도 나투며 혹 천룡 야차 건달바 아수라 가루라 긴나라 마후라가 인비인 등의 신으로도 나투어서 이 경을 설하며, 모든 지옥 아귀 축생과 및 여러 어려운 고에서 다 능히 구제하며 내지 왕의 후궁에서는 변하여 여자의 몸을 나투어 이 경을 설하느니라.

화덕아, 이 묘음보살이 능히 사바세계 모든 중생을 구호하는 자이니라. 이 묘음보살이 이같이 가지가지 변화하여 몸을 나투어 이 사바세계 국토에 있어서 모든 중생을 위하여 이 경을 설하되 신통 변화 지혜가 감손한 바 없고, 이 보살이 약간의 지혜로서 밝게 사바세계를 비치어 일체 중생으로 하여금 각각 아는 바를 얻게 하며, 저 시방항하사 세계 중에도 또한 다시 이같이 하되 만약 응당 성문 형상으로서 득도하는 자는 성문 형상을 나투어 위하여 법을 설하며, 응당 벽지불 형상으로 득도하는 자는 벽지불 형상을 나투어 위하여 법을 설하며, 응당 보살 형상으로서 득도하는 자는 보살 형상을 나투어 위하여 법을 설하며, 응당 부처님 형상으로서 득도하는 자는 부처님 형상을 나투어 위하여 법을 설하며, 이같이 가지가지로 응당 제도할 자를 따라 위하여 형상을 나투고 내지 응당 멸도로서 득도하는 자는 멸도를 나투어 뵈이나니라.

화덕아, 묘음보살 마하살이 대지혜 신통력을 성취한 그 일이 이같으니라."

이때에 화덕보살이 부처님께 사뢰어 말씀하시되 "세존이시여, 이 묘음보살이 깊이 선근을 심었나니 세존이시여, 이 보살이 어떠한 삼매에 주하건대 능히 이와 같이 있는 처소에서 변하여 중생을 도탈하기를 나투니잇고?"

부처님이 화덕보살에게 말씀하시되 "선남자야, 그 삼매는 이름이 현일체색신이니 묘음보살이 이 삼매에 주하야 능히 이같이 무량중생을 요익케 하나니라." 이 묘음보살품을 설할 때에 묘음보살과 더불어 함께 온 자 팔만사천 인이 다 현일체색신삼매를 얻고 이 사바세계에 무량보살은 또한 이 삼매와 다라니를 얻음이러라.

이때에 묘음보살 마하살이 서가모니불과 및 다보불탑에 공양하기를 마치고 본토로 돌아가시니 지나는 바 모든 나라가 육종으로 진동하며 보배 연꽃이 비오듯 하며 백천만억 가지가지 기악을 짓더니, 이미 본국에 이르러서 팔만사천 보살과 더불어 위요하여 정화수왕지 부처님 처소에 이르러 부처님께 사뢰어 말씀하시되 "세존이시여, 제가 사바세계에 가서 중생을 요익케 하며 서가모니 부처님을 보았으며 및 다보탑도 보고 예배 공양하였으며 또한 문수사리 법왕자 보살도 보았으며 및 약왕보살과 득근정진력보살과 용시보

살 등도 보고 또한 팔만사천 보살로 하여금 현일체색신삼매
를 얻게 하였나이다."

이 묘음보살이 왔다 간 품을 설하실 때에 사만이천 천자가
무생법인을 얻고 화덕보살은 법화삼매를 얻었나니라.

묘법연화경 관세음보살보문품 제이십오

이때에 무진의보살이 곧 자리로부터 일어나서 편단우견(가사를 왼쪽 어깨에 걸치고 오른쪽 어깨는 드러나게 입는 것)하고 합장하고 부처님을 향하여 이 말씀을 짓되 "세존이시여, 관세음보살은 어떠한 인연으로써 이름을 관세음이라 하나니까."

  부처님이 무진의보살에게 말씀하시되 "선남자야, 만약 무량무변 백천억 중생이 모든 고뇌를 받을 때 이 관세음보살을 듣고 일심으로 이름을 부르면 관세음보살이 곧 그 음성을 관찰하고 다 해탈을 얻게 하나니라. 만약 관세음보살 이름을 외우는 자 있으면 설사 큰 불에 들더라도 불에 사라지지 아니하나니 이 보살 위신력을 말미암은 연고이며, 만약 큰물에 빠진 바 되더라도 관세음보살 이름을 부르면 곧 얕은 곳을 얻을지며, 만약 백천만억 중생이 금은 유리 자거 마노 산호 호박 진주 등 보배를 구하려 큰 바다에 들어갔다가 가령 흑풍이 그 배를 불어서 나찰귀국에 갈지라도 그 가운데 만약 내지 한 사람이라도 관세음보살 이름 부르는 자가 있으면 이 모든 사람들이 다 나찰의 난에서 해탈함을 얻을 세, 이러한 인연으로 이름이 관세음이니라.

만약 사람이 마땅히 살해를 당할 때에 임하여 관세음보살 이름을 부르는 자 있으면 저 사람이 잡은 바 칼과 막대가 조각조각 부러져 해탈함을 얻으리라. 만약 삼천대천 국토에 가득한 야차 나찰이 와서 사람을 괴롭게 하더라도 관세음보살 이름을 부르는 자면 이 모든 악귀가 능히 악한 눈으로 보지도 못하거늘 하물며 다시 해침을 입겠느냐. 설사 다시 사람이 만약 죄가 있거나 만약 죄가 없거나 수갑 차고 항쇄로 그 몸을 얽어매더라도 관세음보살 이름을 부르는 자이면 다 끊어지고 무너져서 해탈을 얻을지며, 만약 삼천대천 국토에 원적(원수와 도적)이 가득참에 한 상인이 모든 상인을 거느리고 많은 보배를 가지고 험한 길을 지날 때 그 가운데 한 사람이 이 말을 지어 부르되 '모든 선남자야, 두려움을 내지 말고 너희들이 마땅히 일심으로 관세음보살 이름을 부르라. 이 보살이 능히 무외로써 중생에게 베푸시나니 너희들이 만약 이름을 부르는 자면 이같은 원적으로부터 마땅히 해탈을 얻으리라' 하거늘 상인들이 듣고 함께 소리를 발하여 말하되 '나무 관세음보살' 하며 그 이름을 부르는 고로 곧 해탈을 얻으리라.

무진의야, 관세음보살 마하살의 위신력이 높고 높음이 이같으니라. 만약 중생이 음욕이 많더라도 항상 공경히 관세음보살을 생각하면 문득 욕심 여읨을 얻을지며, 만약 진심(성내는 마음)이 많더라도 항상 공경히 관세음보살을 생각하면 문득 진심 여읨을 얻을지며, 만약 우치(어리석음)가 많더라도 항상 공경히 관세음보살을 생각하면 문득 어리석음을 여의리라.

무진의야, 관세음보살이 이같은 등 대 위신력이 있어서 많이 요익케 한 바가 많은지라. 이런 고로 중생이 항상 마땅히 마음에 생각할지니라. 만약 여인이 아들을 구하고저 하여 관세음보살께 예배 공양하면 문득 복덕과 지혜가 있는 아들을 낳을 것이며, 설사 딸을 구하고저 하더라도 문득 단정 유상한 딸을 낳되 예전에 덕본을 심어서 많은 사람들이 사랑하고 공경하리라.

무진의야, 관세음보살이 이같이 힘이 있는 이라. 만약 중생이 공경히 관세음보살을 예배하면 복이 헛되거나 없어지지 아니할새, 이러한 고로 중생이 다 마땅히 관세음보살 명호를 수지할지니라.

무진의야, 만약 사람이 육십이억 항하사 보살 명자를 수지하고 다시 형상이 다 하도록 음식 의복 와구 의약으로 공양하면 너의 뜻에 어떠하뇨. 이 선남자 선여인의 공덕이 많겠느냐 많지 않겠느냐?"

무진의가 말씀하되 "심히 많으리다, 세존이시여."

부처님이 말씀하시되 "만약 다시 사람이 관세음보살 명자를 수지하되 내지 일시라도 예배 공양하면 이 두 사람의 복이 바르게 같아 다름이 없어서 저 백천만억겁에 가히 다함이 없으리니 무진의야, 관세음보살 명호를 수지하면 이같은 무량무변 복덕의 이익을 얻으리라."

무진의보살이 부처님께 사뢰어 말씀하시되 "세존이시여, 관세음보살이 어찌하여 이 사바세계에 놀으시며, 어떻게 중생을 위하여 법을 설하며, 방편의 힘은 그 일이 어떠하리니고?"

부처님이 무진의보살에게 말씀하시되 "선남자야, 만약 국토 중생이 응당 불신으로 득도하는 자면 관세음보살이 곧 불신을 나투어 위하여 법을 설하며, 응당 벽지불신으로 득도하는 자면 곧 벽지불신을 나투어 위하여 법을 설하며, 응당 성문신으로 득도하는 자는 곧 성문신을 나투어 위하여 법을 설하며, 응당 법왕신으로 득도하는 자면 곧 법왕신을 나투어 위하여 법을 설하며, 응당 제석신으로써 득도하는 자는 곧 제석신을 나투어 위하여 법을 설하며, 응당 자재천신으로 득도하는 자는 자재천신을 곧 나투어 위하여 법을 설하며, 응당 대자재천신으로써 득도하는 자는 곧 대자재천신을 나투어 위하여 법을 설하며, 응당 천대장군신으로써 득도하는 자는 천대장군신을 곧 나투어 위하여 법을 설하며, 응당 비사문신으로 득도하는 자는 곧 비사문신을 나투어 위하여 법을 설하며, 응당 소왕신으로써 득도하는 자는 곧 소왕신을 나투어 위하여 법을 설하며, 응당 장자신으로써 득도하는 자는 곧 장자신을 나투어 위하여 법을 설하며, 응당 거사신으로써 득도하는 자는 곧 거사신을 나투어 위하여 법을 설하며, 응당 재관신으로써 득도하는 자는 곧 재관신을 나투어 위하여 법을 설하며, 응당 바라문신으로써 득도하는 자는 곧 바라문신을 나투어 위하여 법을 설하며, 응당 비구 비구니 우바새 우바이신으로써 득도하는 자는 곧 비구 비구니 우바새 우바이신을 나투어 위하여 법을 설하며, 응당 장자 거사 재관 바라문 부녀신으로 득도하는 자는 곧 부녀신을 나투어 위하여 법을 설하며, 응당 동남 동녀신으로써 득도하는 자는 곧 동남 동녀신을 나투어 위하여 법을 설하며, 응당 천룡 야차 건달바 아수라 가루라 긴나라 마후라가 인 비인등 신으로써 득도하는 자는 곧 다 나투어 위하여 법을 설하며, 응당 집금강신으로써 득도하는 자는 곧 집금강신을 나투어 위하여 법을 설하나니

무진의야, 이 관세음보살이 이같은 공덕을 성취하고 가지가지 형상으로 모든 국토에 두루 다니며 중생을 도탈(해탈)하나니 이런고로 너희들이 응당 마땅히 일심으로 관세음보살께 공양하라.

이 관세음보살 마하살이 저 무섭고 극히 어려운 가운데에 능히 무서움이 없음을 베풀어줄세, 이런 고로 이 사바세계에 다 이름하여 '무서움이 없게 하는 자'라 하나니라."

무진의 보살이 부처님께 사뢰어 말씀하시되 "세존이시여, 제가 이제 마땅히 관세음보살께 공양하려 하노니다" 하시고 곧 목에 있던 온갖 보내 영락의 값으로는 금 백천 냥이나 되는 것을 풀러서 올리고 이 말씀을 짓되 "어진 분이여, 이 법으로 보시하는 보배 영락을 받으소서."

이때에 관세음보살이 즐거히 받지 아니하시거늘 무진의가 다시 관세음보살께 사뢰어 말씀하시되 "어지신 분은 우리들을 불쌍히 하사 이 영락을 받으소서" 한데, 이때에 부처님께서 관세음보살에게 말씀하시되 "마땅히 무진의 보살과 및 사중 천룡 야차 건달바 아수라 가루라 긴나라 마후라가 인 비인들을 불쌍히 하여 이 안락을 받으라" 하신대, 곧 때에 관세음보살이 모든 사중과 및 천룡 인 비인들을 불쌍히 여겨 그 영락을 받아서 나누어 두 부분으로 작하여 한 부분은 받들어 서가모니불께 드리고 한 부분은 다보불탑에 받들어 드리더라.

"무진의야, 관세음보살이 이같은 자재신력이 있어서 사바세계에 노니시나니라."

이때에 지지보살이 곧 자리로부터 일어나서 부처님 앞에 사뢰어 말씀하시되 "세존이시여, 만약 중생이 관세음보살품의 자재한 업과 보문으로 신통력을 나투어 뵈이는 자를 들으면, 마땅히 알되 이 사람의 공덕이 적지 아니함이로소이다."

부처님이 이 보문품을 설할 때에 회중의 팔만사천 중생이 다 무등등 아뇩다라 삼먁 삼보리심을 발하나니라.

묘법연화경 다라니품 제이십육

이때에 약왕보살이 곧 자리로부터 일어나 편단우견(오른 어깨를 드러나게 가사를 입음)하고 합장하여 부처님을 향하여 사뢰어 말씀하시되 "세존이시어, 만약 선남자 선여인이 능히 이 법화경을 수지하는 자가 있어 만약 읽고 외우고 통리하며 만약 경권을 쓰면 얼마만한 복을 얻으리니까?"

부처님이 약왕보살에게 말씀하시되 "만약 선남자 선여인이 팔백만억 나유타 항하사 등 모든 부처님께 공양하면 네 뜻에 어떻다 하나뇨? 그 얻은 바 복이 많겠느냐 많지 않겠느냐?" "심히 많사오리다 세존이시어."

부처님이 말씀하시되 "만약 선남자 선여인이 능히 이 경을 수지하고 내지 일사구게만 독송하여 그 뜻을 알아 설한 바와 같이 수행하더라도 그 공덕이 더욱 많으리라."

이때에 약왕보살이 부처님께 사뢰어 말씀하시되 "세존이시어, 제가 또한 법화경 수지 독송하는 자를 위하여 다라니

주문으로 수호하오리다. 만약 법사가 이 다라니를 얻으면 야차와 나찰과 부다나와 길자와 구반다와 아귀들이 그 단점을 찾더라도 능히 적당함을 얻지 못할지니다" 하고 곧 부처님 앞에서 주문을 설하여 가로되

자례 마하자례 우기 모기 아례 아라바제 예례제 예례다바제 이지이 외지이 지지이 예례제이 예제바제

"세존이시여 이 다라니 신주는 육십이억 항하사 등 모든 부처님의 설한 바이시며, 또한 다 따라 즐겨하시니 만약 이 법사를 침훼하는 자가 있으면 곧 이 모든 부처님을 침훼함이 됨이니라."

이때에 비사문천왕이(북방천왕) 부처님께 사뢰어 말씀하시되 "세존이시여, 제가 또한 중생을 불쌍히 여겨 이 법사를 옹호하기 위하는 고로 이 다라니를 읽사오리니다." 곧 신주를 읽어 가로되

아리 나라 노나리 아나로 나리 고나리

"세존이시여, 이 신주로써 법사를 옹호하며 제가 또한 스스로 마땅히 이 경 가지는 자를 옹호하여 백유순 안에 모든 쇠환이 없게 하리니다."

이때에 지국천왕이 이 회중에 있어서 천만억 나유타 건달

바중 등으로 공경 위요하여 부처님 처소에 나아가서 합장하고 부처님께 사뢰어 말씀하시되 "세존이시여, 제가 또한 다라니 신주로써 법화경 가지는 자를 옹호하리니다." 곧 주를 설하여 가로되

아가예 가예 구리건다리 전다리 마등게 상구리 부루세 니아지

"세존이시여, 이 다라니 신주는 사십이억 모든 부처님의 설한 바이니 만약 이 법사를 침훼하는 자가 있으면 곧 모든 부처님을 침훼함이니다."

이때에 나찰녀가 있으니 일명은 감바요 이명은 비감바요 삼명은 곡치요 사명은 화치요 오명은 흑치요 육명은 다발이요 칠명은 무렴족이요 팔명은 지영낙이요 구명은 고제요 십명은 탈일체중생정기러니, 이 십나찰녀가 귀자모와 아울러 그 아들과 권속과 더불어 함께 부처님 처소에 나아가서 한 소리로 부처님께 사뢰어 말씀드리되 "세존이시여, 저희들도 또한 이 법화경 가지는 자를 옹호하고저 하여 그 쇠환을 제거하여 만약 법사의 부족함을 구하는 자가 있더라도 하여금 적당함을 얻지 못하게 하리니다" 하고 곧 저 부처님 앞에서 주문을 설하여 가로되

이지리 아지리 이지리 이리 이리 이리 누혜 누혜 누혜 누혜 다혜 다혜 다혜 도혜 누혜 차아라

"우리 머리 위에다 둘지언정 법사는 괴롭게 하지 말 것이니 만약 야차와 만약 나찰과 만약 아귀와 만약 부단나와 만약 길자와 만약 비타라와 만약 건타와 만약 오마륵가와 만약 아발마라와 만약 야차길자와 만약 인길자와 만약 열병이 일일 이일 삼일 내지 사일 칠일에 이르거나 만약 항상 열병과 만약 남자형상과 만약 여인형상과 만약 동남형상과 만약 동녀형상으로 내지 몽중이라도 또한 다시 괴롭게 하지 않게 하리니다" 하고 곧 부처님 앞에서 글귀를 설하여 말하되 "만약 저의 주문을 따르지 않고 법 설하는 자를 뇌란케 하는 자면 머리를 부수어 일곱 부분으로 만들어 아가리 나뭇가지와 같이 하며, 부모 죽인 죄와 같이 하며, 또한 기름 누르는 재앙 같이 하며, 말과 저울눈 속이는 죄 같이 하며, 조달이 화합승단 파하는 죄와 같이 하야 법사 범하는 자가 마땅히 이같은 재앙을 얻으리니다." 모든 나찰녀가 이 글귀 설하기를 마치고 부처님께 사뢰어 말하되 "세존이 시여, 저희들도 또한 마땅히 스스로 몸으로 법화경을 수지 독송 수행하는 자를 옹호하여 하여금 안락을 얻어서 모든

쇠환을 여의고 온갖 독약을 녹이리니다."

부처님이 모든 나찰녀에게 말씀하시되 "착하고 착하다. 너희들이 다만 능히 법화경 이름만 가지는 자라도 복이 가히 한량없거늘 어찌 하물며 옹호하고 구족히 수지하며 경권에 공양하되 화향 영락 말향 도향 소향 당번 기악과 가지가지 등불을 켜되 소등 유등 모든 향유등과 소만나 화유등과 포도화 유등과 바사가화 유등과 우바라화 유등 등 이같은 등 백천 가지로 공양함이랴. 고제야 너희들과 및 권속이 응당 마땅히 이같은 법사를 옹호하여라."

이 다라니품을 설할 때에 육만팔천 사람이 무생법인을 얻었나니라.

묘법연화경 묘장엄왕본사품 제이십칠

이때에 부처님이 모든 대중에게 말씀하시되 "지난 옛 세상에 무량무변 불가사의 아승지겁을 지나서 부처님이 계시되 이름이 운뢰음 수왕화지 다타아가도 아라하 삼먁삼불타이시니 그 나라 이름은 광명장엄이오 겁명은 회견이라. 저 부처님 법 중에 왕이 있으되 이름이 묘장엄이오 그 왕의 부인은 이름이 정덕이오 두 아들이 있으니 일명은 정장이오 이명은 정안이라. 이 두 아들이 대신력과 복덕지혜가 있어 오래 보살이 행한 바 도를 닦으니 이른바 단(보시)바라밀과 시라(지계)바라밀과 찬제(인욕)바라밀과 비니야(정진)바라밀과 선(선정)바라밀과 반야(지혜)바라밀과 방편바라밀과 자비희사와 내지 삼십칠품 조도법을 다 명료하게 통달하며, 또한 보살정삼매와 일성수삼매와 정광삼매와 정색삼매와 정조명삼매와 장엄삼매와 대위덕장삼매를 얻어서 이 삼매에 또한 다 통달하더라.

이때에 저 부처님이 묘장엄과 및 중생을 불쌍히 생각하고 인도코자 하는 고로 이 법화경을 설하시거늘, 때에 정장 정안 두 아들이 그 어머니 처소에 이르러서 십지조장을 합(열 손가락 손톱 손바닥을 합함. 두 손을 마주대 합장함)하고 사뢰어 말하되 "원컨대 어머님은 운뢰음수왕화지 부처님 처소에 나아가소서. 저희들도 또한 마땅히 모시고 좇아 친근하고 공양 예배하리니 무엇 때문이니까. 이 부처님이 저 일체 천인 대중 가운데 법화경을 설하시니 마땅히 들어받을지니이다." 어머니가 아들에게 말씀하시되 "너희 아버님이 외도를 믿어서 깊이 바라문 법에 미혹하였으니 너희들이 마땅히 가서 아버님께 사뢰어 더불어 함께 가게 하라."

정장 정안이 합장하고 어머니께 사뢰되 "저희들은 이 법왕의 아들이어늘 이러한 사견가에 태어났나이다." 어머니가 아들에게 말하되 "너희들이 마땅히 너희 아버님을 염려하야 신통변화를 나투라. 만약 보신다면 마음이 반드시 청정하여 혹 우리들이 부처님 처소에 가기를 허락하리라." 이 두 아들이 그 아버님을 생각하는 고로 솟아올라 허공에 있어 높기가 칠다라수나 되어 가지가지 신통변화를 나투되, 저 허공중에 행하고 주하고 앉고 누우며 몸 위에 물을 내고 몸 아래로 불도 내며, 몸 아래서 물도 내고 몸 위에서 불도 내며, 혹 큰 몸도 나투어 허공에 차기도 하며 다시 적게 나투어 적은 것을 다시 크게도 나투며, 저 공중에서 없어졌다 홀연히 땅에 있기도 하며, 땅에 들어가기를 물같이 하기도 하며 물에 행하기를 땅같이 하기도 하여 이같은 등 가지가지 신변을 나투어 그 부왕으로 하여금 마음을 청정히 믿어 알게 하니라.

때에 아버지가 아들의 신력이 이같은 것을 보고 마음에 크게 환희하여 일찍이 있지 않음을 얻어서 합장하고 아들을 향하여 말하시되 "너희들의 스승은 누구시며 누구의 제자이뇨?" 두 아들이 사뢰어 말하되 "대왕이시어, 저 운뢰음수왕화지 부처님이 이제 칠보 보리수 아래 법좌 위에 앉아계시사 저 일체세간 천인 중에 널리 법화경을 설하시니 이가 저희들의 스승이시며 저희는 그 제자이니다."

아버지가 아들에게 일러 말씀하시되 "또한 너희들의 스승을 보고저 하노니 가히 함께 갈지니라" 한대 두 아들이 허공으로부터 내려와서 어머니 처소에 이르러서 합장하고 어머니께 사뢰어 말하되 "부왕이 이제 이미 신해하사 감임하여 아뇩다라 삼먁 삼보리심을 발하였나이다. 저희들이 아버님을 위하여 이미 불사를 지었으니 원컨대 어머님은 보고 들으소서. 저 부처님 처소에 출가하여 도를 닦게 하소서." 어머니가 말씀하시되 "너희들의 출가하기를 허락하노니 어떤 까닭이뇨? 부처님은 만나기 어려운 연고이니라."

이때에 두 아들이 부모님께 사뢰어 말하되 "선재이로소이다 부모님이시어, 원컨대 때때로 운뢰음수왕화지 부처님 처소에 나아가서 친근하고 공양하실지니, 무슨 까닭이닛고?

부처님은 만나기 어려움이 우담바라화와 같으며 또한 한 눈 가진 거북이 물에 뜬 나무구멍 만난 것 같거늘 우리들은 전생복이 두터우므로 이생에 부처님을 만나온지라. 이런 고로 부모님은 마땅히 저희들 말을 들으사 하여금 출가하게 하소서. 무슨 까닭이닛고? 모든 부처님을 만나기 어려우며, 때도 또한 만나기 어려움이니다."

저 때에 묘장엄왕의 후궁 팔만사천 사람이 다 이 법화경을 수지하였으며 정안보살은 저 법화삼매에 오래전에 이미 통달하였으며 정장보살은 이미 무량백천 만억겁에 이제악취삼매(모든 악도를 여의는 삼매)를 통달하였으니, 일체 중생으로 하여금 모든 악취를 여의게 하는 연고이며, 그 왕의 부인은 제불집삼매(모든 부처님을 모으는 삼매)를 얻어서 능히 모든 부처님의 비밀지장을 앎이러니, 두 아들이 이같이 방편력으로써 그 아버지를 교화하여 마음으로 하여금 신해하여 불법을 좋아하게 하더니라.

이때에 묘장엄왕은 군신 권속과 더불어 함께하며 정덕부인은 후궁 채녀 권속과 더불어 함께하며 왕의 두 아들은 사만이천 인으로 함께하여 일시에 같이 부처님 처소에 나아가서 이르기를 마치고 머리와 얼굴을 숙여 발에 절하고 부처님 주위를 세 번 돌고 한 면에 주하니라.

이때에 저 부처님이 왕을 위하여 법을 설하시니 왕이 크게 기뻐하니라. 이때에 묘장엄왕과 및 그 부인이 진주영락 값이 백천이나 되는 것을 풀어서 부처님 위에 흩트리니 저 허공중에 화하여 네 기둥 보배대를 이루며, 보대 가운데에 큰 보배상이 있어서 백천 천의를 펴거늘 그 위에 부처님이 계시사 결가부좌하사 대광명을 놓으시니라.

이때에 묘장엄왕이 이 생각을 짓되 '부처님 몸이 희유하여 단엄수특(단정하고 엄숙하며 아주 특별함)하사 제일 미묘한 형색을 성취하심이로다.'

이때에 운뢰음수왕화지 부처님이 사중에게 말씀하시되

"너희들이 이 묘장엄왕이 내 앞에 합장하고 서있는 것을 보느냐? 이 왕이 내 법 가운데 비구가 되어 정진하고 배워 익혀 불법을 돕다가 마땅히 부처되리니 이름이 사라수왕이요 나라 이름은 대광이요 겁 이름은 대고왕이러니라. 그 사라수왕불이 무량 보살중과 및 무량 성문이 있으리니 그 나라는 평정하여 공덕이 이같으리라" 하시니 그 왕이 즉시 나라를 동생에게 주고 부인과 두 아들과 모든 권속과 더불어 저 부처님 법 중에 출가하여 수도하더니, 왕이 출가한 이후 팔만사천세에 항상 부지런히 정진하여 묘법연화경을 배워 행하다가 이(팔만사천세)를 지내기를 마친 후에 일체정공덕장엄삼매를 얻어서 곧 허공에 올라 높기가 칠다라수나 되거늘 부처님께 사뢰어 말씀하시되 "세존이시여, 저의 두 아들은 이미 불사를 지어서 신통변화로써 제가 삿된 마음을 버리고 하여금 불법 중에 안주하게 하여 세존을 보게 하니, 이 두 아들은 곧 저의 선지식이니 숙세선근을 발하여 일으키게 하여 저를 요익케 하고자 하는 고로 와서 저의 집에 태어나니다."

이때에 운뢰음수왕화지 부처님이 묘장엄왕에게 말씀하시되 "이같고 이같다. 네가 말한 바와 같아서 만약 선남자 선여인이 선근을 심은 고로 세세에 선지식을 만나나니 그 선지식이 능히 불사를 지어서 이롭고 기쁨을 보여주고 가르쳐 아뇩다라 삼먁 삼보리에 들어가 하니 대왕아, 마땅히 알거라. 선지식은 곧 큰 인연이니 이른바 교화 인도하여 하여금 부처님을 얻어 보아서 아뇩다라 삼먁 삼보리심을 발하게 하나니라.

대왕아, 너는 이 두 아들을 보이느냐? 이 두 아들은 이미 일육십 오백 천만억 나유타 항하사 모든 부처님께 공양하여 친근 공경하고 저 모든 부처님 처소에서 이 법화경을 수지하여 사견 중생을 불쌍히 여겨 하여금 정견에 주하게 하려 함이니라."

묘장엄왕이 곧 허공으로부터 내려와 부처님께 말씀하시되 "세존이시여, 여래가 심히 희유하사 공덕과 지혜를 쓰는 고로 정상육계(부처님 정수리가 상투 모양으로 솟은 것)에 광명이 비치며, 그 눈은 길고 넓으사 감청색이며, 미간 백호상은 희기가 가월(흰 옥돌같이 밝은 달)과 같으며, 이는 희고 조밀하여 항상 광명이 있으며, 입술색은 붉고 아름다워 빈바과와 같나이다."

이때에 묘장엄왕이 부처님의 이같은 등 무량 백천 만억

공덕을 찬탄하기를 마치고 저 부처님 앞에 일심으로 합장하고 부처님께 사뢰어 말씀하시되 "세존이시어, 일찍이 있지 않은 일이니다. 여래의 법은 구족하기 불가사의한 미묘공덕을 성취하사 교계소행(계를 가르쳐 행하게 함)에 안은하고 기쁘고 즐거우니, 제가 오늘로부터 다시 스스로 마음대로 행하지 아니하며 삿된 소견과 교만과 성내는 모든 악한 마음을 내지 않으리다." 이 말씀 설하기를 마치고 부처님께 예하고 물러가니라.

부처님이 대중에게 말씀하시되 "너의 뜻에 어떠하나뇨? 묘장엄왕이 어찌 다른 사람이리요. 지금의 화덕보살이 그이시고 그 정덕부인은 지금 부처님 앞의 광조장엄상보살이 그이시라. 묘장엄과 및 모든 권속을 불쌍히 여기는 고로 저 가운데 출생한 그 두 아들은 지금의 약왕보살과 약상보살이 그이시라. 이 약왕보살과 약상보살이 이같은 대공덕을 성취하여 마치고 저 무량 백천만억 모든 부처님 처소에서 여러 덕본과 불가사의한 모든 착한 공덕을 심었을새, 만약 사람이 이 두 보살을 명자만 아는 자라도 일체 세간의 모든 천인과 백성들이 또한 응당 예배함이니라.

부처님이 이 묘장엄왕본사품을 설하실 때에 팔만사천

사람이 티끌을 멀리하고 모든 때를 여의고(번뇌와 망상을 여읨을 말함) 저 모든 법 중에 법안을 청정히 함을 얻나니라.

묘법연화경 보현보살권발품 제이십팔

이때에 보현보살이 자재신통력과 위덕(위엄과 덕망)으로 널리 알려짐이니, 대보살 무량무변 불가칭수와 함께 동방으로부터 오시니 지나는 바 모든 나라가 널리 진동하며 보배 연꽃을 비내리며 무량 백천만억 가지가지 기악을 지으며, 또한 무수한 모든 천룡 야차 건달바 아수라 가루라 긴나라 마후라가 인 빈인 등 대중으로 둘러싸여서 각각 위덕 신통지력을 나투고, 사바세계 기사굴 산중에 이르러서 서가모니 부처님께 두면으로 예배하고 오른쪽으로 일곱 번을 돌고 부처님께 사뢰어 말씀하시되 "제가 저 보위덕상왕 부처님 국토에서 멀리 이 사바세계에서 법화경 설하신다 함을 듣고 무량무변 백천만억 모든 보살 대중과 더불어 함께 와서 듣고저 하오니 오직 원컨대 세존은 마땅히 위하여 설해주소서. 만약 선남자 선여인이 저 여래 멸후에 어떻게 능히 이 법화경을 얻으리닛고?"

부처님이 보현보살에게 말씀하시되 "만약 선남자 선여인이 네 가지 법을 성취하면 저 여래 멸후에 마땅히 이 법화경을 얻으리니, 일자는 모든 부처님의 호념이오, 이자는 여러 덕본을 심음이오, 삼자는 정정취에 들어감이오, 넷째는 일체중생 구원할 마음을 발할지니, 선남자 선여인이 이같이 네 가지 법을 성취하여사 여래 멸후에 반드시 이 경을 얻나니라."

　　이때에 보현보살이 부처님께 사뢰어 말씀하시되 "세존이시여, 저 후 오백세 타 악세 중에 이 경전을 수지하는 자 있으면 제가 마땅히 수호하여 그 쇠환을 없애고 하여금 안온함을 얻어서 하여금 그 편당함을 얻지 못하게 하여 만약 마구니나 만약 마구니의 아들이나 만약 마구니의 딸이나 만약 마구니의 백성이나 만약 마구니가 붙은 자나 만약 야차나 만약 나찰이나 만약 구반다나 만약 비사사나 만약 길자나 만약 부단나나 만약 위타라 등 모든 사람을 괴롭게 하는 자라도 다 적당함을 얻지 못하며, 이 사람이 만약 걷거나 만약 서거나 이 경을 독송하면 제가 이때에 여섯 어금니의 백상왕을 타고 대보살과 더불어 함께 그 처소에 나가서 스스로 몸을 나투어서 공양 수호하여 그 마음을 안위할지며, 또한 법화경에 공양하기 위하여 이 사람이 만약 앉아서 이 경을 생각하면 이때에 제가 다시 백상왕을 타고 그 사람 앞에 나타나며, 그 사람이 만약 법화경 일구일게라도 잊어버린 바 있거든 제가 마땅히 가르쳐서 함께 더불어 독송하여 하여금 통리케 할지며, 이때에 법화경 수지 독송하는 자가 제 몸을 얻어보고 심히 크게 환희하여 전전히 다시 정진할지며, 저를 봄으로써 곧 삼매와 다라니를 얻으니 이름이 선다라니며 백천만억선다라니며 법음방편다라니니 이같은 등 다라니를 얻으니다.

세존이시여, 만약 후세 후오백세 오탁악세 중에 비구 비구니 우바새 우바이가 구하는 자와 수지자와 독송자와 서사자가 이 법화경을 닦아 익히고저 할진댄 저 삼칠일 중에 응당 일심으로 정진하리니 삼칠일 채우기를 이미 하면 내가 마땅히 육아 백상을 타고 무량보살과 더불어 스스로 위요하여 일체중생의 즐거이 보는 바 몸으로 그 사람 앞에 나타나서 위하여 법을 설하여 이롭고 기쁘게 하며 또한 다시 그 다라니를 주리니, 이 다라니를 얻는 고로 비인(사람 아닌 존재)이 능히 파괴하는 자 있지 아니하며 또한 여인에게 혹하는 바 되지 아니하며 제 몸이 또한 스스로 항상 이 사람을 옹호하리다. 오직 원컨대 세존께서는 제가 이 다라니 설함을 들으소서" 하고 곧 부처님 앞에 주문을 설하여 가로되

아단지 단다비지 단타바제 단타구사예 단타수다례 수다례바제 불타바단이 사바다라니 아바다니 살바 바사아바다니 수다바다니 승가바이이지 제례아수 승가도약 아라제 바라제 살바승가삼마지 기난지 살바달마 수비이찰제 살바살타 수타교사약 이루가지신 아비길이지제

"세존이시여, 만약 보살이 이 다라니 얻는 자는 마땅히 알아야 하나니 보현의 신통력이며, 만약 법화경을 염부제에 행하여 수지하는 자가 있다면 응당 이 생각을 짓되 다 이 보현보살의 위신력일지며, 만약 수지 독송 억념하여 그 이치를 알아서 설한 바와 같이 행하면 마땅히 알지니, 이 사람은 보현행을 행함이니다. 저 무량무변 모든 부처님 처소에 깊이 선근을 심어 모든 여래의 손으로 그 이마를 만지시리다.

만약 다만 쓰기만 하더라도 이 사람은 목숨이 마쳐 마땅히 도리천상에 나거늘 이때에 팔만사천 천녀가 각종 기악을 가지고 와서 연주하면 그 사람이 곧 칠보관을 쓰고 채녀 가운데서 오락 쾌락커든 어찌 하물며 수지 독송하며 바로

생각하여 그 이치를 알아서 설한 바와 같이 수행함이리오. 만약 사람이 수지 독송하여 그 이치를 알면 이 사람은 목숨이 마침에 천 부처님이 손을 주어서 하여금 공포치 않게 하며 악취에 떨어지지 않게 하고 곧 서가 도솔천상 미륵보살 처소에 나거늘, 미륵보살이 삼십이상이 있으사 대보살 대중이 함께 위요한 바며 백천만억 천녀 권속이 있거늘 그 가운데 날지니 이같은 등 공덕과 이익이 있을새, 이런 고로 지혜있는 자는 마땅히 일심으로 스스로 쓰며 만약 사람으로 하여금 쓰게 하며 수지 독송하며 바로 생각하여 실다이 수행하나이다.

세존이시여, 제가 이제 신통력을 쓰는 고로 이 경을 수호하여 여래 멸후에 염부제 내에 널리 유포하여 하여금 끊어지지 않게 하리니다."

이때에 서가모니 부처님이 칭찬하여 말씀하시되 "착하고 착하다 보현아, 네가 능히 이 경을 호조(감싸고 보호함)하여 많은 중생으로 하여금 안락 이익하게 하려 하니 네가 이미 불가사의 공덕과 깊고 큰 자비를 성취하고, 구원겁으로부터 아뇩다라 삼먁 삼보리를 발하고 능히 이 신통원력을 지어서 이 경을 호지하니 내가 마땅히 신통력으로써 능히 보현보살 명자를 수지하는 자를 수호하리라.

보현아, 만약 이 법화경을 수지 독송하며 억념 수습 서사하는 자가 있으면 마땅히 알거라. 이 사람은 곧 서가모니 부처님을 봄이니라. 부처님의 입으로부터 이 법화경전을 들은 것과 같으니 마땅히 알거라. 이 사람은 서가모니불께 공양함이니 마땅히 알거라. 이 사람은 부처님이 착하다 찬탄하심이니 마땅히 알거라. 이 사람은 서가모니불의 손으로 그 이마를 만지심이니 마땅히 알거라. 이 사람은 서가모니불의 옷으로 덮은 바 되리니 이같은 사람은 다시 세상락에 탐하고 집착하지 않으며 외도의 경서 쓰기를 좋아하지 않으며 또한 다시 그 사람과 및 모든 악한 자와 만약 백정과 만약 돼지 양 닭 개를 기르는 자와 만약 사냥하는 자와 만약 여색을 파는 자와 친근하지 아니하고, 이 사람은 마음과 뜻과 바탕이 곧아서 바로 억념(잘 기억하여 잊지 않음)이 있고 복덕력이 있으며, 이 사람은 삼독(탐심 치심 진심)에 괴로운 바 되지 않으며 또한 질투와 아만과 사만(스스로 덕이 있다고 생각하는 교만한 마음)과 증상만에 괴로운 바도 되지 않으며, 이 사람은 욕심이 적고 족한 줄 알아서 능히 보현행을 닦으리라.

보현아, 만약 여래 멸후 후오백세에 만약 사람이 법화경 수지 독송하는 자를 보거든 응당 이 생각을 짓되 '이 사람은 오래지 아니하여 도량에 나아가서 모든 마군을 파하고 아뇩다라 삼먁 삼보리심을 얻어서 법륜을 전하고 법북을 치고 법소라를 불고 법비를 비내리며 마땅히 천인대중 가운데 사자좌법상 위에 앉으리라.'

보현아, 만약 후세에 이 경전을 수지 독송하는 자는 이 사람이 다 의복과 와구와 음식과 자생지물(생활에 필요한 물품)을 탐하지 아니하더라도 원하는 바가 헛되지 않으며, 또한 현 세상에서 그 복의 과보를 얻으리라. 만약 사람이 가벼이 헐어 말하되 '너는 미친 사람이라 이 행을 지어도 헛되어서 결국 얻을 바 없으리라' 하면 이같은 죄보는 마땅히 세세생생에 눈이 없을지며, 만약 공양 찬탄하는 자가 있다면 마땅히 지금 세상에 과보를 얻을지며, 만약 또 이 경을 수지하는 자를 보고 그 허물과 악함을 드러내면 진실이건 진실이 아니건 이 사람이 현재 세상에 백나병(문둥병)을 얻을지며, 만약 가벼이 웃는 자는 마땅히 세세생생에 이가 성글어지며 입술이 더러우며 코가 납작하며 손과 다리가 쩔뚝거리고 뒤틀리며 눈을 부릅뜨고 몰라보게 되며 몸이 더러우며 악한 부종이 피가 흐르며 배가 부으며 기운이 없어서 모든 병이 거듭하리라.

이런 고로 보현아, 만약 이 경을 수지하는 자를 보거든 마땅히 일어나 멀리 나가 맞아들이고, 마땅히 부처님 공경하는 것과 같이 하라."

이 보현보살권발품 설할 때에 항하 모래 수만큼의 무량무변 보살이 백천만억 선다라니를 얻었으며, 삼천대천세계 미진수의 모든 보살이 보현도를 갖추었나니라.

부처님이 이 경 설할 때에 보현 등 모든 보살과 사리불 등 모든 성문과 모든 하늘과 용과 사람과 사람 아닌 이들과 일체 대회가 다 크게 환희하여 부처님 말씀을 수지하고 예를 짓고 물러가니라.

묘법연화경 종

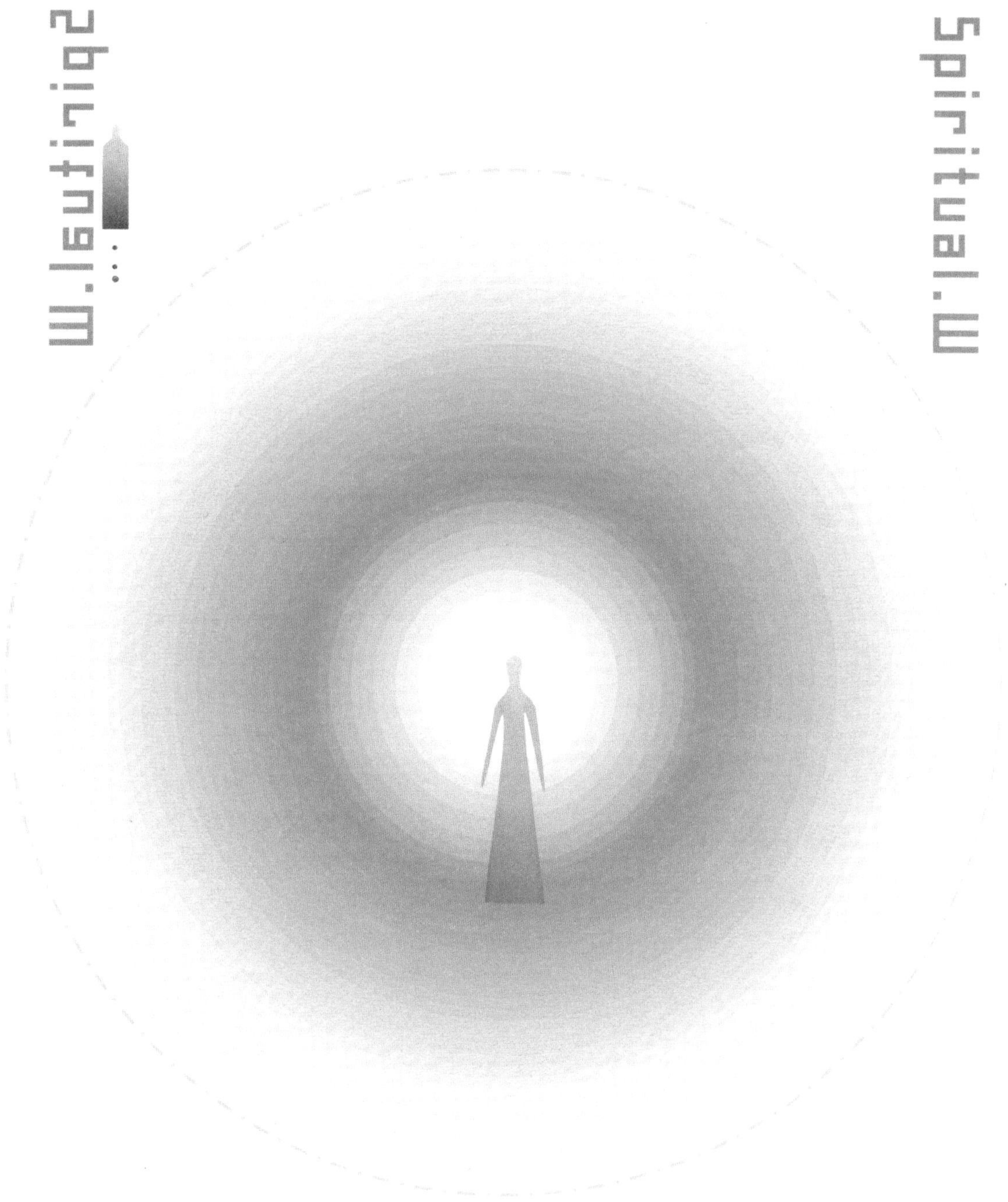
Spiritual.W

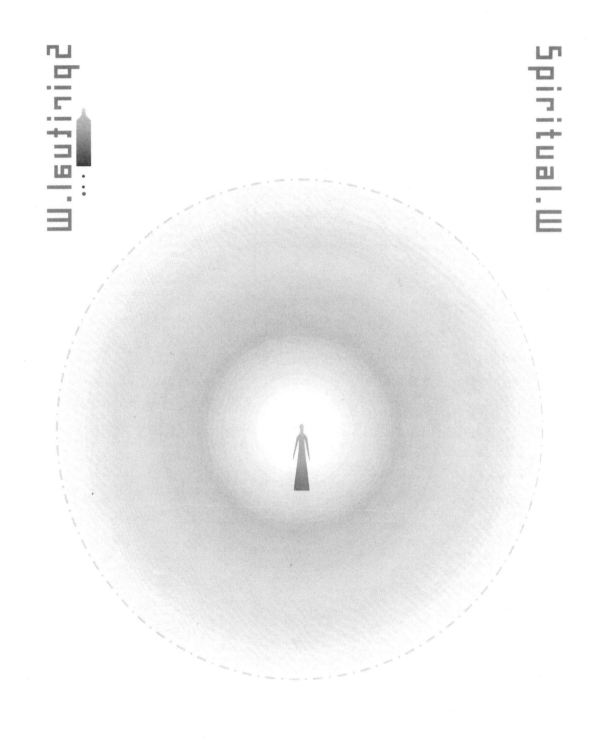

Spiritual.W

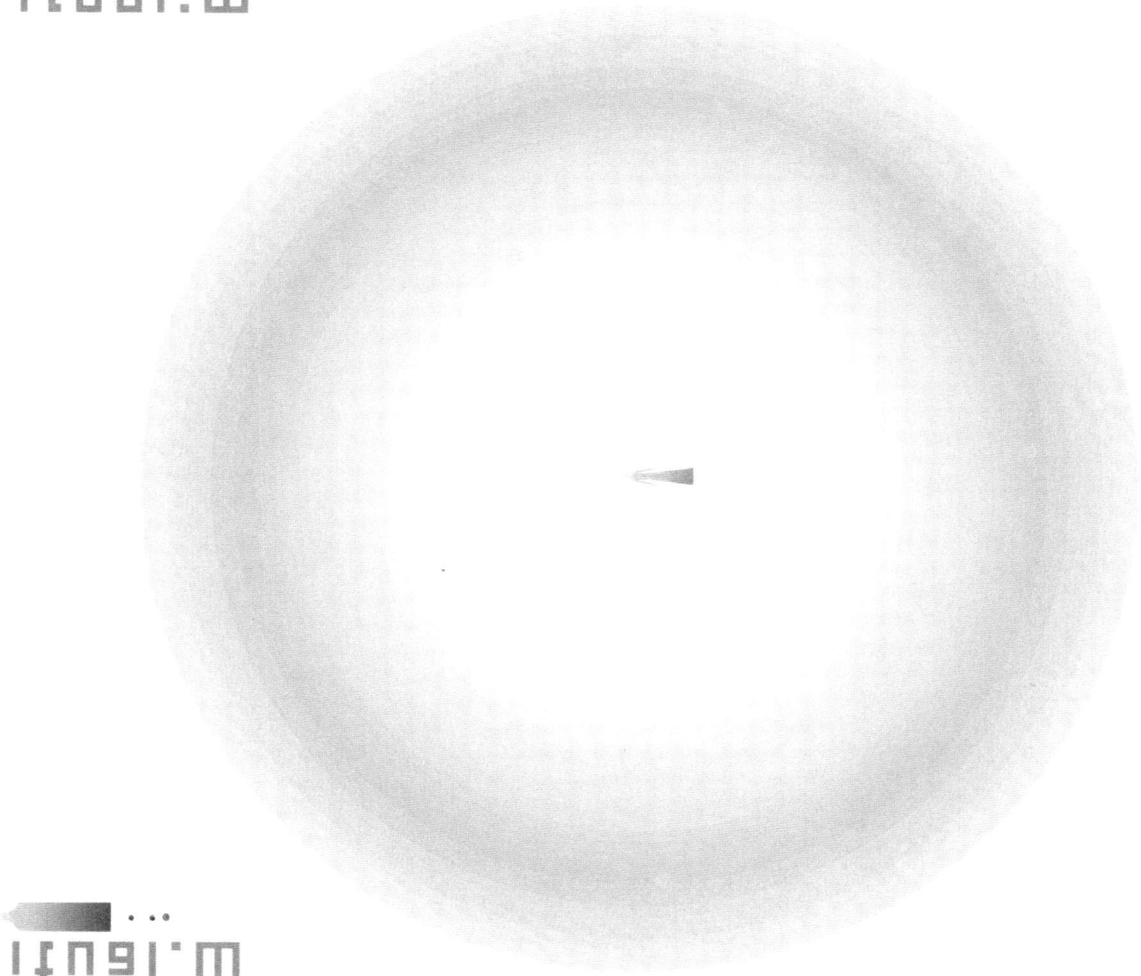

Spiritual.W

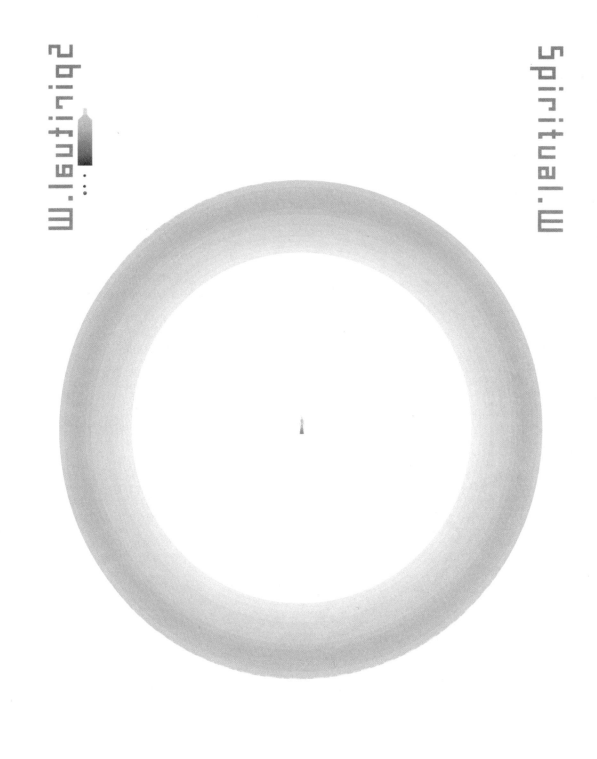

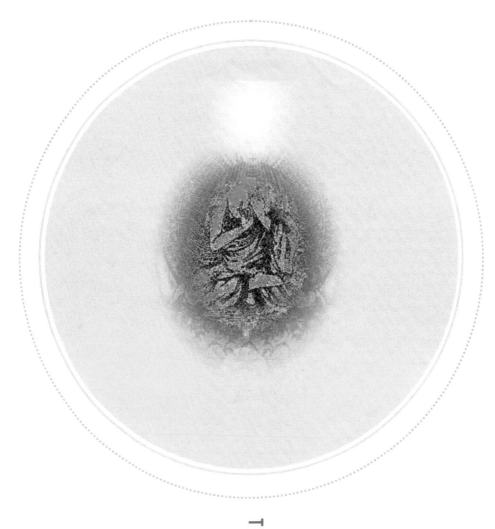

The Place Of Origin

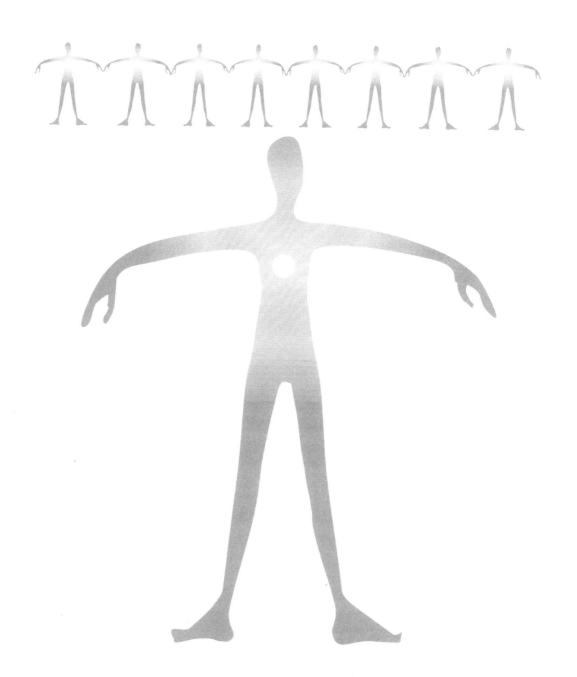

Sympathize with Being

&

Dramatic Meeting

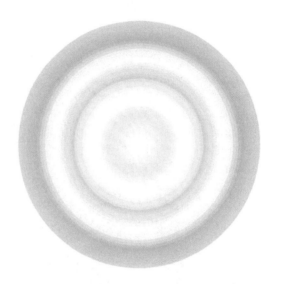

Comunicate w.THeM

HealinG w.THeM

HeaVEn of Peace

REST

The KINGdoM of HEAVEN

법화경

초판 1쇄 인쇄 2017년 2월 20일 | 초판 1쇄 발행 2017년 2월 28일

서봉 번역 | 화산 묵암 해설 | 이인원 그림 | 단모 편찬

펴낸곳 도서출판 운주사 (02832) 서울시 성북구 동소문로 67-1 성심빌딩 3층

　　　　전화 (02) 926-8361 | 팩스 0505-115-8361

ISBN 978-89-5746-480-9　03220　　값 30,000원

http://cafe.daum.net/unjubooks 〈다음카페: 도서출판 운주사〉